Daniel Häußinger
Michael Waeber

Walliser Alpen

zwischen Furka und Grossem St. Bernhard

53 ausgewählte Skitouren

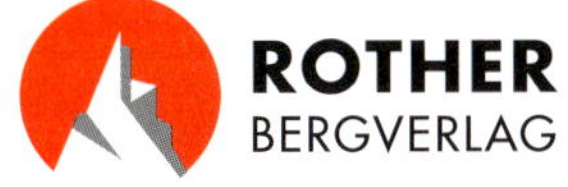

ROTHER SKITOURENFÜHRER

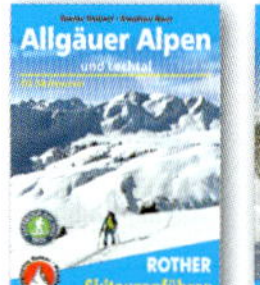

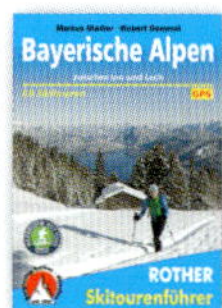

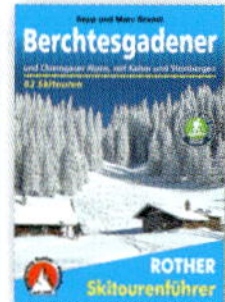

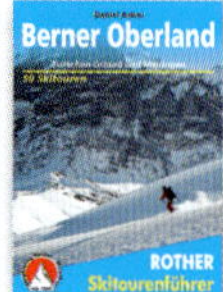

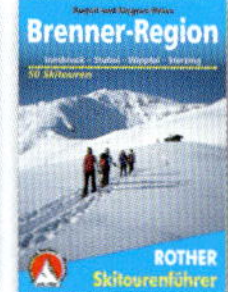

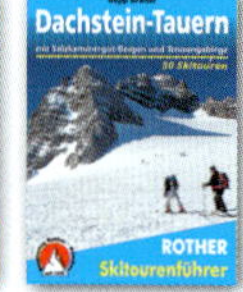

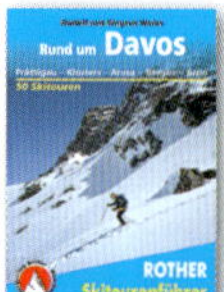

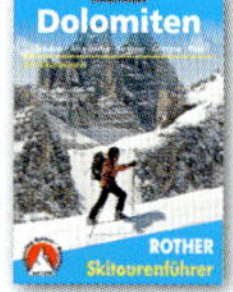

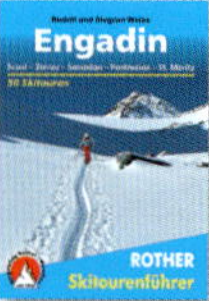

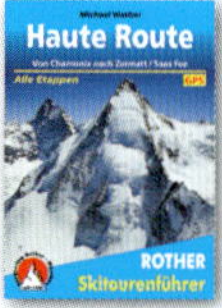

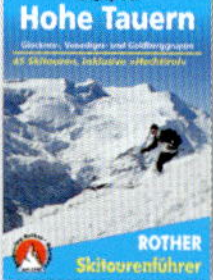

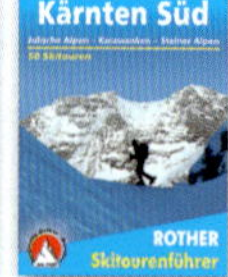

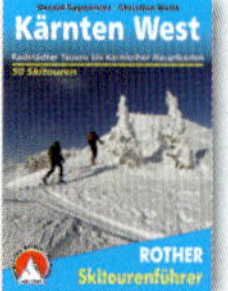

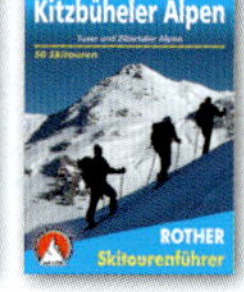

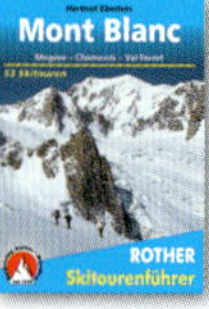

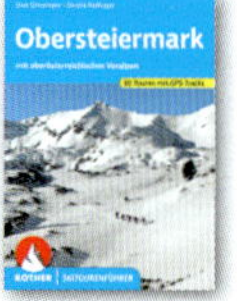

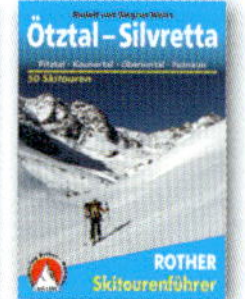

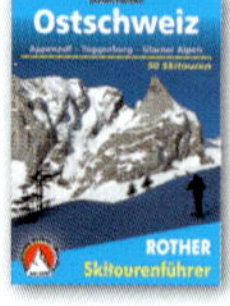

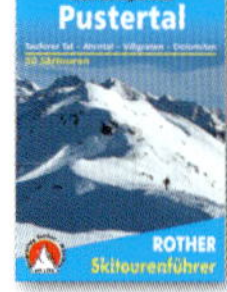

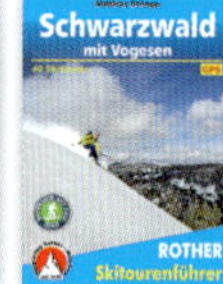

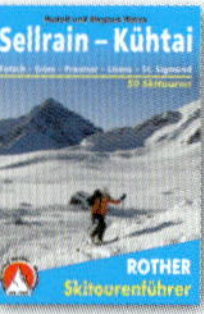

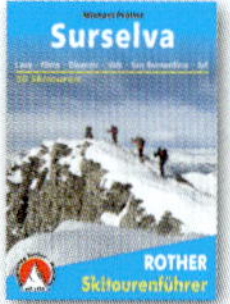

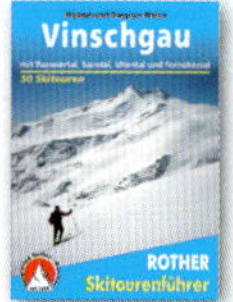

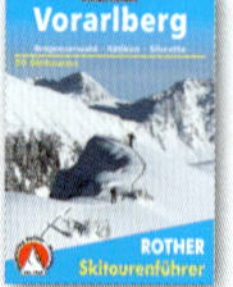

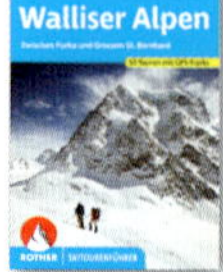

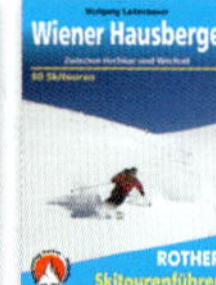

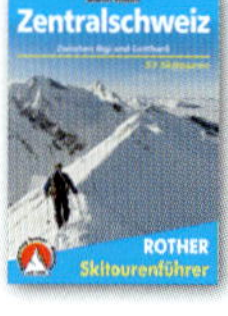

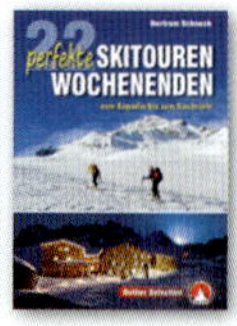

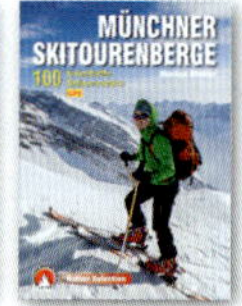

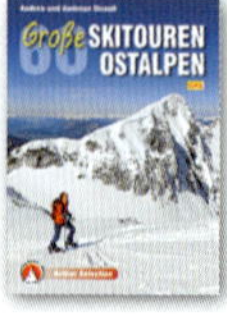

Vorwort

»Ich habe manches Schöne und Große gesehen, immer aber hat mir der Anblick des Monte Rosa einzig geschienen!«, schrieb der Erstbesteiger der Ludwigshöhe, Ludwig von Welden 1824 in seinem Standardwerk »Der Monte Rosa« – und er war nicht der Erste, der sich so enthusiastisch über den höchsten der Walliser Eisriesen äußerte. Die Schönheit dieser Landschaft hat viele Menschen inspiriert, und schon am Ende des 19. Jahrhunderts waren die ersten abenteuerlustigen Skifahrer am Grossen St. Bernhard unterwegs. Bereits 1924 veröffentlichte Marcel Kurz den ersten Skitourenführer für das Wallis – die Gipfel sind seitdem kaum niedriger geworden und trotz Massenandrang auf den Pisten und mittlerweile auch auf manchen Skitourenrouten üben diese Berge noch immer einen unbeschreiblichen Zauber aus. Das Skitourengehen ist inzwischen in Mode gekommen: Aus eigener Kraft einen großen, aufregend schönen Berg im winterlichen Hochgebirge zu besteigen – das macht richtig Spaß und schenkt tiefe Erfüllung! Hochtouren im Winter können vielleicht auch als Gegenentwurf zu dem immer schnelleren, globalisierten, aber flachen Alltag verstanden werden. Die weitgehend ursprüngliche Landschaft in ihrer Kargheit zwingt einen zur Konzentration auf das Wesentliche und verschafft uns ganz direkte Erlebnisse: Wintersonne, Kälte, Ausgesetztheit, Sauerstoffmangel und der Rausch einer stiebenden Pulverschneeabfahrt ergeben ein ausgesprochen intensives Lebensgefühl, das man so nur hier oben findet. Auch wenn diese alpinen Rückzugsorte durch die hier besonders deutlich wahrnehmbare Klimaerwärmung und den damit verbundenen Gletscherrückgang, durch Ausbau der Liftanlagen, durch Heliskiing und übertriebene Komfortansprüche mancher Hüttenbesucher existentiell bedroht sind, kann man auch im Wallis mit etwas Glück immer noch einsame Spuren in den Schnee ziehen, fast wie vor hundert Jahren. Allerdings muss man dafür zeitlich und örtlich flexibel sein und die Paradeviertausender zur Hochsaison meiden.

Aufgrund der weiten Anreise eignen sich die Walliser Alpen vor allem für längere Aufenthalte, und man hat Gelegenheit, neben den spektakulären Skitouren auch eine kulturell ausgesprochen vielfältige und interessante Region kennenzulernen. Wunderschöne Dörfer in den Seitentälern, zahlreiche Kunstschätze und viele Zeugnisse des einfachen, harten Lebens der damaligen Bergbauern wollen entdeckt werden!

Wir möchten uns herzlich bei allen bedanken, die mit uns auf Tour waren oder sonst zum Gelingen dieses Führers beigetragen haben! Allen Benutzern dieses Buches wünschen wir erlebnisreiche und unfallfreie Touren und bitten sie, sich mit eventuellen Korrekturen oder Verbesserungsvorschlägen nicht zurückzuhalten.

Basel und Rottau, im Herbst 2019 Daniel Häußinger und Michael Waeber

Inhaltsverzeichnis

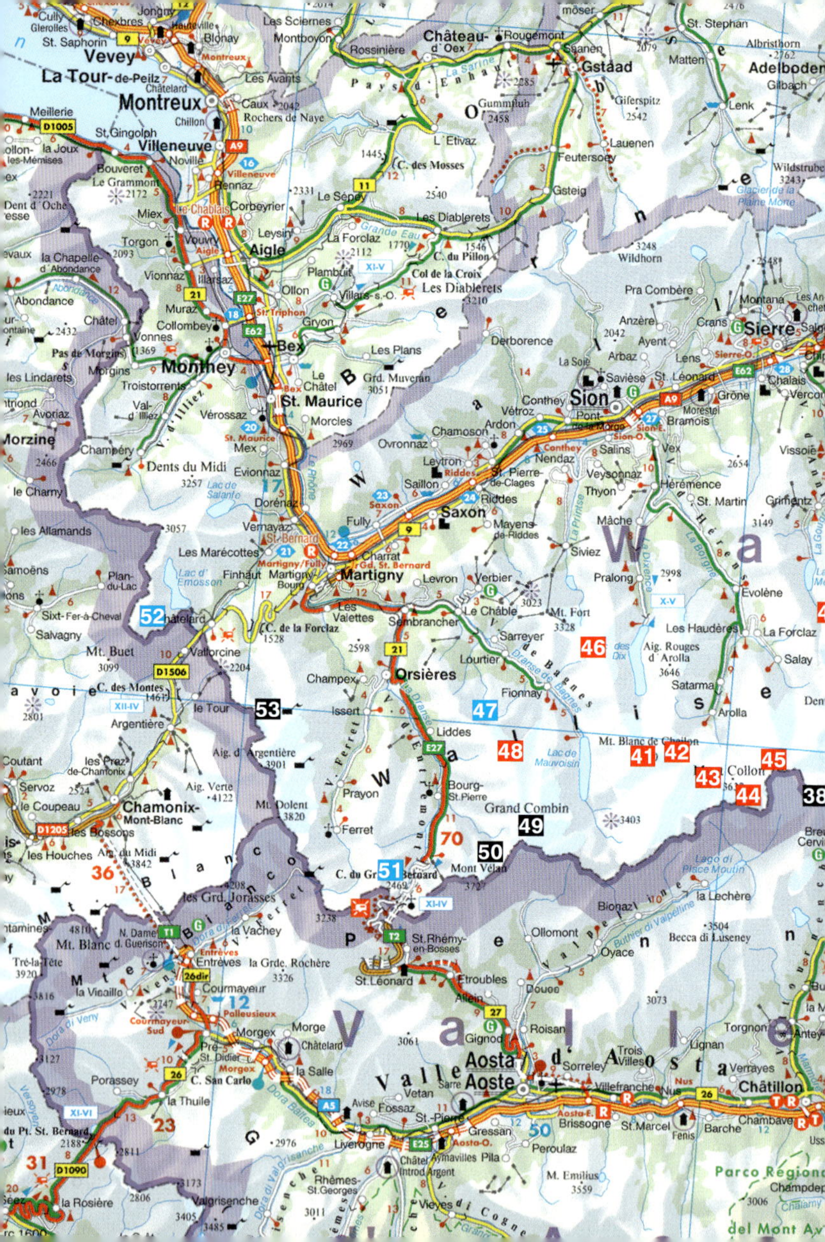

Vevey
Montreux
La Tour-de-Peilz
Villeneuve
Aigle
Bex
St. Maurice
Monthey
Martigny
Saxon
Sion
Sierre
Château-d'Oex
Gstaad
Les Diablerets
Leysin
Verbier
Orsières
Chamonix-Mont-Blanc
Courmayeur
Aosta
Aoste
Châtillon
St. Gingolph
Evolène
Arolla
Grand Combin
Mont Vélan
Valle d'Aosta
Lenk
Adelboden
Crans
Montana
Champéry
Morzine
Abondance
Argentière
Vallorcine
Fully
Riddes
Nendaz
Conthey
Liddes
Bourg-St. Pierre
St. Rhémy-en-Bosses
Etroubles
La Thuile
Morgex
Pré-St. Didier
Gressan
Aymavilles
Cogne
Mt. Blanc
Les Haudères
Fionnay
Lourtier
Champex
Ferret

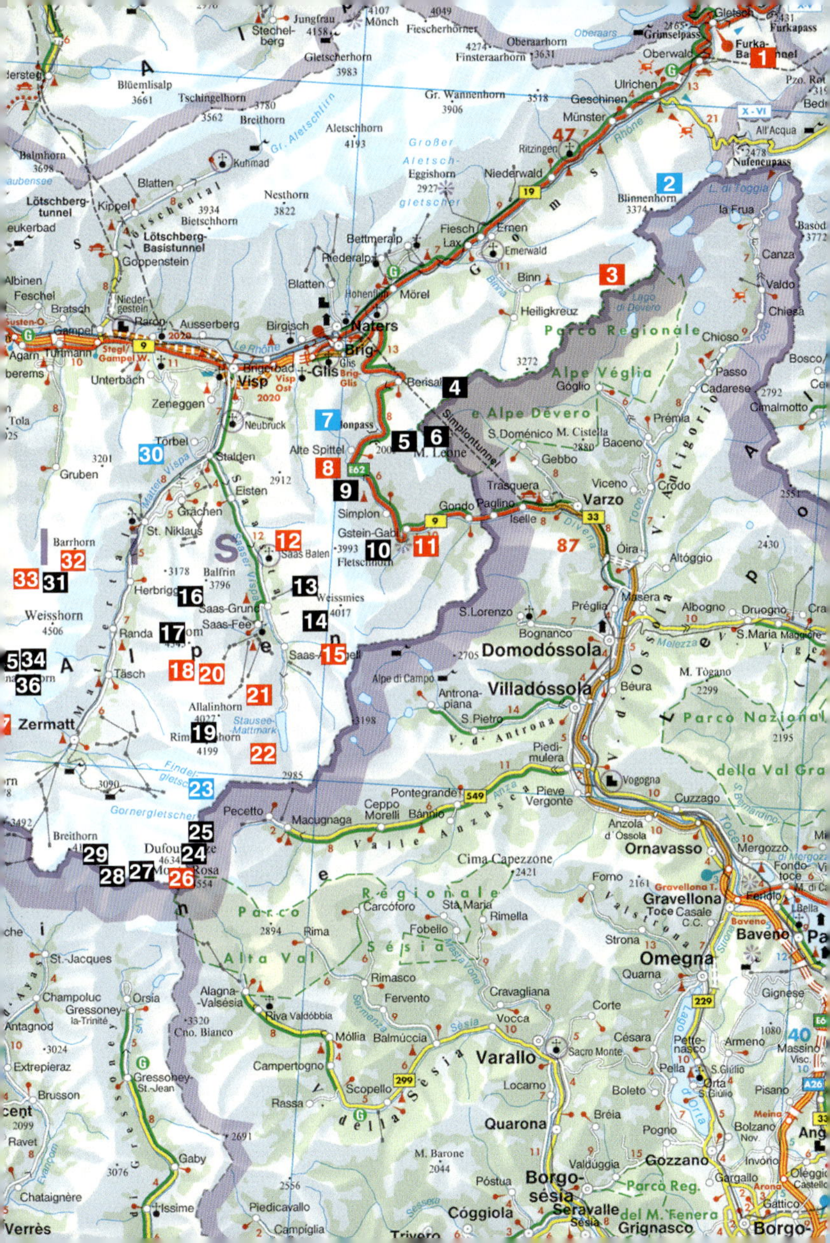

Jungfrau
4158
4107
Mönch
4049
Fiescherhörner
Stechelberg
Oberaarhorn
4274
Finsteraarhorn
3631
Oberaars
Grimselpass
2165
Gletsch
2431
Furkapass
Furka-
Basistunnel
1
Oberwald
Gletscherhorn
3983
Blüemlisalp
3661
Tschingelhorn
3562
3780
Breithorn
Aletschhorn
4193
Gr. Wannenhorn
3906
3518
Ulrichen
Geschinen
Pzo. Rotondo
Bedretto
Münster
X-VI
All'Acqua
47
Ritzingen
Großer Aletsch-gletscher
Eggishorn
2927
Niederwald
Nufenenpass
2478
2
Balmhorn
3698
Kuhmad
Blatten
Nesthorn
3822
3934
Bietschhorn
19
Binnenhorn
3374
L. di Toggia
Lötschberg-tunnel
Kippel
Lötschental
La Frua
Basòdino
3772
Leukerbad
Lötschberg-Basistunnel
Goppenstein
Bettmeralp
Riederalp
Fiesch
Lax
Ernen
Emerwald
Canza
Albinen
Feschel
Blatten
Binn
3
Valdo
Nieder-gestein
Bratsch
Hohenflüh
Mörel
Lago di Devero
Chiesa
Raron
Ausserberg
Birgisch
Naters
Heiligkreuz
Parco Regionale
Chioso
Susten-O
Gampel
Agarn
Turtmann
Stegl/Gampel W.
Le Rhône
Brig
Glis
Brig-Glis
13
Eberns
Unterbäch
Brigerbad
Visp
Visp Ost
2020
Berisal
4
3272
Alpe Véglia
Gòglio
Passo
Cadarese
2792
Cimalmotto
Zeneggen
Neubruck
7
Simplonpass
Simplontunnel
e Alpe Devero
Prémia
Tola
5
6
S.Doménico
M. Cistella
2880
Baceno
Törbel
30
Alte Spittel
2009
M. Leone
Gebbo
3201
Gruben
Stalden
E62
8
Eisten
2912
9
Trasquera
Viceno
Crodo
Varzo
Matter Vispa
Grächen
Simplon
Gondo
Paglino
Iselle
33
St. Niklaus
Saaser Vispa
12
Saas Balen
Gstein-Gabi
11
87
Òira
V. Antigorio
Barrhorn
32
3178
Balfrin
3796
3993
Fletschhorn
10
Altóggio
33
31
Herbrigg
16
13
Weissmies
4017
Masera
Weisshorn
4506
Saas-Grund
Saas-Fee
Randa
17
Dom
14
S.Lorenzo
Préglia
Albogno
Druogno
Bognanco
S.Maria Maggiore
534
Täsch
18
20
Saas-Almagell
15
Domodóssola
Melezza
36
Alpe di Campo
2705
Villadóssola
Béura
M. Tògano
2299
21
Allalinhorn
4027
Antrona-piana
Zermatt
Stausee Mattmark
Rimpfischhorn
19
4199
3198
S.Pietro
V. d'Antrona
Parco Nazionale della Val Grande
2195
22
Piedi-mulera
Findelgletscher
23
2985
Vogogna
3090
Gornergletscher
Pecetto
Macugnaga
Pontegrande
549
Ceppo Morelli
Bànnio
Pieve Vergonte
Cuzzago
Anzola d'Òssola
Ornavasso
Mergozzo
3492
Breithorn
25
Valle Anzasca
Cima Capezzone
2421
Fondotoce
29
Dufourspitze
4634
24
28
27
Monte Rosa
26
4554
Forno
Gravellona T.
Gravellona Toce
Casale C.C.
Parco Regionale Alta Val Sésia
Carcóforo
Sta. Maria
Rimella
Fenolo
Baveno
2894
Rima
Fobello
Strona
Omegna
Quarna
St.-Jacques
Rimasco
Cravagliana
Champoluc
Gressoney-la-Trinité
Orsia
Alagna-Valsésia
Fervento
Gignese
Antagnod
3320
Cno. Bianco
Riva Valdóbbia
Vocca
Corte
229
Lago d'Orta
3024
Mollia
Balmúccia
Sésia
Varallo
Sacro Monte
Césara
Pettenasco
Armeno
Massino Visc.
Extrepieraz
Gressoney-St.-Jean
Campertogno
Pella
S.Giulio
Orta S.Giulio
Brusson
Scopello
299
Rassa
Locarno
Boleto
Pisano
Meina
Val della Sésia
Quarona
Bréia
Pogno
Bolzano Nov.
2691
Ravet
Gaby
M. Barone
2044
Gozzano
Invório
3076
Valduggia
Gargallo
Oléggio Castello
2556
Póstua
Borgosésia
Parco Reg. del M. Fenera
Gattico
Chataignère
Issime
Piedicavallo
Cóggiola
Seravalle Sésia
Grignasco
Verrès
Campiglia
Trivero
Borgomanero

Allgemeine Hinweise

Dieser Führer versammelt eine Auswahl von 53 Skitouren aus den Walliser Alpen. Eine Auswahl aus einer so riesigen Gebirgsgruppe muss notwendigerweise subjektiv sein. Wir haben versucht, alle Teile des Wallis zu berücksichtigen und wurden in allen Tälern mit lohnenden Routen fündig. Neben den bekannten und beliebten Routen auf die Parade-Viertausender sind aber auch seltener begangene Wege und ein paar völlig unbekannte Touren vertreten. Die Anforderungen reichen von einfachen Tagestouren, die im Hochwinter möglich sind bis zu anspruchsvollen mehrtägigen Unternehmungen mit ausgesprochen hochalpinem Charakter, die Fels- und Eiskletterpassagen beinhalten und erst spät im Frühjahr durchführbar sind. Wichtige Kriterien für die Auswahl waren die alpine und ästhetische Qualität eines Berges, Abwechslung im Landschaftsbild auf der Route und die Möglichkeit, ein hohes Ziel allein aus eigener Kraft zu erreichen. Bei den wenigen Touren, die mit Seilbahnaufstiegen kombiniert werden können, wurde zumindest eine Alternative »by fair means« angegeben. Natürlich »gewinnt« man durch die Seilbahnbenutzung Zeit, oft einen zusätzlichen Tourentag – aber das Erlebnis, jeden Meter eines schönen und hohen Berges langsam, genussvoll und aus eigener Kraft bewältigt zu haben, den Berg in seiner ganzen Pracht wirklich kennengelernt zu haben – das hält wesentlich länger an und schenkt mehr Befriedigung als rasch abgehakte Gipfellisten. Jedenfalls ist das unsere Überzeugung – aber jeder soll tun, was er für richtig hält.
Der Skitourenführer wendet sich in erster Linie an Skibergsteiger, die auch im Sommer Hochtouren durchführen und schon Erfahrung in den Westalpen sammeln konnten. Für Einsteiger gibt es natürlich auch eine ganze Reihe von Touren, doch sind sie gut beraten, bei den anspruchsvolleren Zielen am Seil eines erfahrenen Freundes oder eines professionellen Bergführers zu gehen – die Hochregion ist im Winter noch weniger fehlertolerant als im Sommer! Wer ausschließlich auf der Suche nach stiebenden Pulverschneeabfahrten ist und nur zähneknirschend bergauf läuft, sollte besser in den einschlägigen Pistengebieten bleiben und das reichliche Variantenangebot nutzen.

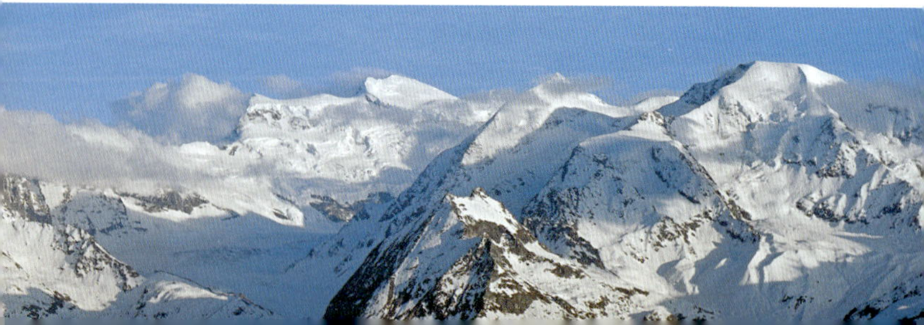

10 Top-Touren in den Walliser Alpen

Gross Muttenhorn, 3099 m

Herrliche Tagestour für das späte Frühjahr ganz im Osten des Wallis. Am einfachsten wird sie erst unternommen wenn die Furkapassstraße geräumt ist (Tour 1, 3½ Std., WS+).

Spitzhorli, 2737 m

Der kurze Klassiker am Simplonpass ist eine der beliebtesten Touren im Hochwinter. Mehrere Varianten erlauben kleine Extraschleifen zum Sattwerden (Tour 7, 3 Std., WS).

Weissmies, 4017 m

Wunderschöne zweitägige Überschreitung von Saas Almagell nach Saas Grund. Alpiner Grataufstieg mit Tragestellen und rassige Nordabfahrt durch große Spaltensysteme (Tour 14, 9 Std., ZS+).

Nadelhorn, 4327 m

Zwei- bis dreitägige Traumtour auf eine stolze Felsnadel mit allem, was das Alpinistenherz begehrt. Steile 2700 Hm vom Ausgangspunkt zum meist einsamen Gipfel (Tour 16, 10½ Std., ZS+).

Alphubel, 4206 m

Solider Viertausender, der ganz aus eigener Kraft bewältigt werden kann – eine schöne und alpine Alternative zur Massenspur der Seilbahnfahrer ab Saas-Fee (Tour 18, 10 Std., ZS).

Dufourspitze, 4634 m

Höchster Gipfel der Schweiz und zweithöchster Punkt der Alpen! Lange, aufregende und eindrucksvolle Route – unterwegs auf dem mächtigsten Bergmassiv der Alpen (Tour 24, 11 Std., S).

Brunegghorn, 3833 m

Schneidiger Gipfel in wilder Umgebung. Der steile, nordseitige Gipfelhang ist bei reichlich Pulverschnee, der sich hier oben lange hält, ein wahrer Traum! (Tour 31, 15½ Std., ZS+).

Zinalrothorn, N-Schulter, 4017 m

Steile Himmelsleiter im wildesten Teil der Walliser Alpen! Abwechslungsreicher Hüttenzustieg, ein großartiger Gletscherkessel und als Finale ein 45° steiler Firngrat (Tour 34, 10 Std., S).

L'Evêque, 3716 m

Beliebter, rassiger Skigipfel inmitten des Kernlandes der Haute Route, Teil der mehrtägigen Arollarunde. Die Abfahrt bietet genussvolles Schwingen auf Nordosthängen (Tour 43, 8 Std., ZS–).

Mont Vélan, 3727 m

Südlichster Hochgipfel der Schweiz mit exotischem Flair im französisch-italienischen Grenzgebiet. Spektakuläre Gletscher und Traumblick zum Mont Blanc (Tour 50, 10 Std., ZS– bzw. S).

Grand Combin, Combin de Corbassière und Petit Combin (v. l. n. r.) von der Mt.-Fort-Hütte.

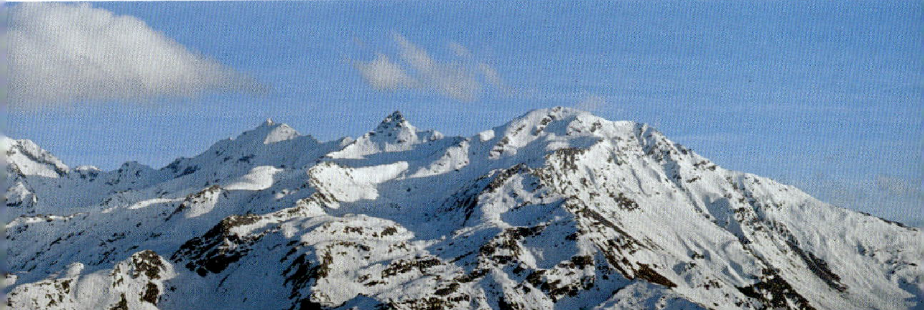

Informationen zu den Touren

Jede Tour ist in der Kopfzeile durch die wichtigsten Angaben »auf einen Blick« charakterisiert: Gipfelhöhe, Höhenmeter und Aufstiegszeit, bei mehrtägigen Touren aufgeschlüsselt nach Hütten- und Gipfelzustieg.

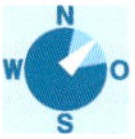

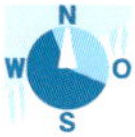

Die Windrose gibt die Ausrichtung der Hänge an; die Hauptrichtung wird durch einen weißen Pfeil dargestellt, das hellblaue Segment kennzeichnet weitere relevante Hangrichtungen. Alle Routen, die über spaltige Gletscher führen, sind mit einem Spaltensymbol gekennzeichnet – ein Hinweis, dass entsprechende Ausrüstung und Erfahrung nötig sind. Es wird also bei den einzelnen Touren nicht nochmals auf das Mitführen von Seil, Pickel und Steigeisen hingewiesen. Nach der Kopfzeile folgt eine kurze Einführung mit den besonderen Vorzügen der Tour. Daran schließt sich der Teil mit allgemeinen Informationen an: Talort, Ausgangs- und Endpunkt, Aufstiegszeit, Höhenunterschied, Hangrichtung, Lawinengefährdung, günstigste Jahreszeit, Unterkunft und benötigte Kartenblätter. Es folgt die eigentliche Routenbeschreibung die durch einen Kartenausschnitt und ein Höhenprofil ergänzt wird. Im gesamten Führer wird aus Platz- und Lesbarkeitsgründen stets die männliche Form verwendet. Wir bitten alle Skitourengeherinnen, Alpinistinnen, Bergführerinnen und Hüttenwartinnen dafür um Verständnis. Merci!

Talorte, Ausgangs- und Endpunkte

Bei Tagestouren wird unter »Talort« ein sinnvoller Ort für die Übernachtung genannt, und der »Ausgangspunkt« bezeichnet den Punkt, an dem man die Skier anlegt oder auf den Rucksack bindet.

Für Mehrtagestouren ist unter »Talort« der letzte mit öffentlichen Verkehrsmitteln erreichbare Punkt genannt, von dem aus der Hüttenzustieg startet, und »Ausgangspunkt« meint üblicherweise die Hütte, von der aus der Gipfelanstieg beginnt. Endpunkte sind nur angegeben, wenn sie vom Ausgangspunkt bzw. Talort abweichen.

Höhenunterschied

Es ist jeweils die Höhendifferenz zwischen Ausgangspunkt und Zielpunkt angegeben, wobei größere Gegensteigungen hinzugerechnet wurden. Bei Zweitagestouren ist der Höhenunterschied für die beiden Etappen aufgeschlüsselt.

Aufstiegszeiten

Ist die Angabe von Gehzeiten für hochalpines, vergletschertes Gelände schon im Sommer schwierig, so kann eine solche Angabe für Skitouren wirklich nur eine grobe Richtschnur sein. Zugrunde gelegt wurde eine halb-

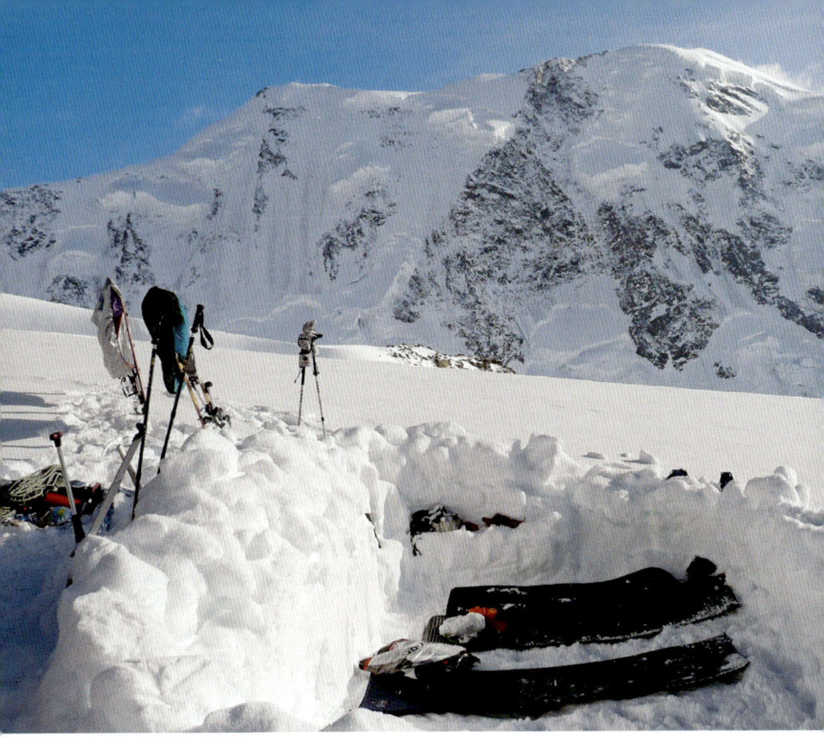

Schlafzimmer mit Ausblick: Freibiwak auf dem Weg zur Dufourspitze (Tour 24).

wegs trainierte und eingespielte Seilschaft auf tragendem, aber nicht eisigem Untergrund – also bei günstigen Verhältnissen. Bereits eine kleine Neuschneeauflage von 20 cm kann zu erheblich längeren Gehzeiten führen, ebenso können Konditionsprobleme, aufwendige Wegsuche im Nebel oder in einem ungespurten, spaltenreichen Abschnitt deutlich mehr Zeit kosten als angegeben. Insbesondere bei Frühjahrstouren mit tageszeitlich stark ansteigender Nassschneelawinengefahr kann leicht eine kritische Situation entstehen, wenn der Zeitplan nicht eingehalten werden kann – in diesem Fall unbedingt rechtzeitig umdrehen, bevor der Rückweg abgeschnitten ist!
Die Angabe von Abfahrtszeiten halten wir für nicht sinnvoll, weil das Spektrum von einem Zehntel bis zu zwei Dritteln der Aufstiegszeit reichen kann. Je nach körperlicher Verfassung, skitechnischem Können, Gruppengröße und Schneeverhältnissen sollte jeder selbst einschätzen können, wie lange die Abfahrt etwa dauern wird.

Anforderungen

Hierbei ist zwischen den rein technischen Anforderungen (Hangneigung, Spielraum für Schwünge, Spaltensituation) und teilweise subjektiven Kriterien (Ausgesetztheit, Länge der anspruchsvollsten Passagen, Gipfelhöhe, Abgeschiedenheit) zu unterscheiden. Die technische Schwierigkeit wird durch die SAC-Skala (s. u.) beschrieben, die sich nach dem Höchstwert in den Hauptkriterien Steilheit, Ausgesetztheit, Geländeform und Engpässe richtet. Eine Tour ist also ZS, wenn die steilste Passage steiler als 35° ist oder wenn ein Sturz aufgrund des langen Rutschweges mit hoher Wahrscheinlichkeit zu Verletzungen führt. Zusätzlich gibt es noch einen »Gesamteindruck«: **Leicht**, **Mittel** und **Schwierig**, wiedergegeben in den Farben Blau, Rot und Schwarz, mit denen die Tournummern gekennzeichnet sind. Dabei ist der Charakter der Tour für die Einstufung ausschlaggebend, nicht die technische Schwierigkeit. Deswegen ist z. B. das Ofenhorn Mittel und ZS, während das Brunegghorn mit Schwierig und ZS bewertet ist, da es wesentlich länger, höher und abgeschiedener ist. Die alpine Schwierigkeit, also im Felsklettern bzw. im Eisgehen zu Fuß, wird jeweils in der Routenbeschreibung diskutiert und kann zur Aufwertung der Tour führen: Rein von der Steilheit der Hänge wäre z. B. die Dufourspitze eher ZS, aber die Anforderungen zu Fuß führen zur Aufwertung nach S. Natürlich spielen die aktuellen Verhältnisse und andere Gegebenheiten eine wichtige Rolle: Ein 40° steiles Couloir kann bei aufgefirnter Schneedecke auf hartem Untergrund völlig problemlos sein, und bei Sonnenschein und als dritte von sieben abfahrenden Gruppen fühlt man sich auch subjektiv »sicher«. Ein anderes Mal ist ein Bruchharschhang

SAC-Schwierigkeitsskala bei Skitouren

Grad	Steilheit	Geländeform (Aufstieg und Abfahrt)
L +	bis 30°	weich, hügelig, glatter Untergrund
– WS +	ab 30°	überwiegend offene Hänge mit kurzen Steilstufen, Hindernisse mit Ausweichmöglichkeiten (Spitzkehren nötig)
– ZS +	ab 35°	kurze Steilstufen ohne Ausweichmöglichkeiten, Hindernisse in mäßig steilem Gelände erfordern eine gute Reaktion (sichere Spitzkehren nötig)
– S +	ab 40°	Steilhänge ohne Ausweichmöglichkeiten, viele Hindernisse erfordern eine ausgereifte und sichere Fahrtechnik

Abkürzungen: L = leicht, WS = wenig schwierig, ZS = ziemlich schwierig, S = schwierig, SS = sehr schwierig, AS = außerordentlich schwierig, EX = extrem schwierig.

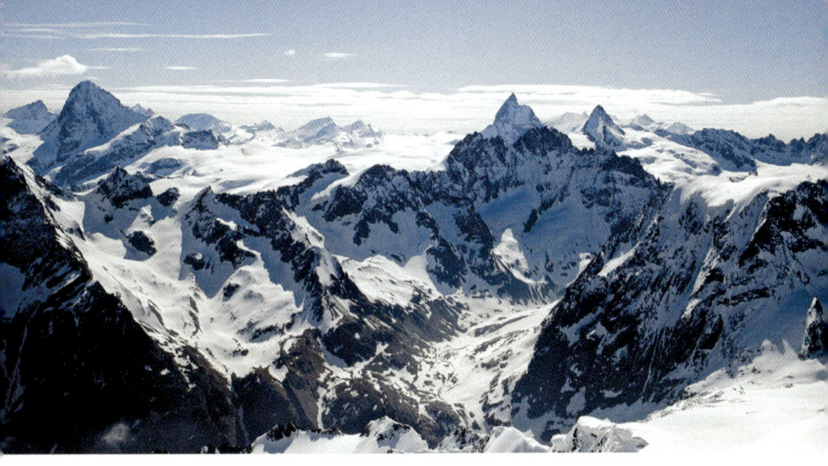

Traumblick vom Pigne d'Arolla: Dent Blanche, Matterhorn und Dent d'Hérens (Tour 42).

von 35° Steilheit ein ernstes Problem, und kommen dazu noch kalter Wind, drohender Nebel und absolute Einsamkeit ohne Vorgängerspuren, dann fühlt sich die Situation bald kritisch an. Man sollte also versuchen, möglichst alle Faktoren abzuwägen und die eigene Leistungsfähigkeit realistisch einzuschätzen – wer auf gut Glück in lange Routen mit kompliziertem Rückzug einsteigt, geht im Winter ein sehr großes Risiko ein.

Engpässe (in der Abfahrt)	Ausgesetztheit	Beispiele
keine Engpässe	keine Ausrutschgefahr	Cima di Jazzi (Tour 23)
Engpässe sind kurz und wenig steil	kürzere Rutschwege, sanft auslaufend	Spitzhorli (Tour 7)
Engpässe sind kurz, aber steil	längere Rutschwege mit Bremsmöglichkeiten (Verletzungsgefahr)	Senggchuppa (Tour 12)
Engpässe sind lang und steil, Kurzschwingen ist für Könner noch möglich	lange Rutschwege, teilweise in Steilstufen abbrechend (Lebensgefahr)	Fletschhorn (Tour 13)

Die Schwierigkeitsgrade SS (ab 45°), AS (ab 50°) und EX (ab 55°) sind hier nicht aufgeführt, da dieses Buch lediglich Touren der Kategorien L bis S enthält.

Hangrichtung

Die vorwiegende Exposition von Anstiegen und Abfahrten ist in der Kopfzeile und im Infoteil angegeben. Zum einen erleichtert das die Beurteilung der Lawinengefahr anhand des Lawinenbulletins, in dem jeweils die besonders gefährdeten Expositionen explizit genannt sind. Zum anderen ist die Information nützlich, um im Frühjahr das Aufweichen des Schnees mit der Tageszeit besser abschätzen zu können.

Lawinengefährdung

In den vergangenen Jahren haben die Lawinenwarndienste der Alpenländer nicht nur ihre technischen Verfahren erheblich verbessert, sondern auch die Bewertungskriterien und Darstellungsformen weiter vereinheitlicht, was für uns Benutzer das Verstehen deutlich erleichtert und eine sicherere Interpretation ermöglicht. Doch auch die Lawinenwarndienste sind keine kleinen »Götter« und können nicht in allen Fällen und schon gleich gar nicht für jede geografische Situation eine exakte Vorhersage geben. Die Beurteilung der Lawinengefahr ist nach wie vor eine sehr schwierige Aufgabe, und wir müssen mit der Erkenntnis leben, dass es das Risiko NULL in den winterlichen Bergen nicht geben kann. Aber mit einigen elementaren Vorsichtsmaßnahmen, mithilfe des hervorragenden schweizerischen Lawinenbulletins und einem wachen und trainierten Blick für die Schneedecke können wir das Risiko reduzieren und mit einer aktiv gelebten Bereitschaft, auch einmal auf ein Weitergehen oder eine verlockende Abfahrtsvariante zu verzichten, auf ein akzeptables Niveau drücken. Jeder, der eigenständig Skitouren unternimmt, muss lawinenkundliche Kenntnisse besitzen und diese auch immer wieder auffrischen. Insbesondere die Verschüttetensuche kann nur erfolgreich sein, wenn sie immer wieder geübt wird! Dabei sollte nicht nur das Auffinden eines oberflächlich versteckten LVS-Gerätes trainiert werden, sondern möglichst alle Komponenten der Verschüttetenrettung (effizientes Ausgraben, Erste Hilfe, Notruf etc.).

Ein wichtiges Planungsmittel ist weiterhin die topografische Landeskarte der Schweiz; in Papierform sind die Skiroutenkarten im Maßstab 1:50.000 mit zusätzlicher Einfärbung der Geländesteilheit eine große Unterstützung zum Erkennen der kritischen Bereiche einer Tour; im Internet sind diese Karten in detaillierterem Maßstab 1:25.000 und kostenfrei darstellbar. Das **SLF** (Institut für Schnee und Lawinen Forschung), das zur Eidgenössischen Forschungsanstalt Wald, Schnee und Landschaft WSL gehört, hat in einem Forschungsprojekt aus den hochaufgelösten digitalen Geländemodellen unter dem Thema »Automatische Klassifikation des Lawinengeländes« neue Darstellungsformen für zusätzliche Geländeinformationen entwickelt. In diesem Zuge sind zwei neue Karten entstanden: »Thematisch klassiertes Lawinengelände« (**Classified avalanche terrain, CAT**), in welcher potentielle Anriss- und Auslauf-Bereiche von Lawinen dargestellt sind, sowie eine »Gefahrenhinweiskarte Lawinengelände« (**Avalanche terrain hazard, ATH**), in welcher das Ge-

Europäische Lawinengefahrenskala

Stufe 1, gering

Lawinenauslösung ist allgemein nur bei großer Zusatzbelastung an einigen Steilhängen möglich. Allgemein sichere Tourenverhältnisse.

Stufe 2, mäßig

Lawinenauslösung bei großer Zusatzbelastung und in Steilhängen möglich. Größere spontane Lawinen sind nicht zu erwarten. Günstige Tourenverhältnisse.

Stufe 3, erheblich

Lawinenauslösung bereits bei geringer Zusatzbelastung möglich. Fallweise auch einige spontane Lawinenabgänge möglich. Tourenmöglichkeiten eingeschränkt.

Stufe 4, groß

Lawinenauslösung bereits bei geringer Zusatzbelastung wahrscheinlich. Fallweise sind spontan viele mittlere, mehrfach auch große Lawinen zu erwarten. Tourenmöglichkeiten stark eingeschränkt.

Stufe 5, sehr groß

Spontan sind zahlreiche große Lawinen, auch in mäßig steilem Gelände, zu erwarten. Skitouren sind allgemein nicht möglich.

fährdungspotenzial inklusive der möglichen Konsequenzen, wie Mitreißen über Felsgelände, durch entsprechende Einfärbungen berücksichtigt wird. Die Karten sind im Tourenplanungsmodul TOUR von **White Risk** als Layer integriert und im Internet als Überlagerung zur topografischen Karte abrufbar. Sie bieten wertvolle Ergänzungen zur Einschätzung des Geländes bei der Tourenplanung (siehe auch »Nützliche Informationen und Adressen« S. 26/27).
Es versteht sich von selbst, dass man auf allen Touren eine vollständige lawinentechnische Ausrüstung dabei hat (LVS-Gerät, Schaufel, Sonde und evtl. weitere wie Lawinen-Airbag u. a.). Trotz Hightech-Kommunikationsmitteln und schnellem Helieinsatz ist die einzige realistische Hilfe im Verschüttungsfall die rasche Rettung durch Kameraden. Bereits nach 15 Min. sinken die Überlebenschancen von Ganzverschütteten drastisch. Damit es gar nicht so weit kommt, können wir mehr tun, als nur die Warnstufe des Bulletins zur Kenntnis nehmen. Die Zusatzangaben über gefährliche Expositionen, Höhenstufen und Geländeformen sollten ebenso aufmerksam gelesen und bereits bei der Planung der Tour berücksichtigt werden! Auf Tour sucht man aufmerksam nach Hinweisen oder gar Alarmzeichen für Lawinengefahr (Wumm-Geräusche, Risse beim Betreten der Schneedecke, spontane Schneebretter, Fernauslösungen), und vor allem hält man im steilen Gelände Entlastungsabstände ein: im Aufstieg mindestens 10 m, in der Abfahrt deutlich mehr. Wie oft sieht man große Gruppen Ski an Ski auch in steilen Hängen und bei zweifelhaften Verhältnissen – ein völlig unsinniges Risiko!

Der Bereich der Hochgipfel birgt im Frühjahr darüber hinaus auch noch erhebliche Risiken, durch Nassschneelawinen verschüttet zu werden. Deswegen ist eine sorgfältige und realistische Zeitplanung dann besonders wichtig – das gilt auch für die Hüttenzustiege!

Günstige Zeit

In einem »normalen« Winter finden sich in den Walliser Alpen zwischen November und Juli immer Möglichkeiten, lohnende Skitouren zu unternehmen. Im Hochwinter (November bis etwa Ende Februar) sind natürlich die niedrigeren, nicht vergletscherten Regionen interessant, wie z. B. am Simplonpass oder im Val de Bagnes. Dagegen sollten die großen und spaltenreichen Gletscher normalerweise erst ab etwa Mitte März betreten werden – der Schnee, der die Gletscherspalten zudeckt, muss mehrfach angetaut und wieder gefroren sein, bevor die Spaltenbrücken tragen. Natürlich variiert der günstigste Zeitpunkt von Jahr zu Jahr, je nach dem Wettergeschehen. Auf jeden Fall geht derjenige, der zu früh im Spaltengelände unterwegs ist, ein großes Risiko ein, da die Spalten durch Lockerschnee verdeckt sind, durch den man aber ungebremst in die bis zu vierzig Meter tiefen Spalten einbrechen kann. Während im Hochwinter trockene Schneebretter die Hauptgefahr bilden, verlagert sich diese im Frühjahr zunehmend auf Nassschneelawinen und durchgeweichte Spaltenbrücken, die nicht mehr tragfähig sind. Je später im Frühjahr man unterwegs ist, umso sorgfältiger muss der Zeitplan für die Tour auf den zu erwartenden Tagesgang der Lawinengefahr abgestimmt werden. So ist für große Unternehmungen im Mai und Juni ein nächtlicher Aufbruch um 3 Uhr durchaus ratsam, um mittags bereits wieder auf der sicheren Hütte zu sein, wenn die schweren Nassschneelawinen die Bergflanken herunterdonnern. Darüber hinaus gibt es einige Touren mit speziellen Anforderungen, wie z. B. Dom oder Grand Cornier, die erst sehr spät im Jahr möglich sind – dies ist aber immer im Beschreibungskopf ausdrücklich vermerkt. Die Spaltengefahr variiert extrem von Jahr zu Jahr und jeder selbstständige Tourengeher muss über ein an die Verhältnisse angepasstes Vorgehen selbst entscheiden. Die minimale Vorsichtsmaßnahme ist das Anlegen des Klettergurts bereits vor Betreten des Gletschers und das Mitführen der kompletten Spaltenbergungsausrüstung während der ganzen Tour. Natürlich muss man auch wissen, wie die Spaltenbergung funktioniert, und das in der Praxis geübt haben! Oft wird man im Aufstieg am Seil gehen und sich dann in der Abfahrt dicht an der angelegten Spur halten, in der Hoffnung, dass die im Aufstieg stabilen Brücken auch jetzt noch halten. In extrem spaltigem Gelände und bei Nebel oder Dunkelheit wird man immer am Seil aufsteigen und auch abfahren, selbst wenn das wenig Spaß macht. Etwa jeder fünfte unangeseilte Spaltensturz endet tödlich – Russisches Roulette ist harmloser.

Unterkunft

Die meisten der beschriebenen Touren starten an einer Berghütte und sind somit mindestens zweitägige Unternehmungen – einige lohnende Eintagestouren für den Hochwinter wurden aber ebenfalls aufgenommen. Die Hütten des SAC wie auch die meisten privat geführten Hütten sind meist während der Skitourensaison bewirtschaftet, Details finden sich im Beschreibungskopf. Inzwischen haben alle einen sehr hohen Stand an Komfort erreicht und bieten eine Halbpension mit dreigängigem Abendessen sowie Getränke und oft auch Tourenproviant wie Müesliriegel oder Schokolade an. Meist sind Telefonnummern der Hütte und des Hüttenwarts im Tal angegeben, evtl. sogar noch eine Mobiltelefonnummer (schweizerdeutsch »Natel«). Es hat sich eingebürgert, sich wenigstens einen Tag vorher auf den Hütten anzumelden – die meisten SAC-Hütten sind an das Online-Hütten-Reservations-System (HRS) der deutschsprachigen Alpenvereine (D, A, CH und Südtirol) angeschlossen – www.alpsonline.org/guest/login. Die Online-Reservation ist verbindlich und muss bis spätestens 18 Uhr am Vortag abgeschlossen sein. Selbstverständlich kann man sich aber auch wie bislang telefonisch, spätestens am Vortag, beim Hüttenwart anmelden. Auf beliebten Hütten wird man, besonders an Wochenenden, kurzfristig oft keinen freien Platz mehr bekommen. Wer auf Nummer sicher gehen will, sollte also weit im Voraus die Übernachtungen buchen, das gilt besonders für die Hütten im Bereich der Haute Route (vgl. Michael Waeber, »Haute Route« im gleichen Verlag). Mit etwas Flexibilität lässt sich aber immer eine passende Hüttenübernachtung und eine Tour finden – die großen Klassiker sollte man eben nicht unbedingt über Feiertagswochenenden (Ostern, Pfingsten, Himmelfahrt) planen. Auch bei unbewarteten Hütten sollte man sich möglichst erkundigen, ob etwa eine größere Gruppe bereits reserviert hat. Dieser Führer enthält einige Tourenvorschläge, bei denen eine Übernachtung in einer unbewirtschafteten Hütte oder sogar in einem Biwak vorgesehen ist. Man lasse sich nicht durch den kleinen Verlust an Komfort und Bequemlichkeit abschrecken – oft ist das Bergerlebnis umso intensiver, auch wenn der Rucksack durch das Essen etwas schwerer ist und man nach der Ankunft erst mal Feuer machen und Schnee schmelzen muss. Die unbewirtschafteten SAC-Hütten sind immer unverschlossen und der »Winterraum«, üblicherweise mit Holzofen, Brennholz und Kochutensilien ausgestattet, ist allgemein zugänglich. Es versteht sich von selbst, dass man die Hütte peinlich sauber zurücklässt und insbesondere das Feuer vor dem Verlassen sorgfältig löscht – leider gehen immer wieder Hütten durch Unachtsamkeit in Flammen auf. Auch das Bezahlen der Übernachtungstaxe – am einfachsten mittels in der Hütte aufliegendem Einzahlungsschein, ist Ehrensache jedes Alpinisten. Wer sich vor Augen hält, wie teuer und zeitaufwendig der Unterhalt dieser exponierten Unterkünfte ist, wird das entgegenbrachte Vertrauen nicht enttäuschen.

Ausrüstung

Ein ganzer Industriezweig arbeitet an der Perfektionierung der Ausrüstung, und so hat man heutzutage eine enorme Auswahl an funktionellen und leichtgewichtigen Bestandteilen. Allerdings sollte man auch durchaus kritisch überlegen, wie sich die Super-Ultraleicht-Jacke wohl im Höhensturm auf dem Gipfelgrat der Dufourspitze anfühlt – nicht alles, was ein schickes Outdoordesign aufweist, ist auch geeignet für den strapaziösen Einsatz auf Skitour. Die Region der Viertausender ist ernstes Gelände, umso mehr im Winter und im schlimmsten Fall bei schlechtem Wetter. Schnell sind die Minusgrade im deutlich zweistelligen Bereich angelangt, dazu kommen starker Wind, schlechte Sicht und Wegfindungsprobleme. Dann rächen sich Ausrüstungsfehler bitter – natürlich wiegen eine Daunenjacke und ein Biwaksack nochmals einige hundert Gramm, aber mehrere tragische Unfälle mit Unterkühlungsopfern in den letzten Jahren sprechen eine deutliche Sprache. Im schlimmsten Fall einer ungeplanten Nacht im Freien heißt die Devise, unter allen Umständen weg vom Wind, ein Schneeloch graben oder notfalls in eine Spalte abseilen. Es würde den Rahmen dieses Führers übersteigen, ausführlich auf die notwendige Ausrüstung einzugehen, aber ein paar Details sollen im Folgenden erwähnt sein. Für alle Touren im vergletscherten Gelände ist das Mitführen einer kompletten Gletscherausrüstung obligatorisch. Dies beinhaltet neben Seil, Klettergurt (schweizerdeutsch »Gschtältli«), 2–3 Prusikschlingen, mindestens einer Eisschraube auch Pickel und Steigeisen (angepasst auf die Skischuhe). Allerdings muss auch der Umgang mit dieser Ausrüstung trainiert sein, wenn sie etwas nützen soll. Für große Touren mit nächtlichem Aufbruch ist eine Stirnlampe wichtig. und besonders in größeren Gruppen hat sich die Mitnahme eines Paares Ersatzfelle – ein gerades Klebefell ohne Spanner, das auf alle Skier passt – sehr be-

Sonnenuntergang auf der Capanna Margherita (Tour 26): der Schatten der Signalkuppe auf der Poebene, die 4000 m tiefer liegt.

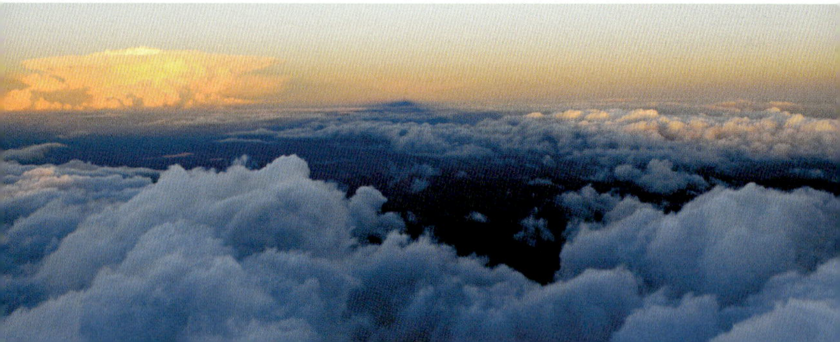

währt. Besonders im Frühjahr sollte man immer die Harscheisen dabei haben, sie können einen wichtigen Sicherheitsfaktor darstellen! Eine vollständige Ausrüstung mit einem modernen LVS-Gerät sowie Schaufel und Sonde versteht sich von selbst. Für Ostalpenbergsteiger sei erwähnt, dass auf Westalpenhütten für alle Besucher Hausschuhe bereitstehen, am Morgen Marschtee abgegeben wird und sich der leichte Hüttenschlafsack aus Seide oder Baumwolle als obligatorisch durchgesetzt hat.

Ausrüstungsliste

Persönliche Ausrüstung

- Rucksack (Volumen je nach Tour, möglichst mit seitlicher Skitragevorrichtung)
- Winddichter Anorak
- leichte, aber warme Jacke (z. B. Fleece)
- elastische Skihose
- Tourenstrümpfe
- Funktionswäsche, inkl. Reservewäsche
- dünne Handschuhe für den Aufstieg
- wasserdichte, warme Handschuhe für die Abfahrt
- Mütze oder Stirnband
- Sturmmaske (bei hochalpinen Touren oder sehr kaltem Wetter)
- Sonnencreme, Lippenschutz
- Sonnenbrille
- (Thermos-)Trinkflasche
- Proviant
- Mobiltelefon
- evtl. Kamera
- Geld, Ausweis
- Taschenmesser

Technische Ausrüstung

- Tourenski mit Tourenbindung
- Skitourenschuhe
- Skistöcke, möglichst mit speziellem Tourenteller (groß und flexibel)
- Spannklebefelle
- Harscheisen
- Lawinenverschüttetensuchgerät (LVS)
- Lawinenschaufel
- Lawinensonde

Gletscherausrüstung

- Anseilgurt
- 2 Prusikschlingen (4 m, 5 mm)
- 2 Bandschlingen
- 3 Karabiner
- 2 Schraubkarabiner
- Steigeisen
- Pickel
- 1 Eisschraube

Mehrtagestouren

- Stirnlampe
- Hüttenschlafsack (Seide)
- Ohropax
- AV-Ausweis
- Toilettenutensilien, evtl. persönliche Medikamente
- evtl. zusätzliche Wäsche
- Daunenjacke

Gruppenausrüstung

- Landkarten, evtl. Führer
- Kompass, Höhenmesser, GPS
- Bergseil (für Gletschertouren)
- Biwaksack
- Rettungsfolie
- Notfallapotheke
- leichtes Fernglas
- Ersatzteilset für Tourenbindung (Ersatzschrauben, Draht, Klebeband)
- Skiwachs, Fellimpägniermittel
- evtl. Fellkleber
- evtl. Ersatzfell (gerades Klebefell ohne Spanner, das auf alle Skier passt)
- Ersatzbatterien
- evtl. Notfunkgerät o.Satellitentelefon

Orientierung: Karten und GPS

Die offizielle topografische Landeskarte der Schweiz 1:25.000 ist mit Abstand das beste alpine Kartenwerk der Welt – sowohl in perfekter Detailgenauigkeit, plastischer Darstellung als auch im nur sechsjährigen Nachführungsrhythmus. Sie ist in der fast unverwüstlichen Papierausgabe und elektronisch als Online-Abo im Internet erhältlich (s. »Landeskarte der Schweiz online«, S. 27). Der Schweizerische Skiverband hat auf Grundlage der immer noch sehr genauen Landeskarte der Schweiz 1:50.000 Skiroutenkarten herausgebracht, die für die gesamten Walliser Alpen erhältlich sind. Neben den Routen enthalten die Karten eine Fülle von Zusatzinformationen, Telefonnummern, Schwierigkeitsangaben zu Touren, Gebietseinteilung der Schweiz für die Lawinenbulletins, Alpentaxiadressen und anderes mehr. Sehr nützlich für die Einschätzung der Lawinengefahr ist die charakteristische Rosafärbung aller Hänge über 30° Steilheit. Weiterhin findet man Hinweise auf Schutz- und Schongebiete, sowie auf Heliskilandeplätze und militärische Schießplätze. Die Randbereiche der Nachbarländer Italien und Frankreich sind teilweise auf der Rückseite der Randblätter abgebildet – im Text wird jeweils noch extra darauf verwiesen. Diese Blätter tragen ein S hinter der dreistelligen Nummer, also »283 S« für Arolla mit Skirouten, und gehören unbedingt zur Ausrüstung. Für schwierige Anstiege, besonders mit alpinen Einlagen, empfiehlt es sich, zusätzlich oder stattdessen die detaillierteren 1:25.000-Blätter mit der vierstelligen Nummer zu erwerben.
Alle Orts- und Höhenangaben in diesem Führer basieren auf dieser Karte. Die Karten weisen das spezielle schweizerische Koordinatensystem auf – ein Gitter mit genau einem Kilometer Maschenweite. Der Koordinatenschnitt-

GPS-Tracks und Koordinaten der Ausgangspunkte

Zu diesem Skitourenführer stehen auf www.rother.de GPS-Tracks und Koordinaten der Ausgangspunkte zum kostenlosen Download bereit.
2. Auflage, Passwort: **593002sfw**
Sämtliche GPS-Daten wurden von den Autoren auf einer digitalen Karte erfasst. Verlag und Autoren haben die Tracks und Wegpunkte nach bestem Wissen und Gewissen überprüft. Dennoch können wir Fehler oder Abweichungen nicht ausschließen, außerdem können sich die Gegebenheiten vor Ort zwischenzeitlich verändert haben. GPS-Daten sind zwar eine hervorragende Planungs- und Navigationshilfe, erfordern aber nach wie vor sorgfältige Vorbereitung, eigene Orientierungsfähigkeit sowie Sachverstand in der Beurteilung der jeweiligen (Gelände-)Situation. Man sollte sich für die Orientierung auch niemals ausschließlich auf GPS-Gerät und -Daten verlassen.

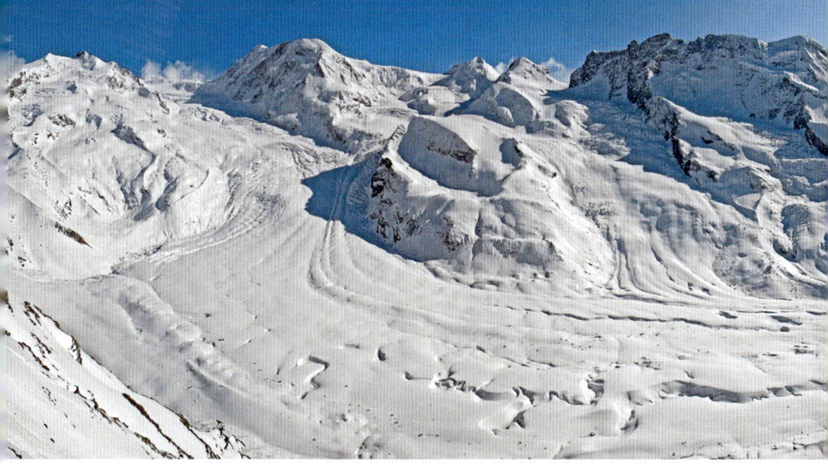

Blick vom Gornergrat auf 100 km² Gletscher: Monte Rosa, Liskamm, Zwillinge und Breithorn.

punkt (KS) wird auf den Meter genau mit zwei sechsstelligen Zahlen angegeben (Rechtswert/Hochwert), wichtig z. B. bei Notfällen zur genauen Ortsangabe für die Retter. Seit einiger Zeit ist die Landeskarte auch kostenfrei im Internet nutzbar (s. »Landeskarte der Schweiz online«, S. 27) und bietet sogar Ausdruckmöglichkeiten. Ohne Papierkarte, Höhenmesser und Kompass sollte man nicht auf hochalpine Touren gehen.

Eine ausgesprochen komfortable Ergänzung zu dieser Grundausstattung sind die inzwischen sehr leichten und bedienerfreundlichen GPS-Geräte. Damit die Koordinaten mit der Schweizer Landeskarte übereinstimmen, muss am GPS-Gerät das Schweizer Koordinatensystem eingestellt werden (nicht UTM oder Gauss-Krüger). Trotzdem ergeben sich auf Gletschern mitunter merkliche Abweichungen aufgrund des Gletscherschwundes – das gilt aber auch für die Papierkarte! Alle Routen in diesem Führer können auf der Verlagsseite im Internet (www.rother.de) als GPS-Track heruntergeladen werden (s. Kasten S. 20). Man sollte sich aber dadurch nicht verführen lassen, Kompass und Papierkarte zu Hause zu lassen!

Routenbeschreibung

Die Richtungsangaben links und rechts erfolgen stets im orografischen Sinne, also vom Berg zum Tal, werden aber, wo nötig durch Himmelsrichtungen ergänzt. Alle zur Wegfindung nötigen Details sind angegeben, es wird allerdings vorausgesetzt, dass man das entsprechende Blatt der Landeskarte zur Hand hat und es auch lesen kann.

Die Walliser Alpen

Der Begriff »Walliser Alpen« wird im engeren Sinne für die Berge südlich der Rhone und nördlich der schweizerisch-italienischen Grenze verwendet. Die westlichen und östlichen Grenzen sind weniger scharf definiert – dieser Führer umfasst das Gebiet vom Furkapass im Osten bis zum Ostteil der Mont-Blanc-Gruppe im Westen. Nicht verwechselt werden darf diese Einteilung mit den Kantonsgrenzen – das Wallis ist noch wesentlich größer als das hier besprochene Gebiet. So liegt ein großer Teil der Berner Alpen und auch ein Teil der Mont-Blanc-Gruppe auf Walliser Boden.

Die Walliser Alpen stellen die ausgedehnteste vergletscherte Fläche der Alpen dar und nehmen eine zentrale Stellung im Alpenbogen ein. Der Alpenhauptkamm verläuft etwa entlang der Landesgrenze vom Velan über Monte-Rosa zum Furka, die Walliser Alpen liegen somit im Wesentlichen nördlich des Alpenhauptkammes und auf der Südseite des nördlichen Alpenkammes (Berner Alpen), stellen also ein relativ niederschlagsarmes, inneralpines Gebiet dar. Die zahlreichen Seitenkämme, die vom Alpenhauptkamm nach Norden abgehen, bilden ungefähr ein Dutzend bedeutende Seitentäler (von West nach Ost: Val d'Illiez, Val d'Entremont, Val de Bagnes, Val d'Hérens, Val d'Anniviers, Turtmanntal, Mattertal, Saastal, Nanztal, Gantertal, Binntal, Ägenetal), die z. T. noch komplizierte Verästelungen in Nebentäler aufweisen. Diese komplexe Topografie ergibt eine ungemein reizvolle Landschaft, die von Martigny im Rhonetal (476 m) bis zur Dufourspitze (4633 m) alle alpinen Höhenstufen beinhaltet. Nach zweistelligen Minusgraden auf den hohen Gipfeln kann man daher innerhalb eines Tages bereits im T-Shirt die Frühlingssonne in den Straßencafés im Rhonetal genießen. Nicht nur von der Fläche, auch von der Mächtigkeit der Bergmassive stellt das Wallis den Kulminationspunkt der Alpen dar. Auch wenn der Mont Blanc aufgrund seines geologisch jungen und sehr harten Granits ein paar Meter höher ist als das Monte-Rosa-Massiv, stellt er doch eine vergleichsweise kleine und simpel gebaute Kette mit lediglich einem hohen Gipfel dar. Mehr als die Hälfte aller alpinen Viertausender (darunter zehn der zwölf höchsten Alpengipfel) finden sich dagegen in den Walliser Alpen und glücklicherweise haben die meisten von ihnen wenigstens eine »schwache« Seite, die die Besteigung auch mit Skiern erlaubt. Aber auch unterhalb der »magischen« Grenze von viertausend Metern finden sich ausgesprochen lohnende und manchmal durchaus anspruchsvollere Gipfelziele, die dann oft wesentlich einsamer sind als die einschlägig bekannten Viertausender. Die weiten Gletscherflächen, die für das Wallis so typisch sind, bedingen eine ausgesprochene Eignung zum Skifahren und haben leider auch eine große Zahl an mechanischen Aufstiegshilfen und präparierten Pisten mit sich gebracht. Trotzdem findet der Skitourengeher immer noch ein reiches Betätigungsfeld in unberührtem Gelände, das lediglich durch das unverständlicherweise immer noch erlaubte Heliskiing öfters getrübt wird. Natürlich hat der Helikopter im Berggebiet seine Berechtigung als Transportmittel für Lasten, zur Versorgung von Hütten und für Rettungseinsätze. Aber die wenigen Berge, die noch nicht durch den Pistenbetrieb erschlossen und verschandelt wurden, sollten unserer Meinung nach als Rückzugsort für Mensch und Tier so behutsam wie möglich genutzt werden. Es ist ein trauriges Kapitel, dass sich die Walliser Sektionen des Schweizerische Alpen Club (SAC) bis heute noch nicht für ein Verbot des Heliskiing als laute, faule, rücksichtslose und Energie fressende Unart des Skifahrens ausgesprochen haben. Die knapp 5000 Helikopterbewegungen, die offiziell pro Saison für Heliskiing im Wallis durchgeführt werden (alleine am Monte Rosa sind es fast 1000 pro Jahr – d. h. innerhalb weniger Wochen im Spätwinter/Frühjahr), sind volkswirtschaftlich irrelevant, bedienen aber eine snobistisch-exklusive Klientel. Der Landeplatz am Monte Rosa liegt innerhalb des »Schutzgebietes des Schweizerischen Bundesinventars der Landschaften und Naturdenkmäler mit nationaler Bedeutung« (BLN Nr. 1707), also der höchsten Kategorie der schweizerischen Schutzgebiete – mit dem expliziten Ziel »Ruhe und stille Erholung«! Wie die schweizerischen Behörden dieses Ziel mit 1000 unnötigen Heliflügen verein-

Lang und schön ist der Aufstieg zum Bruneggorn (Tour 31).

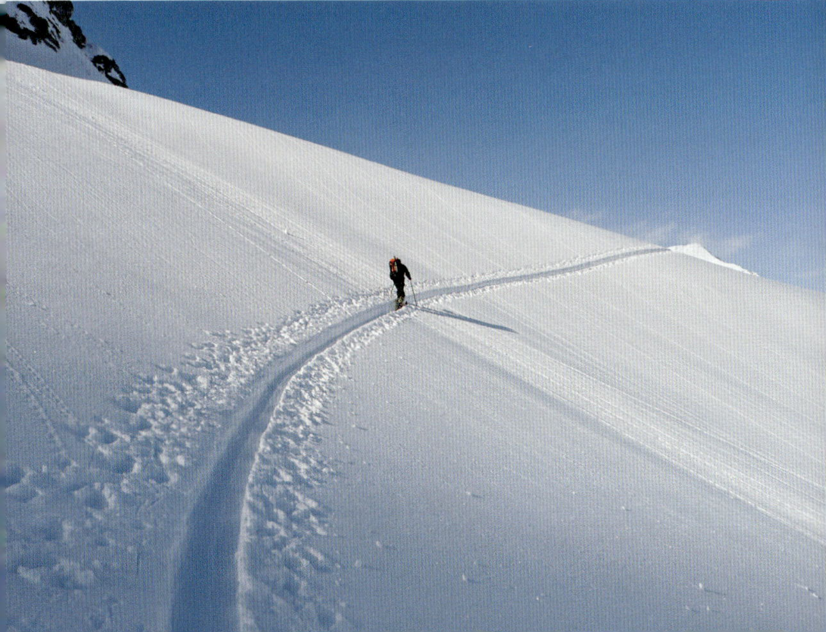

baren können, ist uns schleierhaft. Es bleibt der schale Geschmack zurück, dass hier einige wenige gut verdienen und dafür die »Disneylandisierung« eines alpenweit einmalig schönen Berggebietes achselzuckend in Kauf nehmen. Ein Umdenken ist nicht in Sicht – 2019 wurde letztinstanzlich die Zahl der Gebirgslandeplätze auf 40 festgelegt – davon liegen 19 im Wallis und wiederum 11 davon befinden sich innerhalb oder am Rande von BLN-Schutzgebieten! Es bleibt nur die Möglichkeit, vor Ort seinen Unmut über diese Art der »Nutzung« deutlich kundzutun oder sich z. B. bei der Alpenschutzorganisation Mountain Wilderness (www.mountainwilderness.ch) zu engagieren.

Anreise

Das Wallis ist hervorragend an das europäische Bahnnetz angebunden: Durch den neuen Lötschbergtunnel hat sich die Fahrzeit von Freiburg im Breisgau nach Visp auf unter 3 Stunden verkürzt – das ist mit dem Auto nicht zu schaffen. Aus dem Südosten Deutschlands ist es eher ein Problem, mit der Deutschen Bahn bis zur Schweizer Grenze zu kommen, danach wird es einfacher. Aber auch die Autobahnanbindung ist als gut zu bezeichnen: Entweder über Bern – Kandersteg (Bahnverlad) oder über den Genfer See erreicht man das Rhonetal. In den Walliser Alpen selbst findet sich ein unglaublich dichtes Netz an Eisenbahn- und vor allem Postauto-Verbindungen, die den Verzicht auf das eigene Auto wirklich leicht machen. Nirgends in den Alpen ist die umweltverträgliche Anreise zu den Bergen einfacher als hier – nutzen wir dieses Angebot! Natürlich sind die Billets der Schweizerischen Bundesbahnen (SBB) nicht eben billig, aber es gibt eine ganze Reihe von attraktiven Vergünstigungen, z. B. eine Art Bahncard 50 auf Zeit (schweizerdeutsch »Halbtax«), ebenso eine Bahncard 100 (Generalabonnement, »GA«) oder den Swiss Travel Pass Flex für wenige Tage und viele weitere Möglichkeiten. Die Anreise mit Bahn und Postauto ist nicht nur umweltschonender, sie ermöglicht auch spektakuläre Überschreitungen mehrerer Täler, ohne lästige Rücktransportprobleme. Selbst auf der Tour kann man gegebenenfalls noch entscheiden, welche Abfahrtsvariante man wählen möchte, und man wird im Tal fast mit Sicherheit einen Postauto-Anschluss finden. Dazu startet man die Tour ausgeruht und muss nach der langen, anstrengenden Abfahrt nicht noch übermüdet ans Steuer, und die horrenden Parkgebühren in manchen Walliser Gemeinden sind besser in ein schönes Abendessen investiert. Für die wenigen Lücken im Fahrplan, wenn man z. B. sehr früh oder sehr spät unterwegs ist oder unbedingt bis zur Schneegrenze einer Bergstraße fahren möchte, auf der noch kein Postauto verkehrt, gibt es auch eine hervorragende »Schweizer« Lösung – das »Alpentaxi«. Mountain Wilderness gibt ein Verzeichnis aller lokalen Taxiunternehmen der Schweiz mit Adressen und Telefonnummern heraus, die jetzt wirklich den letzten Meter fahrbaren Asphalt auch noch zugänglich machen. Das Verzeichnis gibt es gedruckt bei Mountain Wilderness oder kostenlos online (www.alpentaxi.ch).

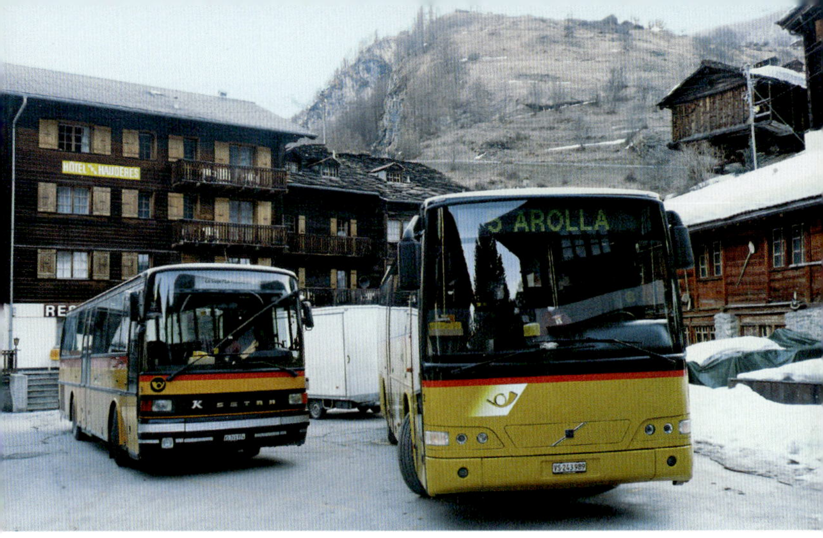

Zwei Generationen Postauto im Einsatz im Unterwallis (Tour 39).

Sprache

Das Oberwallis reicht vom Goms im Osten bis zum Pfynnwald bei Leuk im Westen und weist leicht verschiedene Varianten des Walliserdeutschen auf, die mit etwas Übung und Gewöhnung durchaus zu verstehen sind – gegenüber Auswärtigen fallen die Oberwalliser aus Höflichkeit aber sofort in eine Art Hochdeutsch. Südlich des Simplonpasses hört man bereits des öfteren italienisch, aber offiziell ist Deutsch die Amtssprache im gesamten Oberwallis. Eine Besonderheit sind die letzten verbliebenen Reste von »Walsertitsch« auf der italienischen Seite – einer uralten Dialektform des Deutschen, die noch von einigen alten Leuten in den obersten Bereichen der Täler auf der Monte-Rosa-Südseite gesprochen wird. Im gesamten Unterwallis, also von Sièrre bis zur Grenze nach Frankreich, wird Französisch bzw. teilweise noch francoprovenzalischer Dialekt gesprochen, und man kann nicht einfach erwarten, dass Deutsch oder Englisch verstanden wird. Auch wenn das anfangs etwas unbequem ist, sollte man versuchen wenigstens ein paar Brocken auf Französisch parat zu haben, die Unterwalliser honorieren sehr das Bemühen, auf ihre Sprache einzugehen. Irgendwie verständigt man sich, und oft sind zweisprachige Gäste anwesend, die helfend eingreifen. Trotz der Sprachschwierigkeiten erlebt man im touristisch etwas ruhigeren Unterwalliser Teil des Tourengebietes oft besonders herzliche Begegnungen mit den Einheimischen. Ein kleiner Alpinwortschatz Deutsch-Französisch im Anhang hält nützliche Vokabeln bereit.

Nützliche Informationen und Adressen

Telefon

Ländervorwahlen und ihre Besonderheiten: Deutschland +49; Österreich +43; Schweiz +41 (hier muss immer die Ortsvorwahl mitgewählt werden, auch wenn man sich bereits im entsprechenden Ort befindet; also in Zermatt 027 967 39 13 für die Täschhütte); Italien +39 (hier wird die »0« der Ortsvorwahl aus dem Ausland mitgewählt, also +39 0163 91039 für die Capanna Margherita); Frankreich +33.
Die Abdeckung der Hochregion der Walliser Alpen mit Mobilfunknetzen ist ziemlich lückenhaft. Sobald man Sichtkontakt zu bewohnten Tälern hat, ist jedoch meist eine Verbindung möglich. Besonders für Gruppen ist es eine Überlegung wert, ein REGA-Notfunkgerät mitzuführen, das fast überall auf Knopfdruck per Funk mit der REGA-Leitstelle verbindet. Auch die immer leichter und günstiger werdenden Satellitentelefone erfreuen sich steigender Beliebtheit als Notrufgerät.
Notruf: 112
REGA/Helirettung: 144 (in der übrigen Schweiz 1414)
Bergrettung Italien: 118
Wetter: 162 (interaktiv, ca. 0.50 CHF pro Minute)
Lawinenbulletin: 187, aus dem Ausland +41 848 800 187
Auskunft über werktäglichen Schießbetrieb der Armee: +41 79 622 87 05
Blindgängermeldestelle der Armee: 117

Internet

Wetter: www.meteoschweiz.ch, www.meteoblue.ch
Lawinenbulletin: www.slf.ch. Liefert nicht nur den Lawinenlagebericht sondern noch viele weitere Informationen, wie z. B. Schneehöhe, Neuschneehöhe, Schneedeckenstabilität, Wetter- und Schneedeckenentwicklung
Aktuelle Tourenberichte und Verhältnisinformationen: www.gipfelbuch.ch, www.hikr.org. Sehr wertvolle, gelegentlich auch tagesaktuelle Informationen über die Verhältnisse wie Schneebeschaffenheit, Vereisung, Lawinenbeobachtungen, Bewartung von Hütten etc. finden sich auf diesen Seiten. Da diese »Basisaktivisten« ihre Beiträge weitgehend unüberprüft ins Netz stellen, ist es aber ratsam, diese Informationen besonnen zu beurteilen und ggf. auch kritisch zu hinterfragen.

Unterkunft

www.valais.ch
www.myswitzerland.ch

Transport

www.sbb.ch (Schweizerische Bundesbahn)
www.bls.ch (Bern – Lötschberg – Simplon)
www.mgbahn.ch (Matterhorn-Gotthard-Bahn)
www.regionalps.ch (Regionalverkehr Brig–Visp–Sion–Martigny mit Anbindung Orsieres/La Chable)
www.postauto.ch
www.alpentaxi.ch
www.bahn.de (Deutsche Bahn)
www.regione.vda.it (Autobus Aostatal)
www.trenitalia.it (Italienische Staatsbahn)

Landeskarte der Schweiz online

www.swisstopo.admin.ch (Jahresabo, Skirouten und weitere nützliche Funktionen wie z. B. Export von Routen o. Ä.)
http://map.geo.admin.ch (kostenlos, pdf-Ausdrucke sind möglich; über »weitere Karten« können Skirouten und weitere Geländeinformationen eingeblendet werden. Die Links zur Darstellung von CAT (Thematische Lawinengeländekarte) und ATH (Gefahrenhinweiskarte Lawinengelände) sind über die Website www.slf.ch unter Projekte mit Suche nach »Automatische Klassifikation« erhältlich – Stand bei Drucklegung 2020; da dies ein Projekt ist, kann sich der Zugang jederzeit wieder ändern)

Alpenschutz

www.cipra.org (europaweite Dachorganisation)
www.mountainwilderness.ch
www.alpenverein.de
www.sac-cas.ch

Literatur

Waeber, Michael: Haute Route, Skitourenführer, Bergverlag Rother, 2013.
Roth, Eike: Lawinen – Verstehen · Vermeiden · Praxistipps, Bergverlag Rother, 2013.
Mair, Rudi u. Nairz, Partick: lawine. Die entscheidenden Probleme und Gefahrenmuster erkennen, Tyrolia, 2018.
White Risk, interaktives Programm zur Prävention von Lawinenunfällen und Tourenplanung (inkl. topografische Karten Schweiz, Frankreich und Österreich). Herausgegeben von der Schweizerischen Unfall Versicherung und dem Institut für Schnee- und Lawinenforschung. Lizenz: www.whiterisk.ch.
Feller, Egon und Mathieu Roger: Walliser Alpen, SAC Verlag, 2015.
Labande, Francois und Sanga, Georges: Valais Central, Editions Olizane, 2014 (in französischer Sprache).

Anstieg zum Vorgipfel des Pigne d'Arolla (Tour 42).

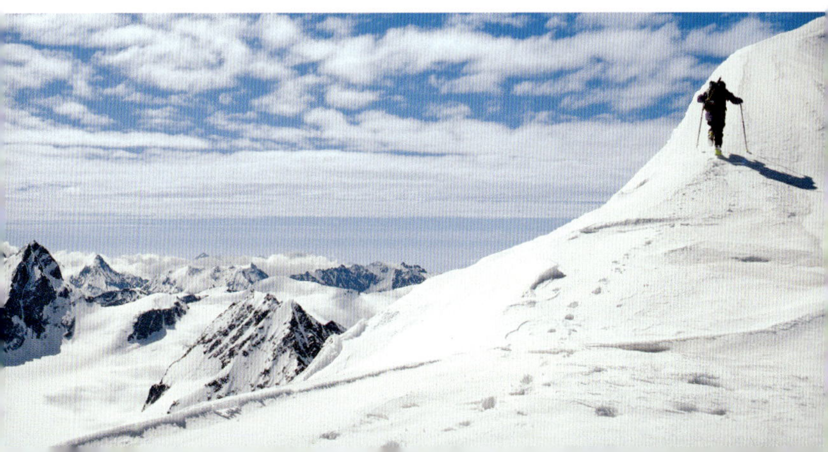

Kleiner Alpinwortschatz Deutsch-Französisch

Abendessen	souper *m.*	Handschuh	gant *m.*
Abfahrt, Abstieg	descente *f.*	Hang	pente *f.*
Abseilen	rappel *m.*	Harsch	croûte *f.*
Anfang	début *m.*	Harscheisen	couteaux à glace *m.*
Aufstieg	montée *f.*	Höhenmesser	altimètre *m.*
ausgesetzt	exposé	Hütte	cabane *f.*, refuge *m.*
Bandschlinge	sangle *f.*	Karabiner	mousqueton *m.*
Bergschrund, Randkluft	rimaye *f.*	Kette	chaîne *f.*
		klein	petit, petite
Bergsturz, Felssturz	éboulement *m.*	Klemmkeil	bloc coincé *m.*
		Klettergurt	baudrier *m.*
Bindung	fixation *f.*	Klettern, Kletterei	escalade *f.*
Blankeis	verglas *m.*	Kompass	boussole *f.*
Blitz	éclair *m.*	Lawinenlagebericht	bulletin d'avalanche *m.*
Bohrhaken	spit *m.*		
Bruchharsch	neige croûtée cassante, »carton *m.*«	Lawine	avalanche *f.*
		leicht	facile
brüchig	délité	links	à gauche
Couloir	couloir *m.*	LVS	ARVA (appareil de recherche des victimes d'avalanches)
einfach	facile		
Einschnitt	brèche *f.*		
einstellen	régler, ajuster	mühsam	pénible
Eis	glace *f.*	Mulde	combe *f.*
Eisschlag	chute de glace *f.*	Nassschneelawine	avalanche de neige mouillée *f.*
Eisschraube	broche (à glace) *f.*		
Fels	rocher *m.*	Neuschnee (menge)	(quantité de) neige fraîche
Felsband	vire *m.*		
Felshaken	piton *m.*	Norden	nord *m.*
Felsriegel	barre rocheuse	Osten	est *m.*
Felsturm	tour *f.*	Pfeiler	pilier *m.*
Firn	névé *m.*	Pickel	piolet *m.*
Frühstück	petit-déjeuner *m.*	Pulverschnee	(neige) poudreuse *f.*
gebrochen	brisé, brisée	queren	traverser
Gefahr	danger *m.*	Rampe	rampe *f.*
Gefahrenstelle	endroit dangereux	rechts	à droite
Gewitter	orage *m.*	Regen	pluie *f.*
Gipfel	sommet *m.*	reservieren	réserver
Gletscher	glacier *m.*	Rinne	couloir *m.*
Gletscherspalte	crevasse *f.*	Route	itinéraire *m.*
GPS	GPS *m.*	Sattel	selle *f.*
Grat	arête *f.*, crête *f.*	Scharte	brèche *f.*
Gratturm	gendarme *m.*	Schlafsaal, Lager	dortoir *m.*
Griff	prise *f.*		
groß	grand, grande	schlecht	mal, mauvais, -e
Grundlawine	avalanche de fond *f.*	Schlinge	anneau *m.*
gut	bon, bonne	Schlucht	gorge *f.*
Halbpension	demi-pension *f.*	Schnee	neige *f.*

Schneebrett	avalanche de plaque (de neige) *f.*	Sturm	tempête *f.*
Schraube	vis *f.*	Süden	sud *m.*
Schulter	épaule *f.*	Triebschnee	neige soufflée
schwierig	difficile	unsicher	instable
sehr	très	Verschneidung	dièdre *m.*
Seil	corde *f.*	viel	beaucoup
Seillänge	longeur (de corde) *m.*	Vorbau	promontoire *m.*
sichern	assurer	Wald	bois *m.*
Ski	ski *m.*	Wecken	réveil *m.*
Skistock	bâton de ski *m.*	Weg	sentier *m.*
Skistockteller	rondelle *f.*	wenig	peu
Skistockschlaufe	dragonne *f.*	Westen	ouest *m.*
Staublawine	avalanche poudreuse	Wetter	temps *m.*
Steigeisen	crampon *m.*	Wetterbericht	bulletin météo *m.*
steil	raide, escarpé	Wildbach	torrent *m.*
steinig	caillouteux, caillouteuse	Wolke	nuage *m.*
Steinmann	cairn *m.*	Zacken	point *m.*
Steinschlag	chute de pierres *f.*	Zahn	dent *f.*
Stunde	heure *f.*	ziemlich	assez
		Zustieg	approche *f.*

Tête de Valpelline und Dent d'Hérens vom Mont-Brulé-Anstieg (Tour 44).

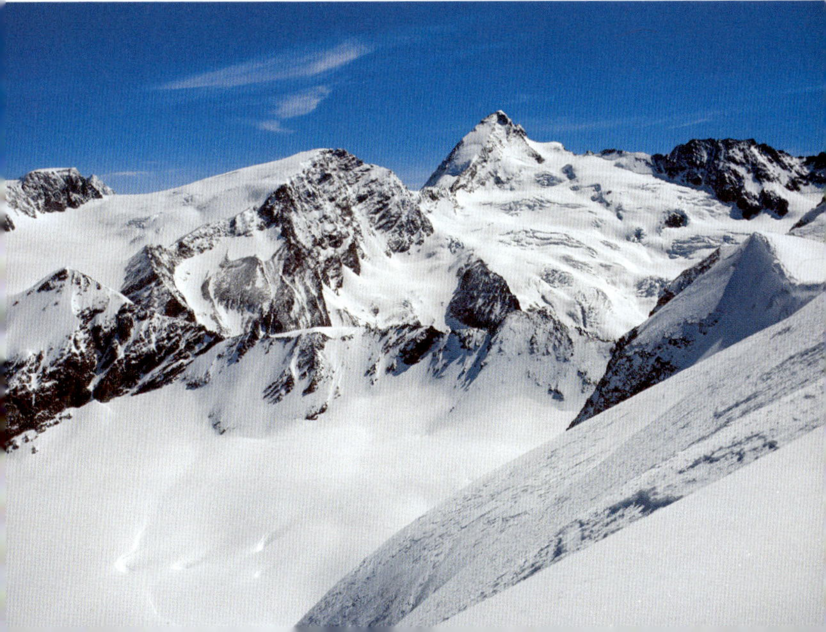

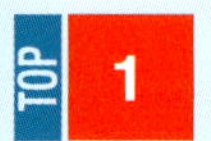

Gross Muttenhorn, 3099 m

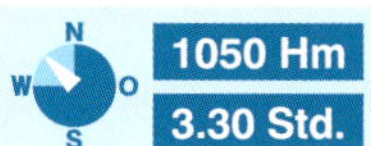

Klassischer Skitourenberg für das spätere Frühjahr

Sobald im späten Frühjahr die Passstraße zum Furka geräumt ist, erschließt sich uns diese wunderschöne Tagestour auf den östlichsten Gipfel im Wallis (geografisch zählt er bereits zu den Gotthard-Bergen). Im Hochwinter bekommt dieser Berg allenfalls von Osten, von der Rotondohütte her, Besuch, die Walliser Seite ist dann praktisch nicht zugänglich. Umso schöner ist es daher, wenn an vielen Zielen die Saison schon fast vorüber ist, hier noch einmal Winter und Sommer auf einer Tagesunternehmung fast vereint zu haben: Unten im Tal stehen die Wiesen bereits in vollem Grün und herrlichen Blüten, im Anstieg auf dem Gletscher ist es dann wieder Winter und oben am Gipfel hängt es dann sehr vom Wetter ab, ob man noch mal alles anziehen muss, um nicht zu erfrieren, oder ob die Sonne eine Rast im kurzen Hemd erlaubt! Die Nordwestausrichtung der Abfahrt schützt zumindest vormittags vor dem völligen Durchweichen an warmen Frühsommertagen.

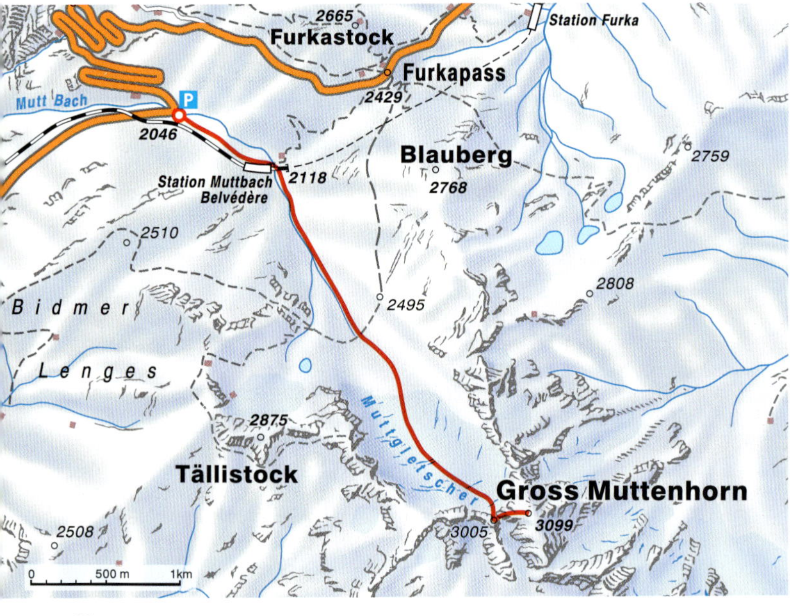

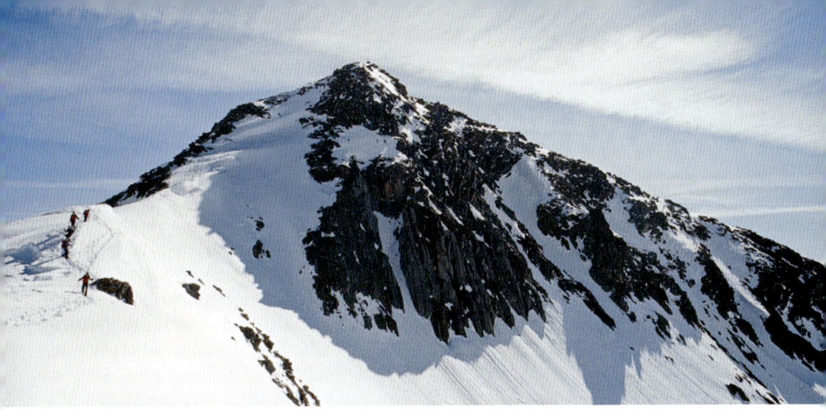

Der oberste Gipfelaufbau des Gross Muttenhorn.

Talort: Oberwald (1368 m), oberster ganzjährig bewohnter Ort im Goms (Station der MGB).
Ausgangspunkt: Furkapass-Straße, Parkplatz an der Muttbach-Brücke auf 2046 m. Postautoverbindung ab Ende Mai (Straßenöffnung), jedoch erster Kurs zu spät für Skitouren!
Aufstiegszeit: 3½ Std., Wegstrecke 3,9 km.
Anforderungen: WS+; mäßig schwierige Skitour, vom Skidepot zum Grat etwa 30 Hm ca. 40° im Schnee/Eis, Gipfelanstieg zu Fuß.
Hangrichtung: Nordwest.
Lawinengefährdung: Ab dem Zeitpunkt der Straßenöffnung viel begangene Skitour, nach Neuschneefällen ggf. Schneebrettgefahr unterhalb der Scharte zum Grat.
Günstige Zeit: Ab Ende Mai (Straßenöffnung) bis in den Juni hinein.
Einkehr/Unterkunft: Keine.
Hinweis: Viel begangene Tour, sobald die Furkastraße bis Muttbach befahrbar ist; von Gletsch aus ist die Tour deutlich länger, dafür ist man dann meist allein oder nur mit wenigen Gleichgesinnten unterwegs. Die Zufahrt nach Gletsch (auch von N über den Grimselpass) ist üblicherweise ein paar Wochen vor der Furkapass-Straße frei geräumt.
Karten: 265 S Nufenenpass, 1251 Val Bedretto, 1231 Urseren.

Vom Parkplatz an der Straßenkehre geht man zunächst entlang des Muttbaches etwa 1 Kilometer talein und nur wenig steigend zur **Station Muttbach** der Furka-Dampfbahn (Wintersperre). Dann steiler etwa 400 Hm dem Talgrund aufwärts folgend bis zu einer Verflachung (hierher könnte man sehr spät im Frühjahr vom Furkapass hereinqueren – kaum Zeitgewinn, lange Querung der Steilflanke, vormittags oft hartgefroren). Nach weiteren 100 Hm hat man dann den breiten Gletscherboden erreicht und steigt auf dem fast spaltenlosen Gletscher direkt auf bis unter die **Scharte** im Westen unterhalb des Gipfels. Je nach den Verhältnissen mit Ski ansteigen und dann das letzte Stück zu Fuß zur Scharte. Ab hier auf dem Gratrücken noch knapp 100 Hm zum **Gipfel** ansteigen.
Abfahrt entlang der Aufstiegsroute.

2 Blinnenhorn, 3374 m

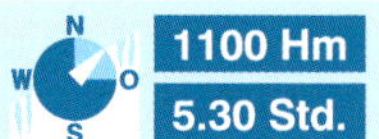

Klassische Frühjahrsskitour über weite Gletscherflächen

Mitte des vergangenen Jahrhunderts zählte das Blinnenhorn zu den »Pflicht-Skitouren« im Wallis, doch seit einiger Zeit ist es verhältnismäßig ruhig geworden, hier am höchsten Punkt der östlichen Walliser Alpen und im Grenzbereich zu Italien. Tatsächlich will dieser Berg mit einigem Durchhaltewillen erobert werden, denn es kommen knapp über 10 km Streckenlänge zusammen. Wenn allerdings günstige Verhältnisse herrschen, wird der Aufstieg über den weitläufigen und nicht besonders steilen Griesgletscher und vor allem natürlich die Abfahrt zum Griessee zurück ein tolles Erlebnis sein.

Talort: Ulrichen (1346 m), gut mit der Matterhorn-Gotthard-Bahn an das internationale Bahnnetz angeschlossen (Visp am Lötschberg-Simplon und Göschenen an der Gotthard-Route).
Ausgangspunkt: Nufenen-Straße, vorletzte Kehre unterhalb der Passhöhe (2303 m), Postauto von Nufenen ab Öffnung der Passstraße (ca. ab Ende Mai).
Aufstiegszeit: 5–6 Std., Wegstrecke 10,2 km.
Anforderungen: L.

Das Blinnenhorn über dem oberen Griesgletscher.

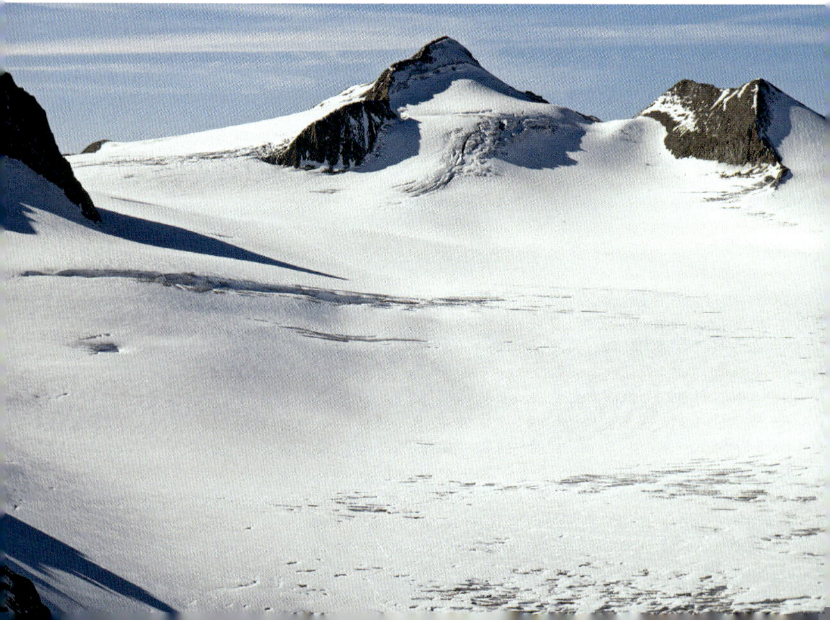

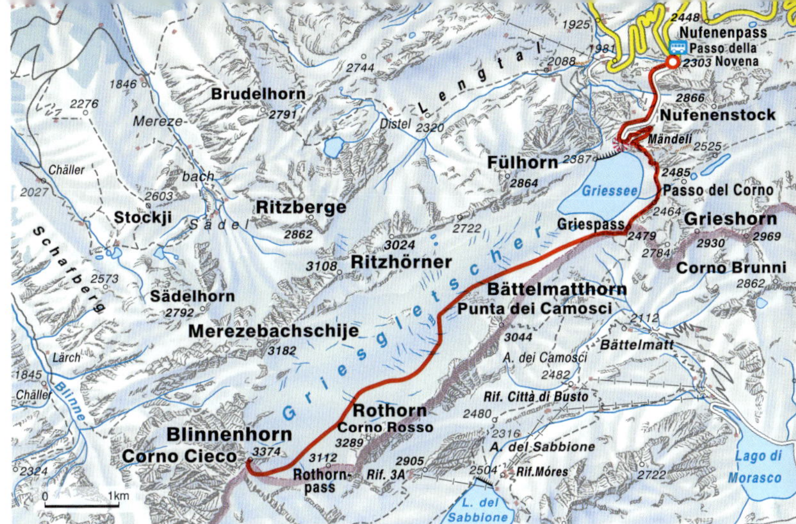

Hangrichtung: Nord bis Ost.
Lawinengefährdung: Im Bereich bis zum Gries-Stausee (Stocklamme).
Günstige Zeit: Ab Öffnung der Passstraße (ca. ab Ende Mai), ansonsten deutlich längere Tour.
Einkehr/Unterkunft: An der Route keine.
Hinweis: Die relativ wenig steilen Gletscherflächen erfordern schnellen Schnee für eine genussvolle Abfahrt.
Variante: Gute Skifahrer können bei absolut sicheren Schneeverhältnissen auch die sehr steile Abfahrt über das Blinnental wählen. Dazu hält man sich vom Rothornpass in nördl. Richtung bis zu der kleinen Scharte des Griessgletscherpasses (P. 3087) südl. der Merezebachschije und fährt die sehr steilen Hänge entlang des Hohstellibaches hinunter. Bei genügend Schnee kann man auch bereits eine Einsattelung vorher über die Reste des Sulzgletschers zum Hohstellibach hinabfahren. In jedem Fall erreicht man das Blinnental bei »Stafel« auf etwa 1960 m und verfolgt das steile Trogtal bis nach Reckingen.
Karten: 265 S Nufenenpass, 1250 Ulrichen, 1270 Binntal.

Von der Kehre **P. 2303** an der Nufenenstraße folgt man der Kraftwerksstraße zunächst recht wenig ansteigend quer durch die sehr steile Flanke der Stocklamme bis nahe der Staumauer, wo man, ohne zur Mauer selbst zu gehen, direkt den Hang zum **Mändeli** über dem See aufsteigt. Nun mit einigem Auf und Ab um den See herum und dann am Griespass vorbei zum Griesgletscher. Eher nahe seines Südufers haltend steigt man den Gletscher in seiner ganzen Länge auf (nach dem Bättelmatthorn Spaltenzone!) bis zum **Rothornpass**. Man muss nicht bis zu diesem weiten Sattel gehen, sondern kann sich bereits ab dem **Ostsporn** des Blinnenhorns in die oberste Südflanke halten. Zuletzt über diese Flanke direkt zum höchsten Punkt.
Abfahrt entlang der Aufstiegsroute.

3 Ofenhorn, 3235 m

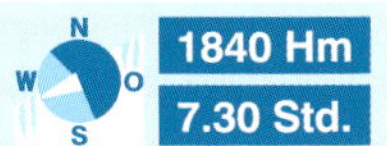

Weltabgelegener Hochgipfel über dem hintersten Binntal

In den Walliser Alpen gibt es ja nicht nur die bekannten und leider manchmal auch etwas überlaufenen Viertausender als lohnende Skiziele. Das Binntal bietet hierzu (wie übrigens auch im Sommer) einen tollen Kontrast, denn man kann in dieser Region oft fast allein unterwegs sein! Und das auch bei sehr wohl respektablen Gipfelzielen wie bei dem hier vorgestellten Ofenhorn. Freilich bekommt man solche Berge nicht geschenkt, denn der Anstieg zur Binntalhütte ist nicht eben kurz und da das schöne Haus nicht bewirtschaftet ist, muss man auch noch sein Essen mit hinauftragen. Aber gerade so etwas beschert uns ein noch eindrücklicheres Bergerlebnis. Für Skitourengeher ist noch der Hinweis wichtig, dass die ganze Region als sehr schneesicher gilt, wenn also z. B. im Matter- oder Zinaltal die Täler schon weit hinauf ausgeapert sind, hat man hier meist noch beste Chancen, die Skier gleich vom Ausgangspunkt weg benutzen zu können. Die gut getaktete Zugverbindung Domodossola – Brig ermöglicht auch eine sehr schöne Überschreitung des Ofenhorns ins Val Formazza mit Rückkehr über Domodossola am gleichen Tag.

Talort: Binn (1400 m), Postauto von Fiesch (Station der MG-Bahn), bzw. mit PKW auch Fäld (1519 m), etwa 2,5 km von Binn; Parken unterhalb der kleinen Siedlung.
Aufstiegszeit: Hüttenzustieg: 4 Std. Gipfelanstieg: 3–3½ Std., 3,4 km.
Höhenunterschied: 870 Hm zur Hütte, Gipfelanstieg 970 Hm.

Anforderungen: ZS; Stellen bis ca. 35°, beidseitig der Eggerscharte kurz auch noch steiler, bei starker Verwechtung der Scharte kann ein Seil hilfreich sein.
Hangrichtung: Bis zur Eggerscharte vorwiegend West, dann Süd.
Lawinengefährdung: Insbesondere auf Nassschneelawinen durch die Sonneneinwirkung auf steile Südhänge achten.

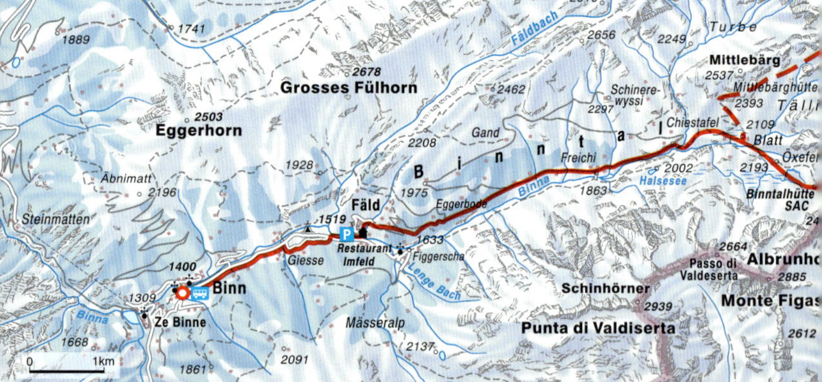

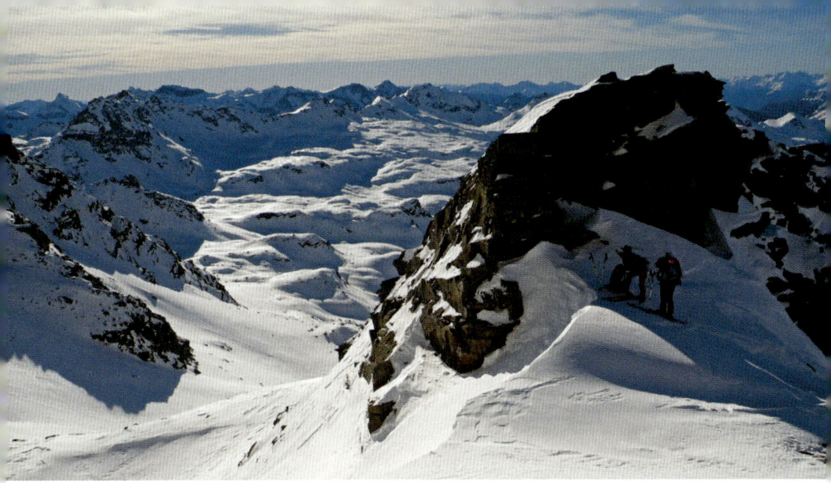

An der Eggerscharte.

Günstige Zeit: März – Mai (später im Jahr kann ggf. mit dem Fahrrad bis Chiestafel gefahren werden).
Unterkunft: Binntalhütte, 2265 m; SAC Sektion Delemont. 3,5 Std. (770 Hm, 6,9 km) von Fäld. 50 Plätze, Ostern und Himmelfahrt einfach bewartet, sonst offen. Tel. +41 27 9714797.
Variante: Wer sich am Gipfel vom nahen Italien verlocken lässt, kann die herrliche Abfahrt ins Val Formazza anhängen: Vom Ofenhorngipfel steil nach NO auf den Gletscher hinunter und an zwei Seen vorbei zum Rif. Margaroli (2194 m), von dort auf meist präpariertem Wirtschaftsweg ins kleine Skigebiet von Valdo im Formazzatal. In Valdo besteigt man das Postauto nach Domodossola, und die schnellen und häufig verkehrenden Züge bringen einen rasch wieder auf Schweizer Boden nach Brig.
Karten: 265 S Nufenenpass, 1270 Binntal.

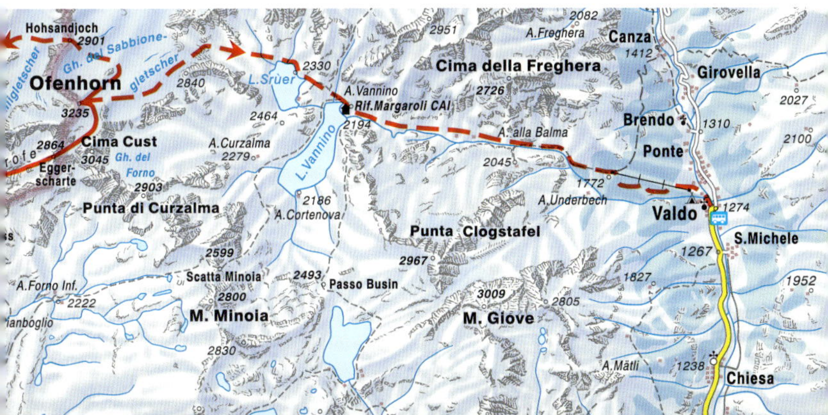

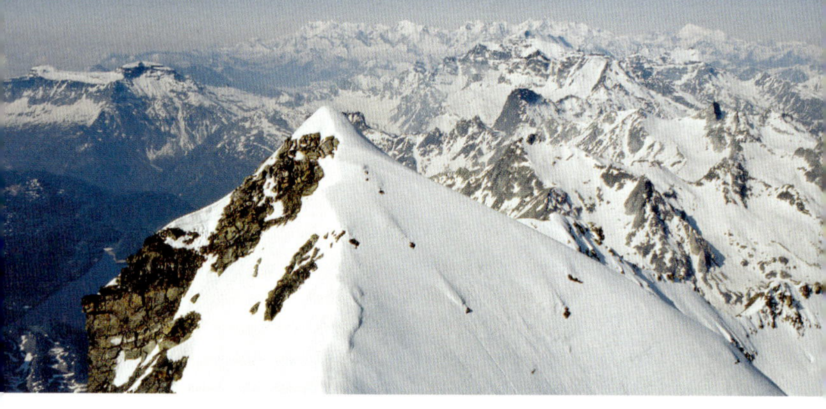

Aussicht vom Ofenhorn über die Walliser Alpen (links Monte Rosa, rechts Weisshorn).

Hüttenanstieg: Bei ausreichender Schneelage kann man von Fäld der Fahrstraße ins hintere Binntal folgen (die ersten Kehren über der Siedlung können abgekürzt werden). Falls die Straße schon zu weit schneefrei ist, bleibt man vom Parkplatz besser gleich auf der Südseite des Baches und geht an der Grube Lengebach vorbei immer nahe des Baches taleinwärts bis Freichi (1863 m) und ab hier auf dem Fahrweg oder weiter auf dieser Bachseite über Halse mit etwa 30 Hm Zwischenabfahrt nach Chiestafel. Gerade weiter in Ostrichtung nach **Blatt** und dann mehr nach Südosten wendend über Oxefeld zur **Binntalhütte**.

Gipfelanstieg: Von der Hütte geht man direkt nach Osten in das **Eggerofe** genannte Tal im Süden unter den Ofenhorn-Südwänden. Dies Hochtal wird direkt aufgestiegen bis in die **Eggerscharte** (2864 m), eine kleine Einschartung in dem vom Ofenhorn-Westgipfel nach Süden abstreichenden Seitensporn. Auf der anderen Seite nur kurz, aber steil, evtl zu Fuß, in das nach Süden offene kleine Becken mit den Resten des **Arbola-Gletschers** queren. Nun in einem leicht nach Ost ausholenden Bogen auf den obersten Ostgrat und über diesen in wenigen Minuten zum Gipfel.

Abfahrt entlang der Aufstiegsroute. Alternativ auch über die Ostflanke abfahren und nach links knapp unterhalb der felsigen Nordost-Rippe hindurch (ca. 2950 m) zum **Hohsandjoch** (2901 m) queren. Nun nach Westen abfahren auf den Ansatz des Mittlebärg zu und in das schwach ausgeprägte Seitentälchen mit den See P. 2578 auf die **Mittlebärghütte** zu. Nach Überqueren des felsigen Grabens »Roti Brunnini« kann man über die steilen Südhänge nach **Blatt** abfahren (oder als Abstecher zur nahen Mittlebärghütte hinüberqueren).

Im obersten Aufstieg zum Gipfel.

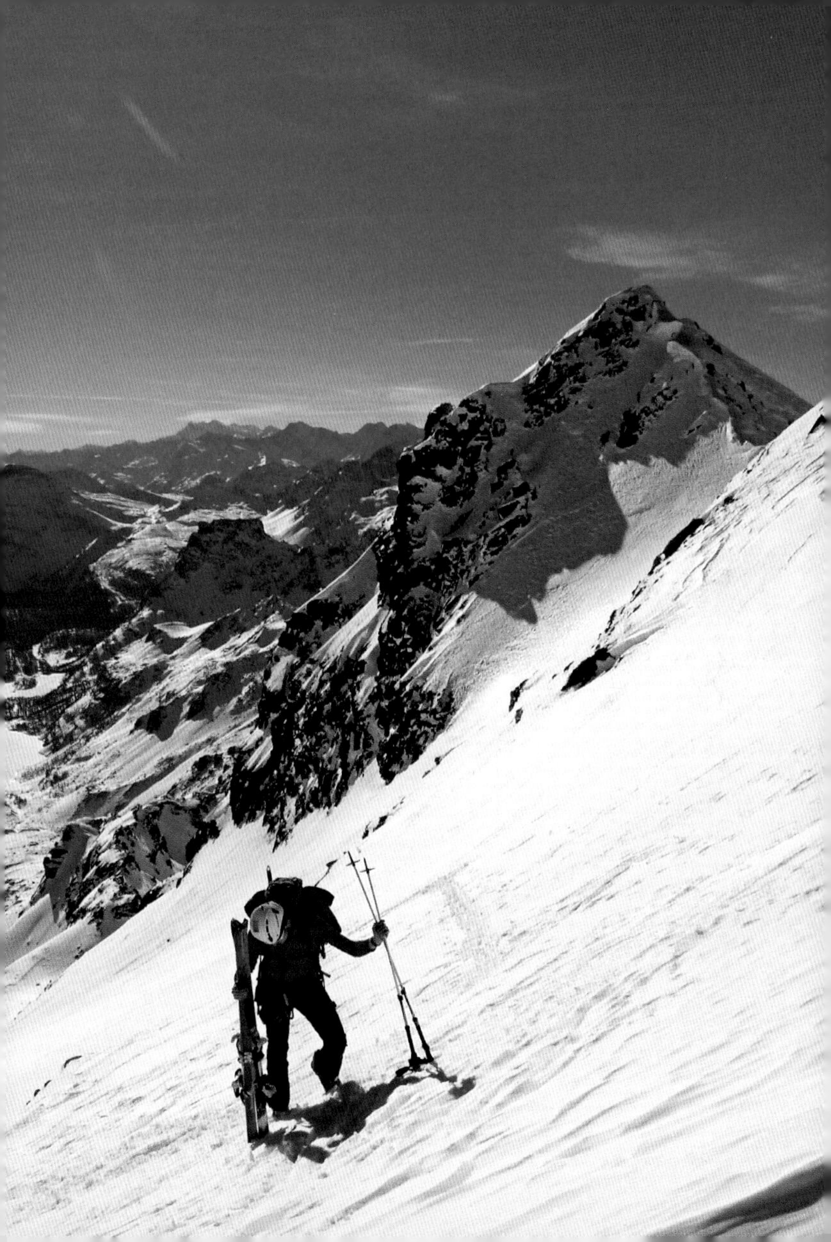

4 Bortelhorn, 3194 m

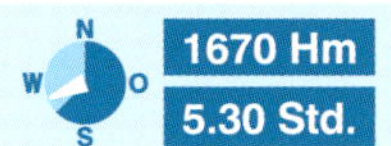

Aussichtsgipfel der Extraklasse mit zünftig langem Anstieg

Eigentlich ist das Bortelhorn kein sonderlich bedeutender Gipfel in dem langen Kamm zwischen Simplon- und Nufenenpass. Aber seine steile felsige Gipfelpyramide sitzt so keck auf ihrem weißen Gletschersockel, dass man gerne einmal oben stehen möchte, auf diesem exponierten Aussichtsgipfel. Da dieser Berg ziemlich genau über der Biegung des Rhonetals bei Brig steht, kann er praktisch von jedem Punkt des Rhonetals aus gesehen werden! Direkt gegenüber lockt das Bietschhorn mit seiner Postkartenseite, der S-Wand, aber auch die Riesenwände von Fletschhorn und Leone scheinen zum Greifen nahe zu sein. Aletschhorn, Finsteraarhorn, Weisshorn, Mischabelgruppe – man kann sich gar nicht sattsehen an dieser Pracht. Und eine genussvolle, abwechslungsreiche Abfahrt wartet obendrein!

Talort: Brig (678 m).
Ausgangspunkt: Berisal (1524 m), Postautohalt auf der Strecke Brig – Simplonpass – Gondo.
Aufstiegszeit: 5½ Std.
Anforderungen: ZS (unter der Bortelhütte bis 35°, Gipfelhang bis 32°).
Hangrichtung: Nord bis West.
Lawinengefährdung: Nur bei sicheren Verhältnissen, der Gipfelhang ist oft mit Triebschnee geladen.
Günstige Zeit: Januar – April.
Unterkunft: Evtl. Bortelhütten (2113 m), Skiclub Brig-Simplon, nicht bewartet, WR 8 Plätze, Tel. +41 27 9245210 (Hütte), +41 27 9235783 o. +41 27 9233216 (Tal).
Varianten: Bei absolut sicherem Schnee kann in der Abfahrt eine schöne, steilere Variante in der NW-Flanke des Spitzhörnlis gewählt werden.
Hinweis: Der ausgesetzte Gipfelgrat kann bei viel Schnee oder Vereisung heikel sein und dann Seilsicherung bzw. Steigeisen/Pickel verlangen! An den luftigsten Stellen in der Mitte des Grates helfen zwei Bohrhaken – wenn sie denn aus dem Eis und Schnee herausschauen.
Karten: 274 S Visp, 1289 Brig.
Alternativ: Durch eine Übernachtung auf der unbewarteten Bortelhütte lässt sich die Tour auch in zwei kleinere Häppchen zerlegen.

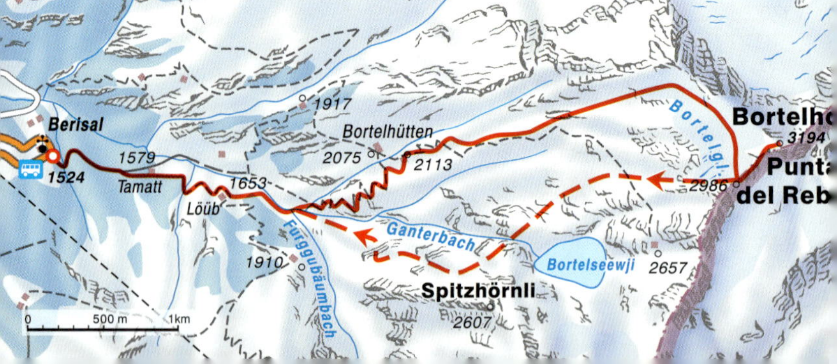

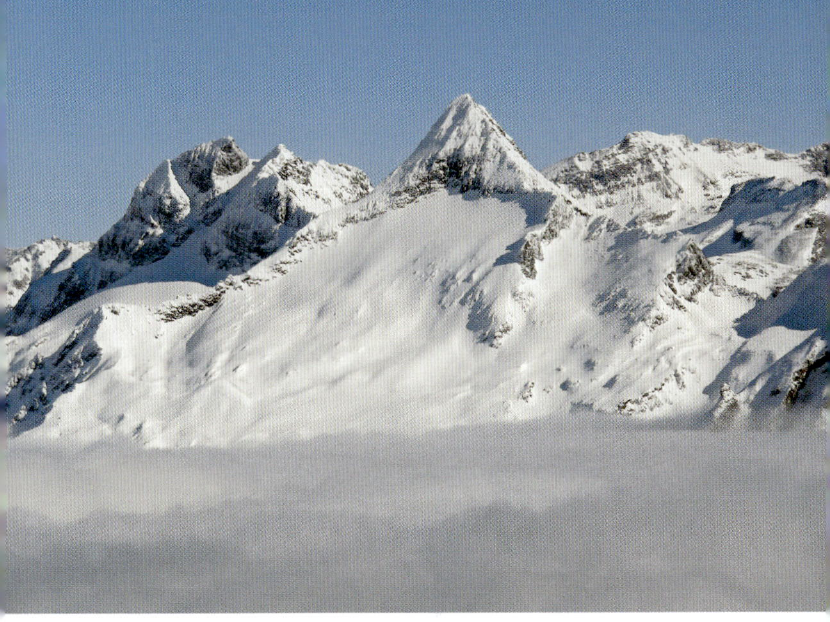

Die steile Gipfelpyramide des Bortelhorns überragt den Bortelgletscher.

Vom **Postautohalt Berisal** steigt man ziemlich flach im Wald auf einem Wirtschaftsweg nach Osten an und erreicht bald offeneres Gelände bei den zwei kleinen Alpen **Tamatt** (1579 m) und **Löüb** (1653 m). Auf etwa 1700 m überquert man den Ganterbach und steigt an seinem N-Ufer einen ziemlich steilen (35°) und anfangs auch mit Gestrüpp durchsetzten Hang hoch, bis man die **Bortelhütten** (2113 m) erreicht (2 Std.). Etwas weniger steil folgt man einem schwach ausgeprägten Rücken nach Nordosten, bis man auf etwa 2700 m unschwierig den spaltenarmen **Bortelgletscher** betritt. In einem Bogen nach Südosten quert man unter dem Gipfel des Bortelhorns hinüber zum P. 2986, einer kleinen Scharte im Südwestgrat des Bortelhorns (Skidepot, 5 Std.). Bei guten Verhältnissen ist man auf dem ausgesetzten Blockgrat rasch zum Gipfel emporgestiegen, bei Schnee und Eis am Grat sind Seilsicherung und Steigeisen sowie Pickel kein Luxus.
Abfahrt entlang der Aufstiegsroute; bei ganz sicheren Verhältnissen kann man auch unterhalb des Bortelsees zur Nordwestflanke des Spitzhörnlis (2607 m) hinüberqueren und diesen sehr steilen (42°) Genusshang bis zum Furggubäumbach abfahren, der uns bei 1700 m wieder auf die Aufstiegsroute bringt.

5 Breithorn, 3438 m

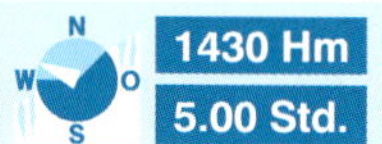

Das höchste Skiziel über dem Simplonpass

Während die Westseite des Simplonpasses eher gemäßigte Skiziele bietet, finden wir auf seiner Ostseite sehr anspruchsvolles Tourengelände. Wenn die Verhältnisse und die Kondition passen, ist das Breithorn hier sicher der interessanteste Gipfel. Der Namensgeber dieser Berggruppe, der Monte Leone, wäre zwar noch gut 100 m höher, verlangt jedoch auf dieser Route eine lange Querung eines weiten Gletscherfelds mit anschließender Grat-Kraxelei und wird daher viel seltener bestiegen. Und aus skifahrerischen Aspekten bietet bereits das Breithorn alles, was man sich wünschen möchte! Allerdings sollten wirklich lawinensichere Verhältnisse herrschen, denn bereits am ersten Abschnitt sind sehr steile Flanken unter dem Hübschhorn hindurch zu queren, und wenn da was abgeht ...! Auch im folgenden Teilstück bis zum Homattupass sind immer wieder Steilstücke zu überwinden. Der Homattugletscher im oberen Abschnitt ist dagegen eher zahm (von der Spaltensituation her), wenn auch anhaltend ordentlich steil – und dann ist es auch schon fast geschafft, denn vom Pass ist es dann nur mehr ein kurzes Stück zum Gipfel.

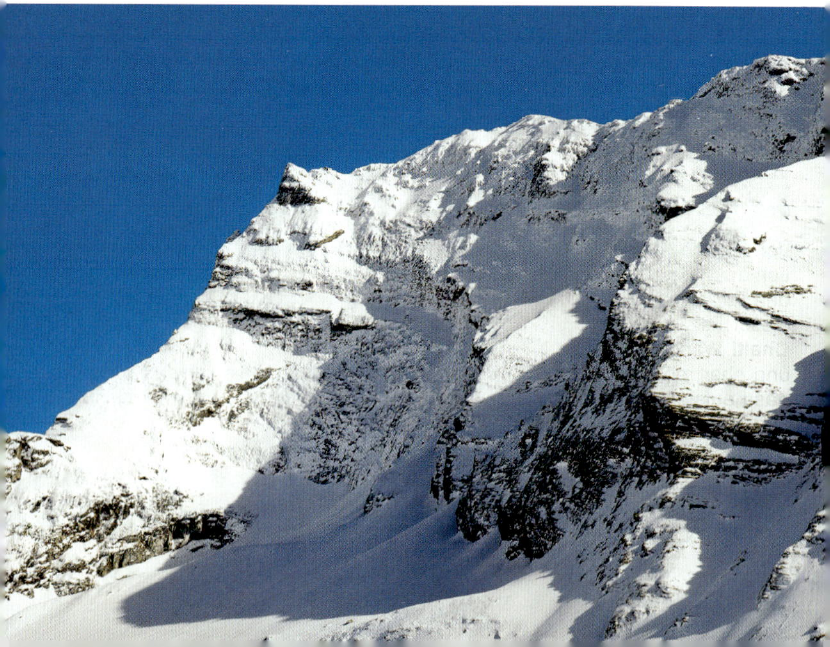

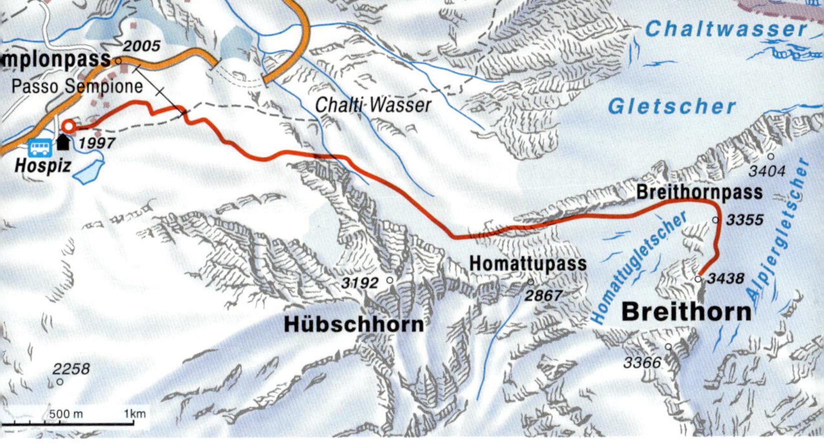

Talort: Brig (678 m).
Ausgangspunkt: Hospiz am Simplonpass (1997 m), Postautohalt der Strecke Brig – Gondo.
Aufstiegszeit: 5 Std.
Anforderungen: ZS–; anspruchsvolle Skitour, Querung von sehr steilen Flanken (Stellen 45°) unter der Hübschhorn-Nordflanke; der Homattugletscher ist spaltenarm und normalerweise zur Skitourenzeit gut verschneit.
Hangrichtung: West und Nord.
Lawinengefährdung: Häufig lawinengefährdet unter der Hübschhorn-Nordflanke und unter dem Homattupass.
Günstige Zeit: März – Mai.
Einkehr/Unterkunft: An der Passhöhe: Simplonhospiz, Tel. +41 27 9791479; www.simplon2000.ch.
Hinweis: Bei sehr guten Verhältnissen und ausreichender Schneelage kann vom Homattupass nach Süden steil in das Walibach-Tal abgefahren werden. Von Egga an der Simplonstraße mit dem Postauto zum Pass zurück. Bei entsprechenden Windverhältnissen kann der Breithornpass sehr ungemütlich werden, da er für seinen »Düseneffekt« berüchtigt ist – damit verbunden sind dann auch gefährliche Schneeverfrachtungen.
Karten: 274 S Visp, 1289 Brig, 1309 Simplon.

Vom **Simplonhospiz** steigt man nach Osten die Hänge auf, an der Bergstation des kleinen Skilifts und wenig höher an Lawinenverbauungen vorbei auf den Fußpunkt der Felsen des Hübschhorn-Nordgrats zu. Knapp unterhalb dieser Felsen muss man sehr steil eine Runse zum breiten Karboden des **Chalti Wasser** Gletschervorfelds leicht abwärts queren. Weiter in das Kar und eher rechts unter der Nordostwand des Hübschhorns zum **Homattupass** aufsteigen. Nun wieder genau in Ostrichtung zum Homattugletscher und auf diesem in gleichmäßiger Steilheit zum **Breithornpass** ansteigen. Am Pass scharf nach Süden abbiegen und, östlich unter dem Vorgipfel P. 3401 vorbei gerade zum Hauptgipfel des Breithorns ansteigen.
Abfahrt entlang der Aufstiegsroute.

Die Hübschhorn-Nordflanke dominiert den unteren Abschnitt des Breithorn-Anstiegs.

6 Monte Leone, 3533 m

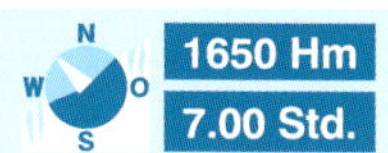

Einsame, hochalpine Tour über die verfirnte Nordflanke

Der Kulminationspunkt der lepontischen Alpen ist im deutschsprachigen Raum relativ wenig bekannt, obwohl der Monte Leone eine ausgesprochen beeindruckende Gestalt hat. Seine wilden, bis zu 2500 m hohen und meist felsigen Steilabstürze nach Osten und Norden können aber nur von der italienischen Seite bewundert werden. Die wesentlich zahmere, vergletscherte Westflanke ermöglicht dagegen einen Anstieg mit Skiern. Der Normalweg ist von der Leone-Hütte aus eine etwas umständliche und vom Simplonpass aus eine sehr lange Tour mit dem zusätzlichen Schönheitsfehler einer 2 km langen, ebenen Querung vom Breithornpass zum Einstieg am Südgrat. Die hier vorgeschlagene, deutlich anspruchsvollere Variante benutzt die obersten 200 m der 1800 m hohen Nordwand, die eine 45° steile Firnflanke bilden, über die mit Steigeisen aufgestiegen wird. Der exponierte Westgrat führt anschließend in herrlicher Blockgratkletterei in fantastischer Umgebung zum Gipfel. Der atemberaubende Tiefblick vom Gipfel ist nur eine der vielen Attraktionen hier oben! Die Abfahrt vom Skidepot über 1800 m nach Berisal ist etwas kompliziert und erfordert zwei kurze Gegenanstiege: zur Mäderlicke mit anschließender Querung zur Wasenlücke, sowie zum P. 2378 – sie bietet aber eine einsame Abfahrt über reizvolle Hänge in einmalig schöner Umgebung.

Talort: Simplonhospiz (vgl. Tour 5).
Endpunkt: Postautohalt Berisal (1524 m) an der Simplonpassstraße.
Aufstiegszeit: Hüttenzustieg 3 Std. Gipfelanstieg 4 Std., zurück zum Skidepot 1–2 Std.
Höhenunterschied: 850 m zur Hütte, Gipfelanstieg 800 Hm.
Anforderungen: S.
Hangrichtung: Nord und Nordwest.
Lawinengefährdung: Nur bei sicheren Verhältnissen, die Querung unter dem Hübschhorn bei P. 2354 und die steile Gipfelflanke (45° auf 100 Hm) sind oft lawinengefährdet. In der Abfahrt sind das Wasmertälli und die Umgebung von P. 2378 die neuralgischen Stellen, die sichere Verhältnisse verlangen.
Günstige Zeit: März – Mai.
Unterkunft: Simplonhospiz (1997 m, s. Tour 5); Monte Leone Hütte (2848 m), SAC Section Sommartel, www.cas-sommartel.ch, WR 14 Plätze, Tel. +41 27 97914 12 o. +41 79 9349732 (Hütte), +41 32 8614031 (Tal); Bivacco B. Farello (2748 m), CAI Sezione di Varzo, 9 Plätze, immer offen, Matratzen und Decken vorhanden, keine Kochgelegenheit.
Varianten: Es gibt zahlreiche Abfahrtsvarianten, um wieder zur Simplonpassstraße zurückzukehren: die abenteuerliche und schwierige S-Abfahrt zur »Alten Kaserne« (1157 m), der Normalweg nach O zum Simplonhospiz oder eine N-Abfahrt ins Skigebiet von Rothwald. Hier wird eine steile, lange und landschaftlich interessante Möglichkeit beschrieben, nach Berisal abzufahren.
Hinweis: Durch den starken Gletscherrückgang ist die Firnflanke ziemlich ausgeapert und nur noch in Jahren mit reichlicher Schneelage lohnend. Bei wenig Schnee in der Gipfelflanke ist der wesentlich beliebtere Normalweg über den Breit-

hornpass (3355 m, siehe Tour 5, Breithorn), die Leone-S-Flanke und den SO-Grat vorzuziehen. Bei Blankeis in der N-Flanke ist ein zweites Eisgerät angenehm.

Kombinationsmöglichkeit: Breithorn, Tour 5.

Karten: 274 S Visp, 1289 Brig.

Anmerkung: Der Zeitbedarf für die reizvolle Kombination von Eis- und Felskletterei im Auf- und Abstieg sollte nicht unterschätzt werden – nicht zu spät aufbrechen! Die vorgeschlagene Abfahrt durch einsame Täler erfordert guten Orientierungssinn! Falls man sich doch für den Normalweg entscheidet: Der S-Grat ist leichter und kürzer als der W-Grat.

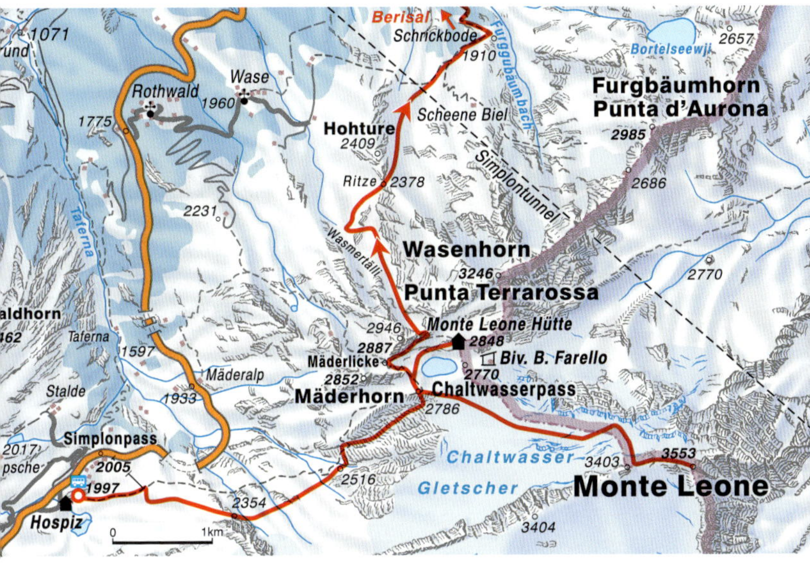

Hüttenzustieg: Wie bei Tour 5 vom **Simplonhospiz** nach Südosten, an den Ausläufer des Hübschhorn Nordgrates (P. 2354). Nun nicht der Spur zum Breithorn folgen, sondern zunächst nach Osten, später nach Nordosten abdrehen und, oberhalb einer kleinen Felsstufe, leicht ansteigend in Richtung Wasenhorn queren. An **P. 2516** vorbei hält man weiter auf das Wasenhorn zu und folgt nicht dem Sommerweg, der die Moräne des Chaltwassergletschers überschreitet, sondern bleibt stets südl. unter der Moräne, bis man in leichtem Bogen den Sattel **P. 2786** erreichen kann. In wenigen Minuten umgeht man den See westlich und gelangt so zur schönen kleinen **Leone-Hütte** (2848 m, 3 Std.). Wer es ganz rustikal mag, kann wenige Hundert Meter südöstlich auch wesentlich spartanischer im **Bivacco Farello** (2770 m) auf italienischem Staatsgebiet nächtigen.

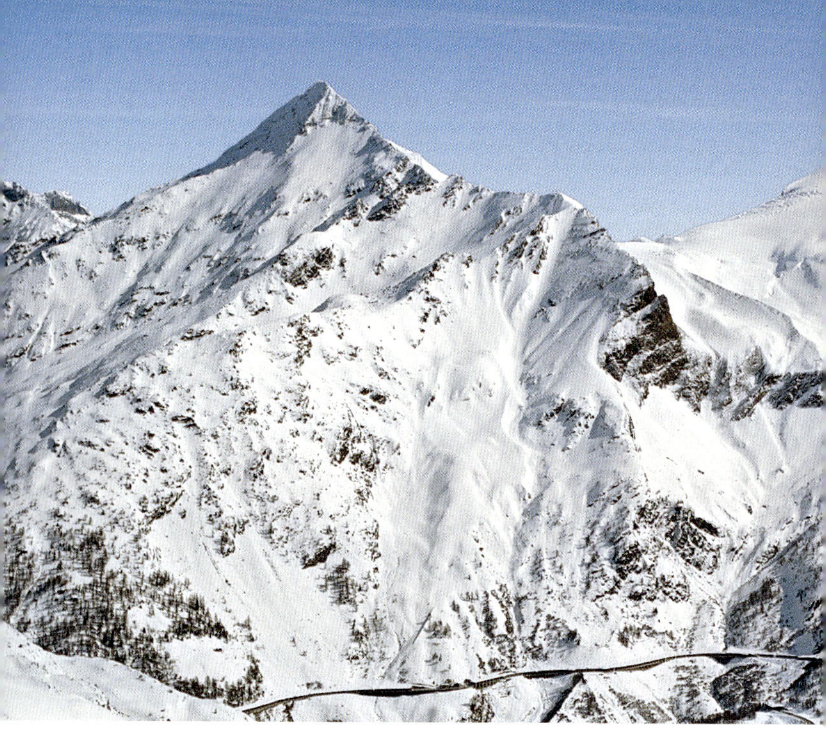

Das helle Dreieck genau in der Bildmitte ist der Leonegipfel.

Gipfelanstieg: Von der Hütte, am P. 2786 vorbei, kurz zum **Chaltwassergletscher** abfahren. Man steigt den relativ flachen Gletscher nach Ostsüdost an, folgt dabei einer wenig ausgeprägten Mulde und weicht so den großen Spalten aus. An der Stelle, wo die Nordflanke am niedrigsten ist, etwa 150 m östlich von P. 3403, macht man Skidepot am Bergschrund (ca. 3280 m, 2 Std.). In kurzer, aber schöner Eiskletterei (45°) erreicht man auf knapp 3400 m den anfangs flachen **Westgrat**. (Hier besteht die Möglichkeit, über eine leichte kurze Felsstufe – eingerichtete Abseilstelle – nach Süden auf den Alpjegletscher abzusteigen, und so den Normalweg zu erreichen – die Skier müssen dann durch die Nordflanke hochgetragen werden.) Man verfolgt den zunehmend exponierten Grat, der sich gegen Ende aufsteilt und schwieriger wird. Die teils ausgesetzte Blockkletterei (II) in festem Fels über der 1800 m nach Norden abbrechenden Wand ist ausgesprochen reizvoll und führt elegant zum Gipfel (4 Std.).
Abfahrt: Zunächst entlang der Aufstiegsroute zum Skidepot zurück und

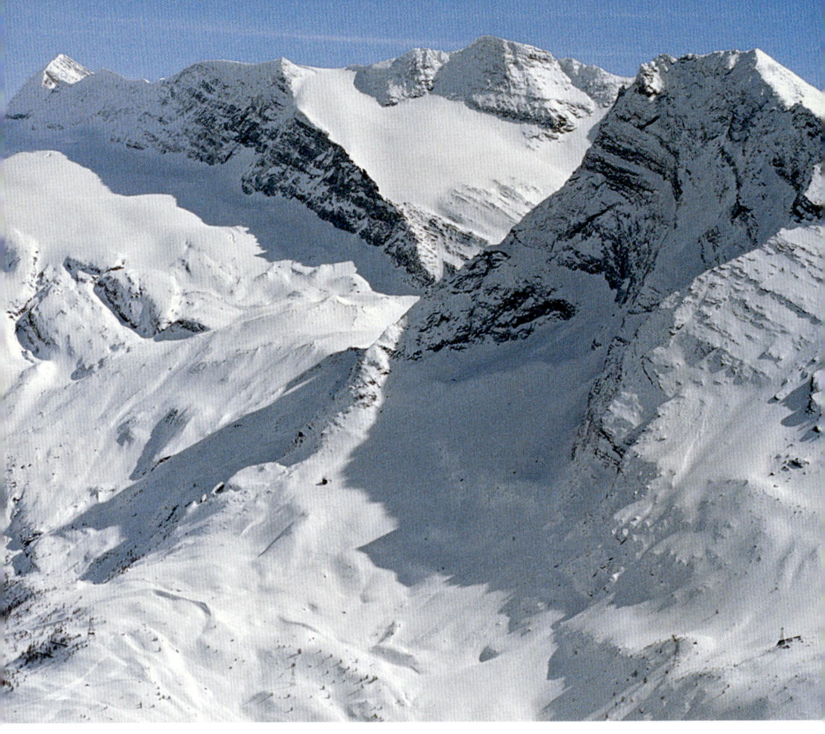

über den Chaltwassergletscher wieder zu **P. 2786** abfahren. Ein kurzer Aufstieg bringt uns zur **Mäderlicke** (2887 m). Von dort quert man südlich unter dem P. 2946 hindurch auf einem Band zur **Wasenlücke** (ital. Passo Terrarossa, 2902 m). Hier öffnet sich nach Norden das steile **Wasmertälli**, das eine herrliche Abfahrt bietet. Man hält sich eher auf der rechten Seite, bis man auf etwa 2320 m zwischen zwei Felsriegeln hindurch einen Bogen nach links machen muss. Gleich anschließend verflacht sich das Tal zu einer großen Mulde (»Ritze«), man versucht jedoch noch vorher und mit möglichst wenig Wiederaufstieg nach Osten zu dem kleinen Joch von **P. 2378** zu gelangen. Auf der anderen Seite über lohnende Hänge in die breite Mulde (»Alpji«) hinab und auf etwa 2100 m, noch vor den ersten Bäumen, nach Nordosten queren. Etwas oberhalb der Alm **Schrickbode** (1910 m) kann man steil nach Osten zum flacheren Kar des Furggubäumbaches hinabfahren. Man verfolgt das später wieder steilere Bachtal, bis man auf 1700 m auf den Forstweg trifft, der ziemlich flach über Löüb und Tamatte nach **Berisal** führt (1524 m, vgl. Tour 4, Bortelhorn).

TOP 7

Spitzhorli, 2737 m

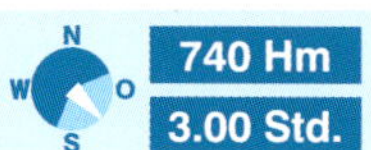

Beliebtes Skitourenziel vom Simplonpass

Der Simplonpass wird ganzjährig offengehalten und bietet an der Passhöhe einige Unterkünfte, u. a. das historische Simplonhospiz. Damit ist das ein ausgezeichneter Ausgangsort für eine Vielzahl von Skitouren. Das Spitzhorli zählt zu den bevorzugten Skizielen der Region, halten sich doch die Aufstiegsmühen in Grenzen, der Anstieg ist nur selten lawinengefährdet (bei entsprechender Spuranlage), und die landschaftlichen Eindrücke sowie die Aussicht sind einfach großartig.

Talort: Brig (678 m).
Ausgangspunkt: Simplonpass, 2004 m, Hospiz am Simplon, vgl. Tour 5.
Aufstiegszeit: 3 Std., Wegstrecke 5,1 km.
Anforderungen: WS; wenig schwierige Skitour direkt ab der Passhöhe mit einer etwas steileren Stufe (ca. 30°) unterhalb des Tochuhorns.
Hangrichtung: Südost.
Lawinengefährdung: Viel begangene Skitour, nach größeren Neuschneefällen Lawinengefahr an der steileren Stufe unterhalb des Tochuhorns.
Günstige Zeit: Ganzer Winter.
Einkehr/Unterkunft: An der Passhöhe: Simplonhospiz, Tel. +41 27 9791479; www.simplon2000.ch.
Tipp: Alpinistisch lässt sich diese Tour etwas »aufpeppen«, wenn man im Aufstieg zunächst zum südlich vorgelagerten Straffelgrat ansteigt und dann dem Gratrücken über die Nanzlücke zum Spitzhorli folgt (unschwierig). Für den Rückweg kann man dann vom Spitzhorli noch nach Osten dem Grat zum Ärezhorn folgen und durch dessen etwas steilere Südflanke zur Normalroute abfahren.
Karten: 274 S Visp, 1289 Brig.

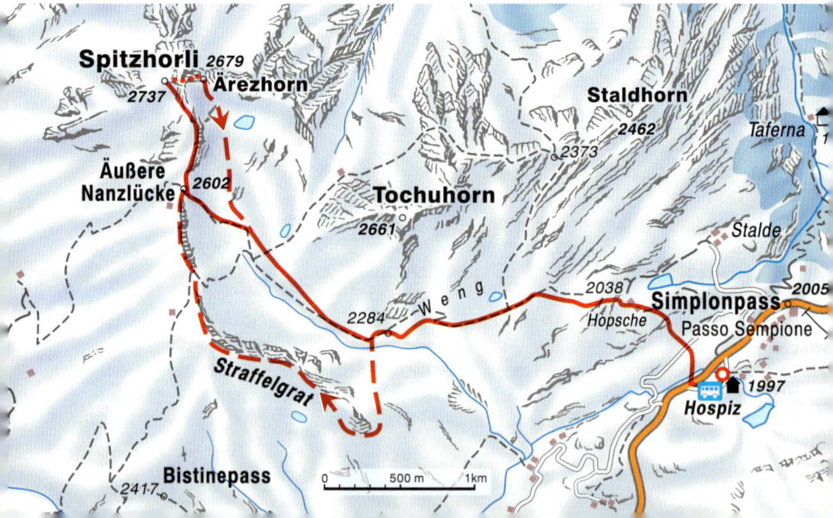

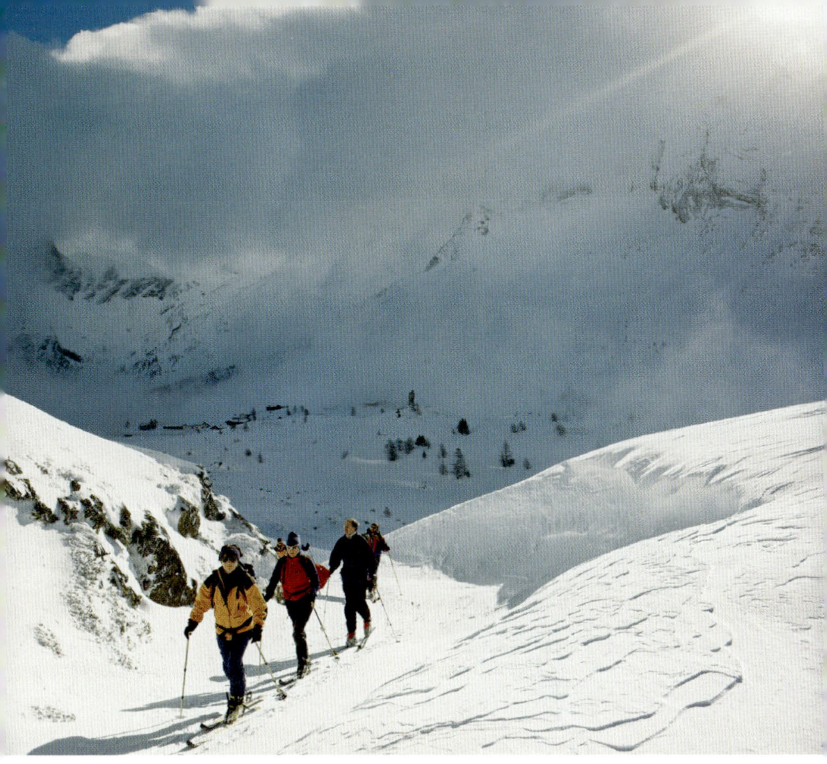

Auf den ersten Anstiegsmetern über dem Simplonpass.

Vom **Simplonhospiz** überquert man die Passstraße und steigt zunächst nur wenig an Höhe gewinnend in Westrichtung aufwärts zu den Hütten von **Hopsche**. Man hält sich nun diagonal am Hang in gleicher Richtung aufsteigend unter der anfangs wenig steilen Südflanke des Tochuhorns auf den Graben zu, der linker Hand von einer kleinen Rippe begrenzt wird. Bei sicheren Verhältnissen kann der rechter Hand befindliche steile Südhang schräg zum oberen Ende dieses Grabens aufgestiegen werden, sonst quert man zu der genannten Rippe und steigt direkt über diese mit einigen Spitzkehren auf das darüber befindliche weniger steile Gelände. Über diese weitläufigen Hänge geht man nun gerade auf die **Äußere (Üsseri) Nanzlücke** zu und erreicht damit den ebenfalls nicht besonders steilen Südhang zum **Spitzhorli**. Über diesen gerade zum Gipfel.
Abfahrt entlang der Aufstiegsroute.

8 Magehorn, 2621 m

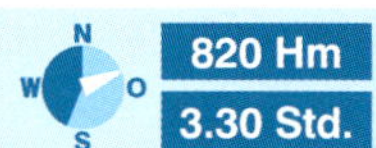

Kurze lohnende Tour, meist mit Fußankunft am Gipfel

Der für Walliser Verhältnisse sanfte Kamm, der vom mächtigen Fletschhorn nach Norden zieht und schließlich in Brig endet, trägt auf den etwa 15 km Länge nicht weniger als zehn schöne Skitourengipfel. Die meisten davon sind von der Simplonseite aus relativ schnell und wenig schwierig zu erreichen – kein Wunder, dass der Simplonpass bei den Skitourengehern wirklich beliebt ist. Der Aufstieg zum Magehorn ist landschaftlich reizvoll, die Rundsicht ist absolut lohnend und bei entsprechendem Schnee ist auch die Abfahrt ein echter Genuss!

Talort: Brig (678 m).
Ausgangspunkt: Engiloch (ca. 1820 m), Postautohaltstelle zwischen der Simplonpasshöhe und Simplon Dorf.
Aufstiegszeit: 3–4 Std.
Anforderungen: ZS.
Hangrichtung: Ost und Nord, kurzer Gipfelhang Süd.
Lawinengefährdung: Gering bei vernünftiger Spuranlage; nach größeren Schneefällen drohen Lawinen aus der Galehorn-O- und NO-Flanke, Gipfelhang (32°) bei sehr viel Neuschnee evtl. heikel.
Günstige Zeit: Ganzer Winter.
Unterkunft: Simplonhospiz (1997 m, siehe Tour 5).
Varianten: Bei sicherem Schnee kann man direkter und steiler durch den Marchgrabe, bzw. etwas links davon über lohnende Hänge nach Nideralp abfahren.
Kombinationsmöglichkeit: Wer am Gipfel noch nicht ausgelastet ist, kann von der Magelicke nach N hinüber zum Straffelgrat queren und das Spitzhorli (2737 m) dranhängen (vgl. Tour 7). Eine landschaftlich sehr schöne Erweiterung führt erst nördl. vom Gipfel hinunter auf den Bistinepass (2417 m, einige steile Stellen), dann über Bistinestafel hinunter ins Nanztal (Brücke auf ca. 1815 m) und auf der anderen Seite nochmals 500 Hm hinauf auf den Gebidumpass bzw. das Rothorn (2338 m) und damit ins Skigebiet von Visperterminen (1371 m), das man auf präparierten Pisten rasch erreicht hat – und damit die Postautoverbindung nach Visp.
Karten: 274 S Visp, 1309 Simplon.

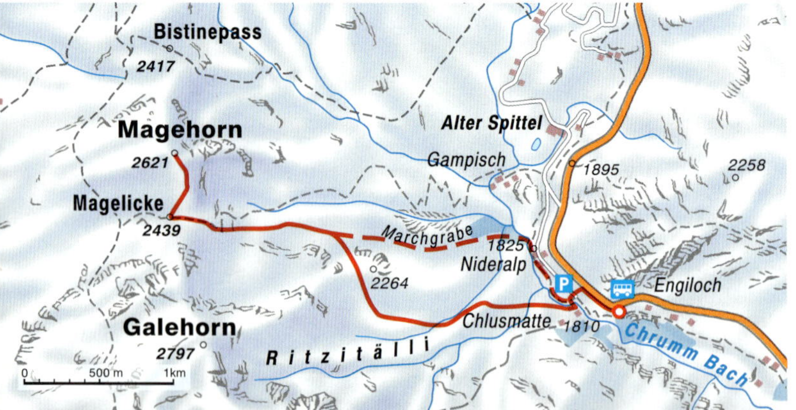

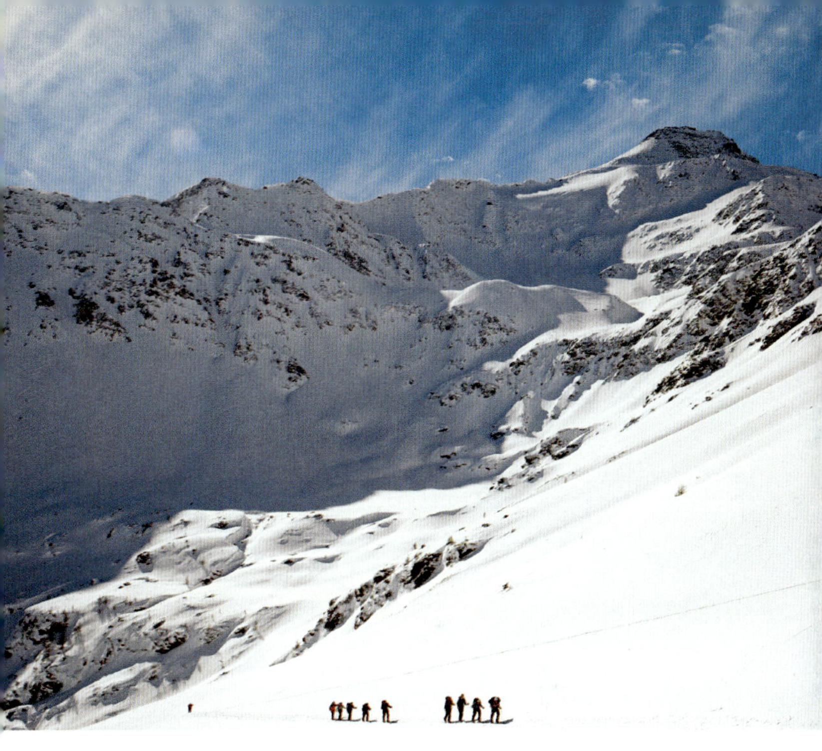

Aufstieg zum Magehorn, im Hintergrund das Böshorn (vgl. Tour 9).

Von der Postautohaltestelle **Engiloch** wenige Meter auf der Straße nach Westen, dann steigt man über die Leitplanke und fährt einige Meter abwärts zu einer kleinen Brücke über den **Chrummbach**. Über die Brücke und an der Alp Chlusmatte (1810 m) ziemlich genau nach Westen halten, bis man einem schwach ausgeprägten Rücken in Richtung Sirwoltesattel (SW) folgen kann. Auf etwa 2030 m verliert sich der Rücken und man dreht nach Nordwesten ab und steuert jetzt eine Verflachung oberhalb der Felsstufe von P. 2264 an. Diese Terrasse überquert man nach Norden und biegt dann nach Westen zur **Magelicke** (2439 m, 2 Std.) ab, sobald die Begrenzungsfelsen das erlauben. Oft ist der Gipfelhang abgeblasen, dann macht man besser in der Lücke Skidepot und steigt über den kurzen, aber steilen Hang zum Gipfel, bei gutem und sicherem Schnee ist natürlich der Aufstieg auf Skiern vorzuziehen. Abfahrt entlang der Aufstiegsroute oder direkter und steiler durch den Marchgrabe über **Nideralp** zum Ausgangspunkt .

9 Böshorn, 3268 m

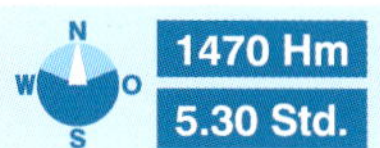

Exklusives Skiziel für Könner über dem Simplon

Wenn man von Brig her den Simplonpass erreicht hat, fällt zunächst natürlich das Fletschhorn mit seiner Nordwand auf – doch bei genauerem Hinsehen erhebt sich davor ein interessanter Skigipfel: das Böshorn. Die Route ist großenteils von der Straße einsehbar, und es wird schnell klar, dass diese Unternehmung nur bei sehr sicheren Verhältnissen angegangen werden darf. Mehrere Steilstufen müssen auf dieser Route geschickt überwunden werden, und der gesamte Höhenunterschied ist ja auch nicht gerade ohne! Doch wer dann den Gipfel erreicht hat, darf sich nicht nur über ein feines Panorama – natürlich dominiert von der Fletschhorn-Nordwand – freuen, sondern hat dann auch ein rassige Abfahrt vor sich. Die Nord-Ausrichtung der Tour macht das Ganze auch eher für das Ende der Tourensaison geeignet, der Schnee reicht doch meist bis in das späte Frühjahr noch bis zum Talboden.

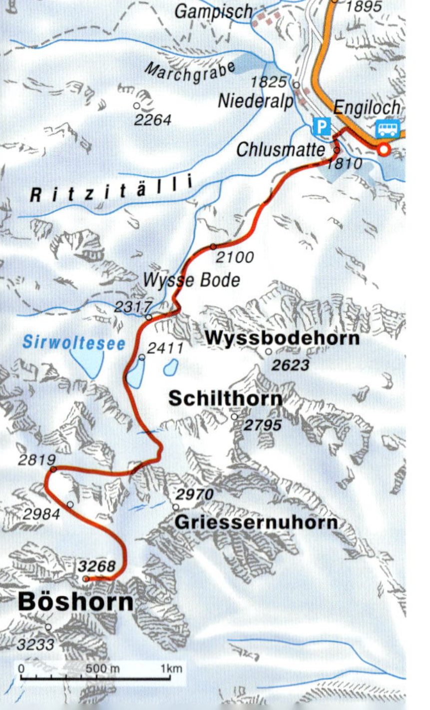

Talort: Brig, 678 m.
Ausgangspunkt: Simplon-Passstraße, Engiloch (1820 m), Postauto-Linie Brig – Simplon – Gondo (10, Domodossola).
Aufstiegszeit: 5–6 Std., Strecke 5,1 km.
Anforderungen: ZS+ (40–45° kurze Stufen, sonst lange Strecken 30–35°).
Hangrichtung: Nord.
Lawinengefährdung: Nur bei sehr sicheren Verhältnissen, schneebrettgefährdet in den Steilstufen sowie durch Lawinen aus den N-Flanken von Wyssbodehorn und Schilthorn (besonders auch bei starker Erwärmung).
Günstige Zeit: April – Juni.
Einkehr/Unterkunft: Unterwegs keine – am Simplonpass u. a. das Simplonhospiz.
Karten: 274 S Visp, 1309 Simplon.

Vom Parkplatz **Chlusmatte** bzw. der Postauto-Haltestelle **Engiloch** wenige Meter zur Brücke hinab und jenseits zu den Hütten von Chlusmatte. Nun in Südwest-Richtung die zunehmend steiler werdenden Hänge diagonal über eine kurze Steilstufe zum **Wysse Bode** (ca. 2100 m). Nur kurz etwas flacher, dann ersteigt

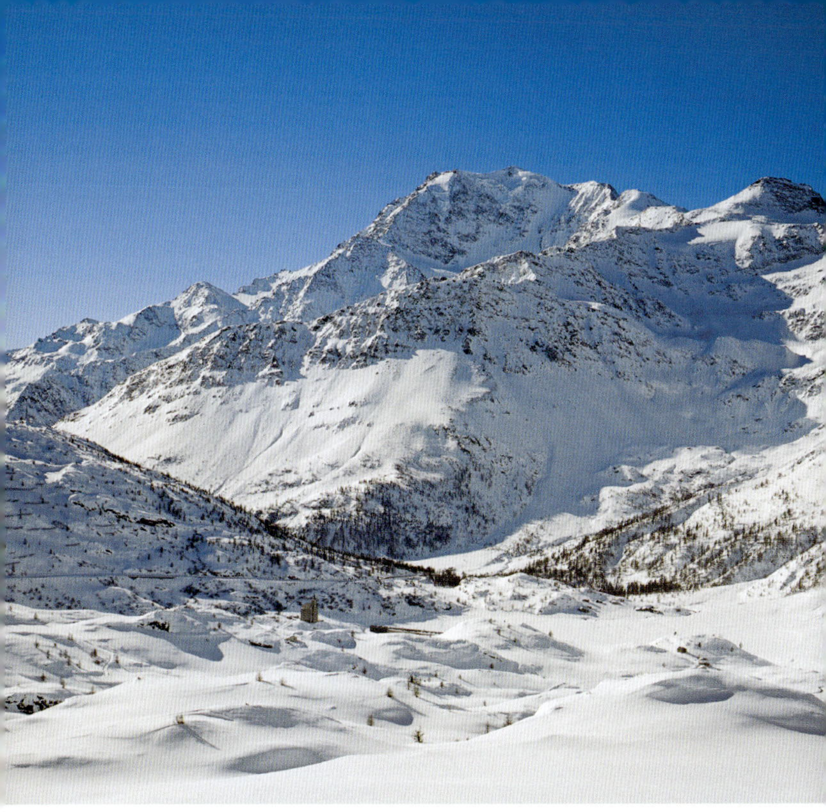

Blick vom Spitzhorliaufstieg (Tour 7) auf das Böshorn, gleich dahinter das Fletschhorn.

man die nächste Steilstufe östlich des Baches, den abschließenden Felsriegel überwindet man auf einer Art Band, das von links (Ost) nach rechts (West) zu einer Verflachung führt (2317 m). Etwa 100 Hm geht es dann einen Moränenkamm zum **Sirwoltesee** hinauf (2411 m). Nun nach S die steilen Hänge aufsteigen an ein Felsband, wo man auf etwa 2700 m Höhe nach rechts auf ein Band gelangt, über das man ausgesetzt nach Westen die Felszone überwinden und über eine steile Flanke zu einem **Sattel** (2819 m) queren kann. Wieder nach Süden wendend den Hang zu **P. 2984** aufsteigen und durch die Mulde in Südost-Richtung unter dem Gipfel vorbei zu dessen Ostgrat. Nun zu Fuß am Grat zum höchsten Punkt.
Abfahrt entlang der Aufstiegsroute.

10 Wenghorn, 2587 m, und Rothorn, 3108 m

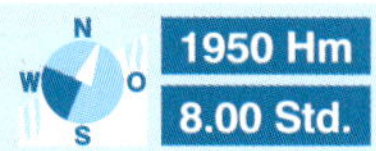

Grandiose Überschreitung in der Einsamkeit der Fletschhorn-Ostgrate

Nicht weniger als drei Grate stützen die düstere und wilde Ostseite des Fletschhorns, die 2700 m nach Gabi hinabstürzt. Unsere weltabgeschiedene Zweitagestour beginnt am ersten Tag mit dem Wenghorn, am Folgetag steuern wir zunächst den Fletschhorn-Südost- oder Hosaasgrat an, schließlich wird der eigentliche Ostgrat (Sibilufluegrat) überschritten, der als ausgeprägteste Graterhebung das schöne Rothorn trägt. Unterhalb des Nordost- oder Breitloibgrates fahren wir schließlich steil zurück nach Simplon Dorf. Da die knapp 2000 Hm auch für schnelle Geher ziemlich happig sind, übernachtet man sinnvollerweise im kleinen, aber komplett eingerichteten und ausgesprochen reizenden Lagginbiwak – einem Juwel von einer Biwakhütte! Eine alpinistisch anspruchsvolle, landschaftlich ausgesprochen eindrückliche Tour, die neben Kondition auch einen guten Orientierungssinn, die Fähigkeit, eine ökonomische Spur anzulegen, und absolut sichere Schneeverhältnisse verlangt.

Talort/Ausgangspunkt: Simplon Dorf (1472 m), kleine Siedlung mit viel italienischem Ambiente, Hotels und Pensionen sowie kleinem Lädchen und Poststelle. Postauto von Brig.
Aufstiegszeit: 5 Std. zum Lagginbiwak, von dort noch 3 Std. zum Rothorn.
Höhenunterschied: 1250 Hm über das Wenghorn z. Biwak, zum Rothorn 700 Hm.
Anforderungen: ZS+.
Hangrichtung: Nord und Süd.
Lawinengefährdung: Nur bei absolut sicheren Verhältnissen! Die Querung unter der Bodmerhorn-Ostflanke (38°) ist heikel, ebenso der Südhang des Wenghorns und das Südcouloir zum Rothorn, die beide 40° auf 150 Hm aufweisen.
Günstige Zeit: Februar – April.
Unterkunft: Lagginbiwak (2428 m), SAC Sektion Monte Rosa, immer offen, 10 Matratzen und Decken, Holzofen, Holz vorhanden, Nottelefon. Reservation Tel. +41 27 9466341.
Varianten: Natürlich kann man auch beide Gipfel jeweils als Tagestour von Simplon angehen.
Hinweis: Das steile Südcouloir des Rothorns sollte man nicht am Nachmittag oder bei sehr weichem Schnee begehen – erhebliche Gefahr von Nassschneelawinen!
Karten: 274 S Visp, 1309 Simplon.

Übers Wenghorn zum Lagginbiwak: In **Simplon Dorf** (1472 m) sucht man seinen Weg in nordwestlicher Richtung aus dem Dorf heraus in eine große, offene Mulde, der man im Bogen nach Südwest folgt, bis man bei der **Alp »Liegje«** (1712 m) kurz in den Wald eintaucht. Jetzt einem Forststräßchen nach Südost folgen, bis man bei P. 1836 wieder offenes Gelände erreicht. Nun in genau südl. Richtung ziemlich steil an einen Rücken und zu **P. 1938**, wo die Bewaldung des Rückens lichter wird (2 Std.). Man überschreitet den steilen Rücken und quert dann einen breiten, lawinenträchtigen Graben »Lauigrabe« (Name!) und steigt den folgenden, prächtigen und steilen Nord-

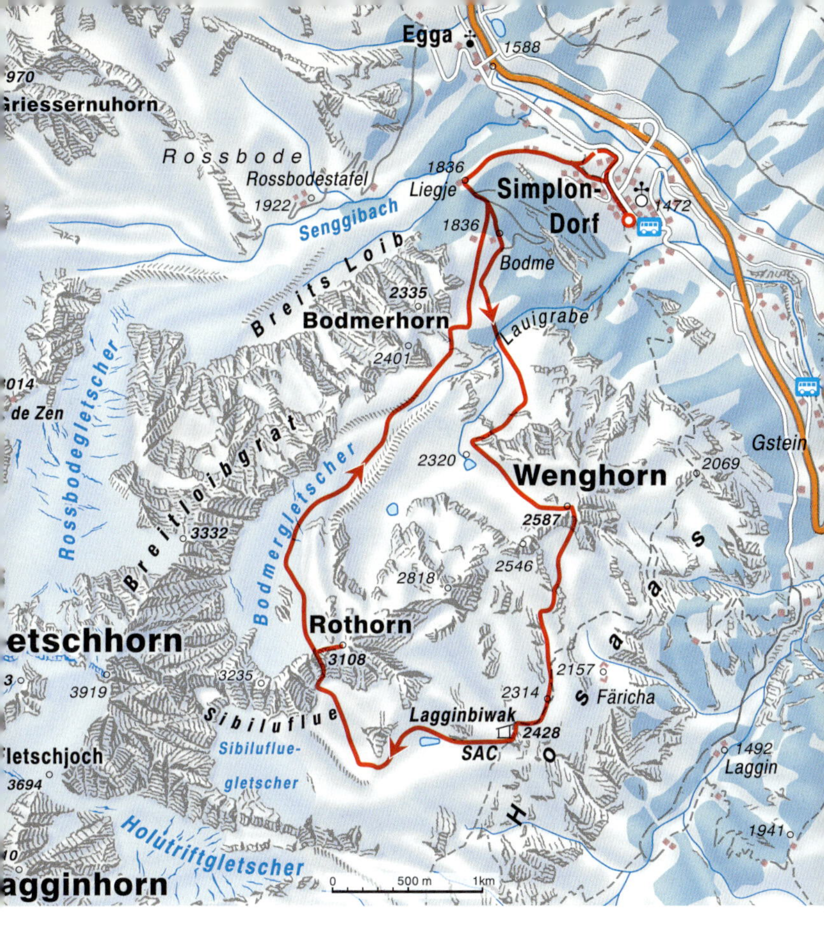

hang des Wenghorns bis auf ca. 2300 m auf. Unter den Felsen wendet man sich nach West und gewinnt einen kleinen Sattel bei dem winzigen **See** (2320 m). Jetzt wieder in südöstlicher Richtung, zum Schluss etwas steiler zum Gipfel des **Wenghorns** (2587 m, 4 Std.). Bei guten Verhältnissen ist es sehr lohnend, die kurze, aber steile S-Flanke (40°) des Wenghorns bis in die flache Stufe unterhalb abzufahren (2360 m) und dann kurz nach W zu queren, um in die Rinne zu gelangen, die zu der Terrasse von **P. 2314** (»Färicha«) führt. Bei weniger günstigem Schnee steigt man über P. 2546 zu Fuß steil auf die Südseite ab und erreicht so die oben genannte Rinne. Ein kurzer

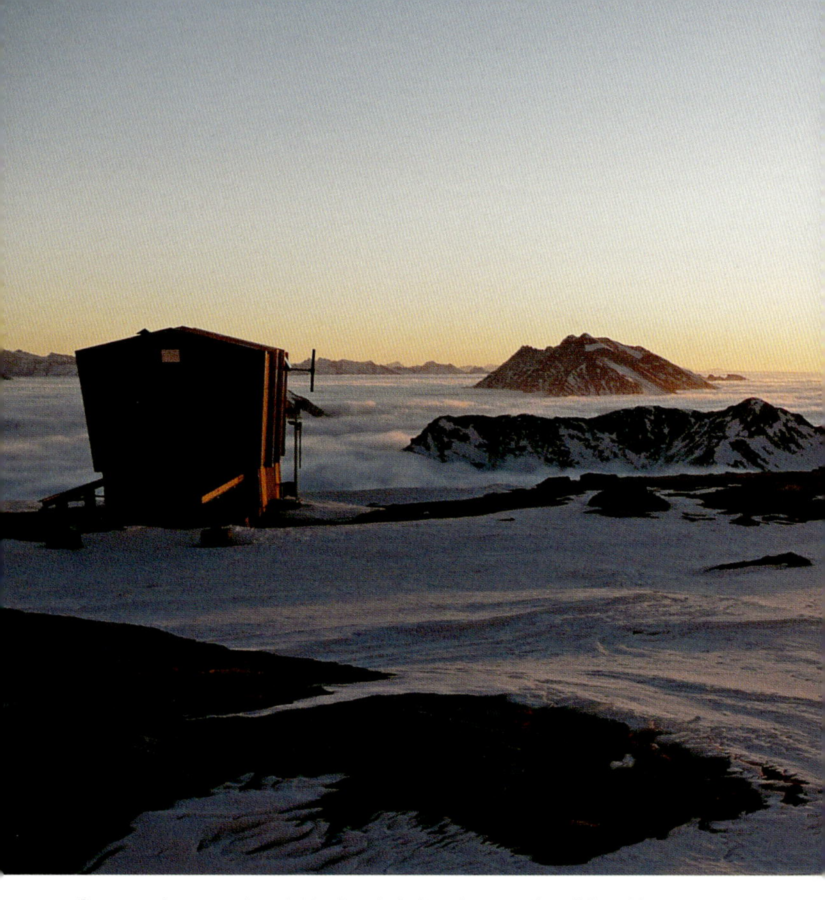

Sonnenaufgang am Lagginbiwak – ein kalter, aber wunderschöner Morgen.

Wiederaufstieg von der Terrasse in südwestlicher Richtung bringt uns zu der wunderschön über dem Laggintal gelegenen, im Winter sehr einsamen **Biwakschachtel** (2428 m, 5 Std.).

Aufstieg zum Rothorn: Von der Biwakschachtel geht man in westliche Richtung bis zu den beiden markanten Seitenmoränen des **Sibilufluegletschers**. Im Bogen an einem kleinen See vorbei, steigt man nördlich an den Moränen vorbei zuerst in SW-, dann, zunehmend steiler, in NW-Richtung an, bis man an die Mündung des deutlich ausgeprägten **Südcouloirs** des

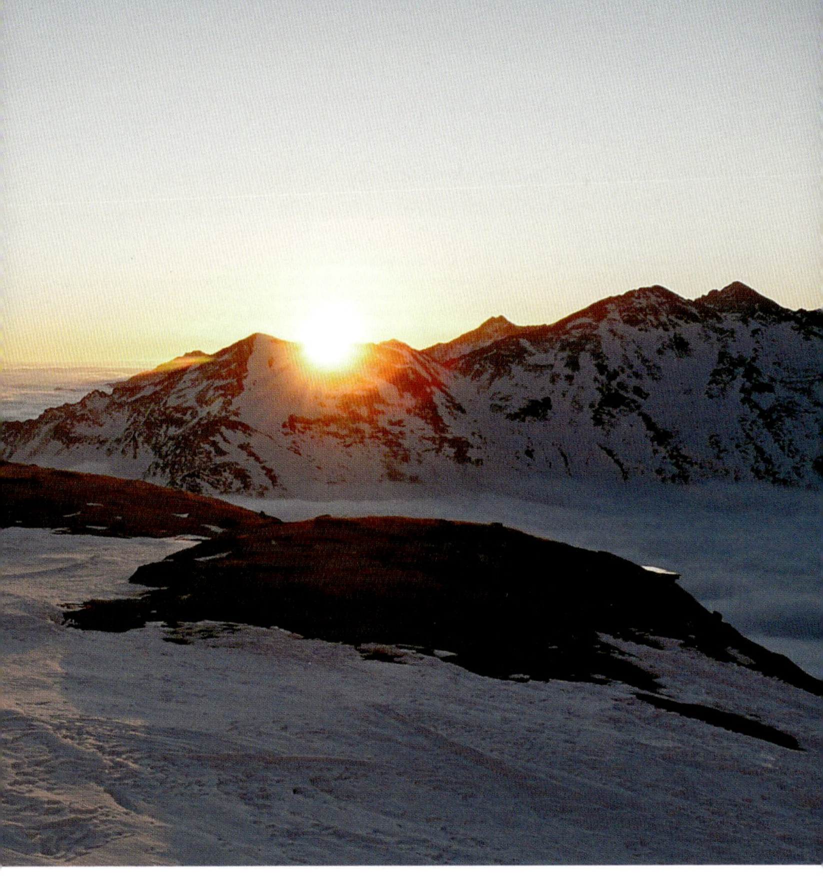

Rothorns kommt. Das 150 m hohe und gut 40° steile Couloir wird zu Fuß zur **Scharte** erstiegen (3018 m, 2½ Std., Skidepot). Unschwierig noch 100 Hm über Schutt und Blöcke auf den Gipfel des **Rothorns** (3108 m).
Abfahrt: Vom Skidepot in der Scharte fährt man auf dem rechten, spaltenärmeren Teil des **Bodmergletschers** nach NW ab, bis man auf etwa 2400 m die linke Seitenmoräne nach links überquert. Man gelangt so in die steile und lawinenträchtige Ostflanke des Bodmerhorns, die auf etwa 2140 m auf einer schmalen Rampe nach N gequert wird, bis man unschwierig auf etwa 1900 m wieder auf die Aufstiegsroute stößt, der man ins Tal folgt.

11 Seehorn, 2439 m

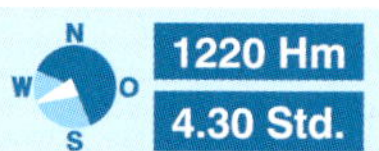

Hübsche, einfache Tour auf der Südseite der Simplonstraße

Das Seehorn ist ein sehr schöner Aussichtsgipfel – und der einzige Punkt, der eine vollständige Ansicht der gewaltigen Südflanke des Monte Leone erlaubt. Der Gipfelhang ist bei guten Verhältnissen ein Genuss; leider ist er des Öfteren abgeblasen. In jedem Fall ist diese relativ einfache Tour eine gute Alternative, wenn die Schlangen am Spitzhorli gar zu lang werden – man muss halt noch ein bisschen weiter fahren. Dafür hat man einen schönen Einblick in das im Winter selten besuchte Gebiet um Zwischbergen.

Talort: Brig (678 m).
Ausgangspunkt: Gabi (1228 m), einige Gasthöfe und Hotels, Postautohalt auf der Simplonstrecke Brig – Gondo.
Aufstiegszeit: 4½ Std.
Anforderungen: ZS–.
Hangrichtung: West und Südwest.
Lawinengefährdung: Der steile Gipfelhang (33° auf 150 Hm) kann nach größeren Neuschneefällen lawinengefährlich sein.
Günstige Zeit: Januar – Mai.
Unterkunft: Hotels in Gabi (1228 m).
Varianten: Man kann vom Seehorn auch nach Zwischbergen-Bord abfahren, im Hochwinter evtl. auch noch weiter Richtung Gondo (Postautohalt).
Tipp: Die erste und die letzte Verbindung zwischen Brig und Gabi mit öffentlichen Verkehrsmitteln ist kein direktes Postauto, sondern der Regionalzug Richtung Domodossola (Italien). Man fährt durch den Simplontunnel von Brig nach Iselle (Italien). Dort steigt man in das Postauto, das einen zurück in die Schweiz nach Gabi bringt bzw. umgekehrt. Fahrplan sorgfältig lesen und Pass mitführen!
Karten: 274 S Visp, 1309 Simplon.

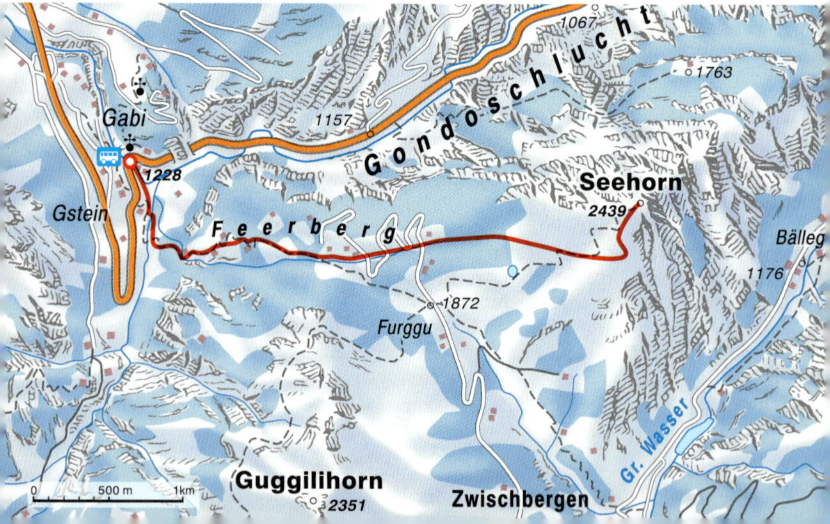

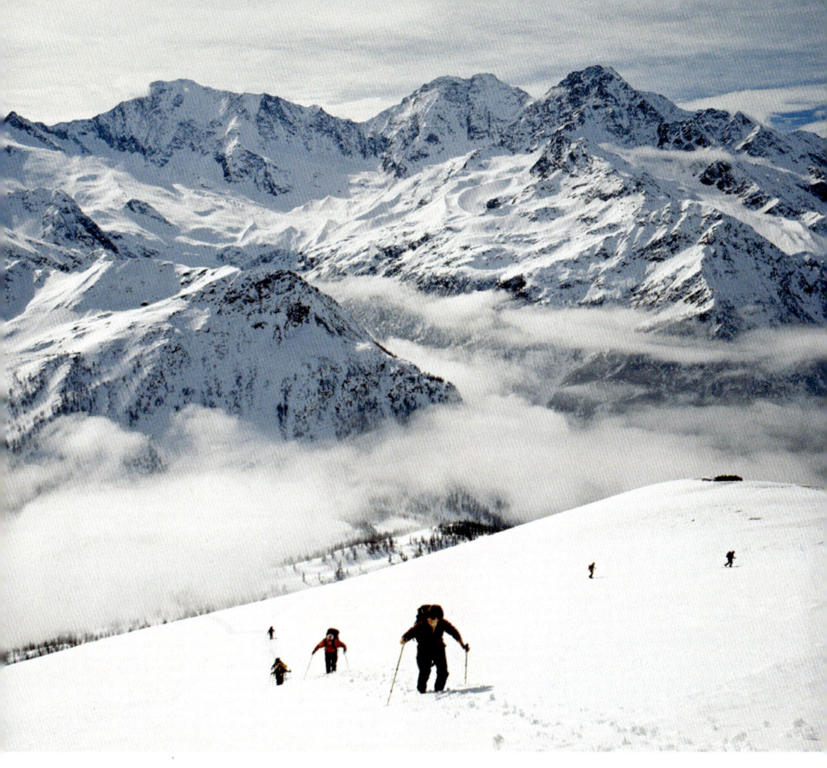

Kurz vor dem Seehorngipfel, am Horizont Weissmies, Laggin- und Fletschhorn.

Vom Postautohalt in **Gabi** überquert man auf der Simplonstraße den Chrummbach in westlicher Richtung und steigt gleich danach nach Süden zu einer kleinen **Brücke** über die Laggina ab. Über die Brücke hinweg und weiter in südlicher Richtung, bis man auf den markierten, steilen Pfad stößt, der teils im Wald, teils im offenen Gelände reizvoll nach Osten über den Feerberg führt. Kurz bevor der Pfad auf etwa 1700 m den Bachlauf überschreitet, zweigt man in östlicher Richtung ab und bleibt auf dem nördl. Bachufer. In gerader Linie nach oben, an einigen **Hütten** vorbei, bis sich auf 2030 m der Hang etwas zurücklegt und man in leichtem Linksbogen zur steilen Gipfelflanke hinüberquert. Diese wird meist an ihrem Ostrand, auf der am wenigsten steilen Linie erstiegen. **Abfahrt** entlang der Aufstiegsroute, oder bei sicheren Verhältnissen am Gipfelgrat so weit wie möglich nach Westen und erst dann in die steile Südostflanke (35° auf 200 Hm) einfahren.

12 *Senggchuppa, 3607 m*

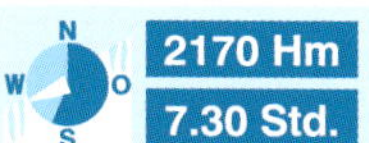

Herrliche Traversierung in großartiger, unberührter Landschaft

Die Senggchuppa ist ein topologisch wichtiger Knotenpunkt, der nach Norden das Nanztal entsendet und darüber hinaus eine direkte Verbindung sowohl zum Saastal als auch zum Simplonpass hat. Trotz der dominierenden Lage geht es hier im Winter (und auch im Sommer) sehr ruhig zu. Die Routen sind lang, die Orientierung schwierig, oft wird man auf keine Spur treffen und überdies muss man das Essen mitschleppen, da es keine bewirtschaftete Unterkunft gibt. All diese kleinen Unbequemlichkeiten summieren sich dann zu einem großartigen winterlichen Bergerlebnis in einer herrlich wilden und einsamen Umgebung. Allerdings sollte man wegen des groben Untergrundes in dieser Ecke nur bei genügend Schnee und sicheren Lawinenverhältnissen unterwegs sein.

Ausgangspunkt: Saas Balen (1483 m), Hotels und Pensionen, Postautohalt auf der Strecke Stalden – Saas Fee.
Aufstiegszeit: Bis zur Fletschhornhütte 5½ Std, Gipfelaufstieg 2 Std.
Höhenunterschied: 1560 Hm zur Hütte, Gipfelanstieg 610 Hm.
Anforderungen: ZS.
Hangrichtung: Südwest bis Nord.
Lawinengefährdung: Nur bei sicheren Verhältnissen und ausreichender Schneelage. Die Gipfelflanke ist bis zu 45° steil!
Günstige Zeit: März – Mai.
Unterkunft: Fletschhornhütte (»Studentenbiwak«, 3040 m) privat, 6 Matratzen, Decken, Holzofen, Gas, immer offen. Schöner Natursteinbau mit dem Flair des 19. Jh. Reservation: Rinaldo Kreuzer Tel. +41 79 448 99 44 oder +41 41 8503119.
Varianten: Es gibt zahlreiche Möglichkeiten, von der Senggchuppa abzufahren – am einfachsten über die Mattwaldalpa, landschaftlich großartig über Sirwoltesattel oder Magelicke und anspruchsvoll über den Rossbodepass. Wir beschreiben hier eine Variante, die sehr direkt nach Saas Balen zurückführt.
Hinweis: Diese anspruchsvolle Route ist nur in schneereichen Jahren empfohlen.
Kombinationsmöglichkeit: Wer es sich von der Wegfindung her zutraut, kann auch einen der selten begangenen Zustiege zur Fletschhornhütte von der Simplonseite wählen. Sowohl Tour 8 (Magelicke) als auch der Böshornanstieg (Tour 9) eignen sich hervorragend – bei absolut sicheren Verhältnissen!
Karten: 274 S Visp, 1309 Simplon.

Hüttenaufstieg: Vom südlichen Ortsende von **Saas Balen** (1483 m) folgt man der Forststraße nach Norden über Grundbiele und Matt nach **Siwine** (2077 m, knapp 2 Std.); durch lichten Wald können dabei einige Kehren abgekürzt werden. Man überquert noch den nächsten Bach und biegt dann auf der flachen Terrasse von **Siwibode** (ca. 2240 m) nach Nordosten ab, um unter den felsigen Ausläufern des Äusseren Rothorns über grobblockiges Moränengelände zum **Mattwaldbachtal** aufzusteigen. Auf ca. 2500 m angelangt (3 Std.), überquert man den Bach und geht zunächst in Richtung Simelipass. Auf der Höhe einer alten Wasserleitung (ca. 2660 m)

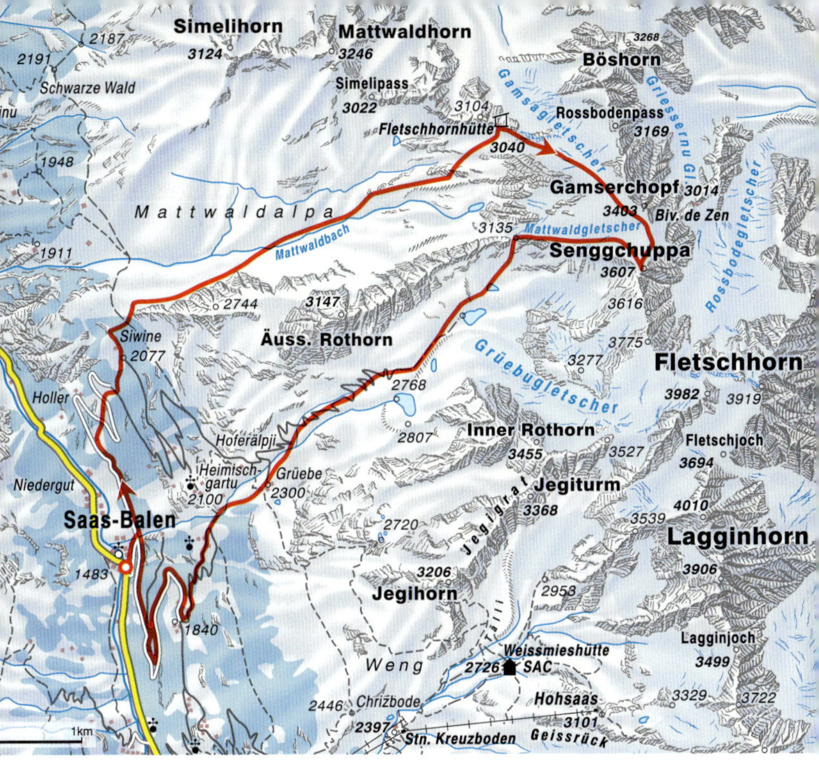

hält man sich wieder in eher östlicher Richtung und durchquert eine flachere Mulde. Durch das anschließende kleine Nebental steigt man bis in die Nähe von **P. 3104** und erreicht noch vor dem Mattwaldgletscher den 2011 sanierten, aber immer noch romantischen Bau der **Fletschhornhütte** (5½ Std.).

Gipfelanstieg: Von der Hütte in südöstl. Richtung kurz absteigen und auf den spaltenarmen Mattwaldgletscher, der unschwierig verfolgt wird, bis man den flachen **Sattel** zwischen Gamserkopf (3403 m) und Senggchuppa gewinnt. So hoch wie möglich mit den Skiern durch die steile **Nordflanke** (je nach Routenwahl 35–45°) – das Schlussstück wird meist auf Steigeisen zurückgelegt (2 Std.).

Abfahrt: Die Abfahrt kann entlang der Aufstiegsroute nach Saas Balen erfolgen, schöner ist bei guter Schneelage folgende **Variante**: Ab Skidepot zurück auf den flacheren Gletscher und nun an den Südrand desselben halten, bis man auf 3135 m durch das »**Bergenerloch**« den Rothorngrat überschreiten kann. Zu Fuß einige Meter absteigen und dann den kurzen,

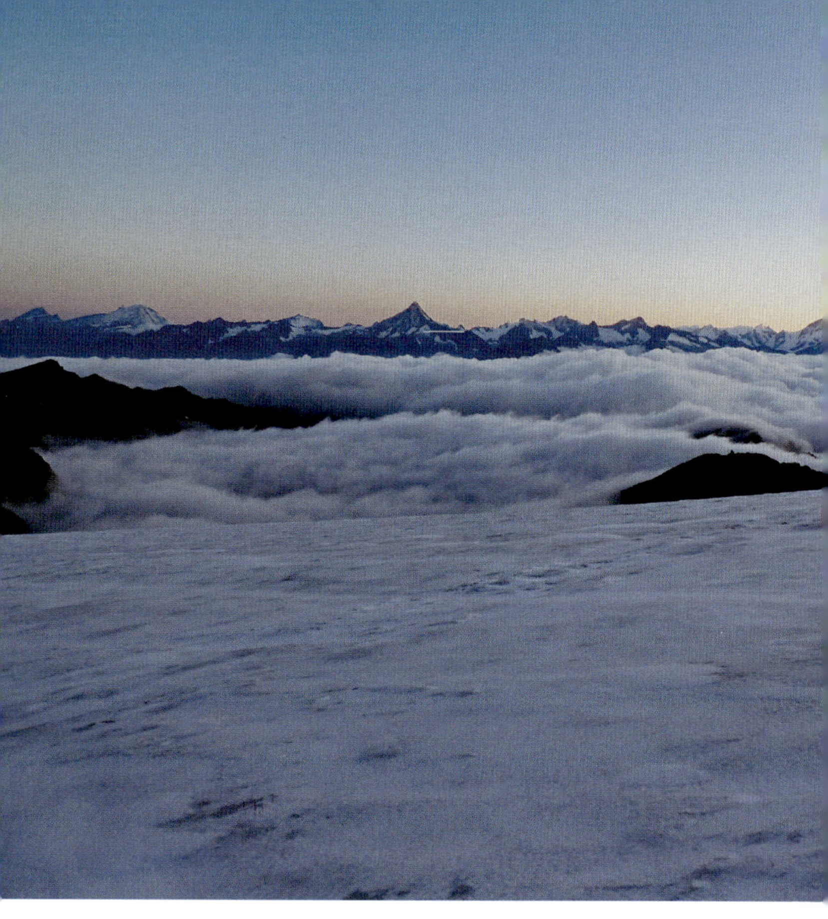

Blick vom Senggchuppa-Aufstieg zum Bietschhorn (Berner Alpen).

aber steilen Hang (bis 33° auf 150 Hm) nach Süden zu der kleinen Seemulde auf 2920 m abfahren. Nun in südwestl. Richtung einer Moräne folgen und an ihrem Ende eher rechts (nördl.) haltend, unter dem Rothorn steil hinunter nach **Grüebe** (2300 m) schwingen. Immer auf dem Südufer des Fellbachs bleibend, weiterhin steil nach **Oberi** und **Unneri Brend** hinab, bis man schließlich bei P. 1840 oberhalb von Tewaldji eine kleine Forststraße erreicht, der man nach **Saas Balen** folgt.

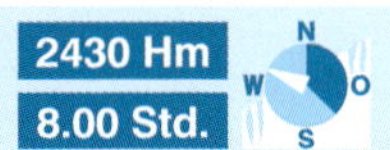

Fletschhorn, 3982 m 13

Wilde Touren am »schönsten Walliser Dreitausender«

Bis 1950 war das Fletschhorn mit 4001 m Mitglied im exklusiven Club der alpinen Viertausender. Bei fotometrischen Aufnahmen der Gipfelkalotte wurden später nur noch 3993 und zuletzt 3982 m gemessen – der trigonometrische Fixpunkt südwestlich ist aber 3984,5 m hoch. Der Berg ist genauso lohnend wie zuvor – die Routen sind anspruchsvoll, lang und vermitteln trotz des Skigebiets zu seinen Füßen ein sehr ursprüngliches Bergerlebnis. Das Fletschhorn ist ausgesprochen kompliziert gebaut: Zwischen den sechs Graten, die den Gipfel tragen, stürzen ebenfalls sechs steile, wild zerrissene Gletscher in einsame Kare. Der Skiaufstieg ist verwickelt, aber reich an alpinen Eindrücken, und die Grüebu-Abfahrt bei ausreichender Schneelage ein echter Leckerbissen! Die Schauseite des Fletschhorns ist die majestätische Nordflanke. Trotz ihres abschreckenden Aussehens führt eine herrliche Route für etwas extremere Skitourengeher, die sich auch im Steileis wohlfühlen, durch diese Nordwand.

Ausgangspunkt: Saas Grund (1560 m).
Endpunkt: Saas Balen.
Aufstiegszeit: Bis zur Hütte 3 Std., Gipfelanstieg 5 Std.
Höhenunterschied: 1170 Hm zur Hütte, Gipfelanstieg 1260 Hm.
Anforderungen: S.
Hangrichtung: Aufstieg Südwest, Abfahrt Nordwest und Südwest.
Lawinengefährdung: Nur bei sicheren Verhältnissen. Die neuralgischen Punkte sind die steilen Passagen unter P. 3527 (bis 40°) sowie der große Hang unterm Gipfelgrat (35°). Für die vorgeschlagene Abfahrt über den Grüebugletscher nach Saas Balen ist wegen des blockigen Untergrunds reichlich vorhandene Schneeauflage Bedingung.
Günstige Zeit: März – Juni.
Unterkunft: Weissmieshütte (2726 m), SAC Sektion Olten, 110 Plätze voll bewirtschaftet von Weihnachten bis eine Woche nach Ostern. In der übrigen Zeit WR mit 16 Plätzen, Schlüssel bei Fun Sport, neben der Seilbahnstation in Saas Grund. Tel. +41 27 9572554 (Hütte) und +41 27 9572481 (Tal), www.sac-olten.ch.
Tipp: Der Skizirkus hat die Weissmieshütte erreicht – inklusive beschallter Schneebar, Schnapsleichen und überdimensionalen Aufblasplastikfiguren neben der Hütte. Nach der letzten Pistenkontrolle kehrt aber wieder der alpine Normalzustand ein. Entweder man übt sich in Geduld und Toleranz – oder man wartet, bis die Seilbahn nach Ostern den Betrieb einstellt, und hat das ganze Tal für sich alleine.
Kombinationsmöglichkeit: Das Weissmies (Tour 14) kann ebenfalls von der Weissmieshütte angegangen werden.
Karten: 274 S Visp, 1309 Simplon.

Hüttenzustieg: Bei eingestelltem Seilbahnbetrieb (nach Ostern) vom Ortsteil »**Unter dem Berg**« (Postautohalt) an der Seilbahnstation vorbei und nach Norden abbiegen. Vor dem Triftbach nach Osten wenden und steil durch lichten Lärchenwald zur **Triftalp** ansteigen (2072 m, 1½ Std.). In leichtem Bogen nach Nordost steigt man weiter zum **Chrizbode** (2397 m, gut

2 Std.) und erreicht über eine alte Moräne in einer knappen Stunde die schön gelegene **Weissmieshütte** (2726 m). Wer während der Seilbahnbetriebszeit auf die Hütte will, lässt sich bis Hohsaas (3101 m, auch Übernachtung möglich) hochkarren und fährt dann auf der Piste zur Weissmieshütte ab.
Gipfelanstieg: Von der Hütte auf dem Sommerweg in nördlicher Richtung über die Seitenmoräne steil hinweg und auf das östliche Ende des flachen **Tälli Gletschers** (Spalten!). Nun den Gletscher an sein Nordende queren und unter dem Jegiturm zunehmend steiler ansteigen. Über eine sehr steile, enge **Rinne** (40°, je nach Verhältnissen oft auch auf Steigeisen) und einen oft vereisten Steilhang gewinnt man schließlich den **Schneesattel** östlich von P. 3527 (3 Std.). Nun flacher, in leichtem Linksbogen zum steilen Schneehang (35°), der südwestlich vom **P. 3775** herabzieht. Man steigt über diesen Hang auf und erreicht den nordwest-südost verlaufenden **Gipfelgrat** auf etwa 3820 m. Dem exponierten Grat folgen (Achtung auf Wechten!) – von links mündet hier der N-Wandanstieg ein – und gegen Schluss nochmals etwas steiler zum höchsten Punkt (5 Std.). Bei Vereisung ist es ratsam, rechtzeitig auf die Steigeisen zu wechseln.

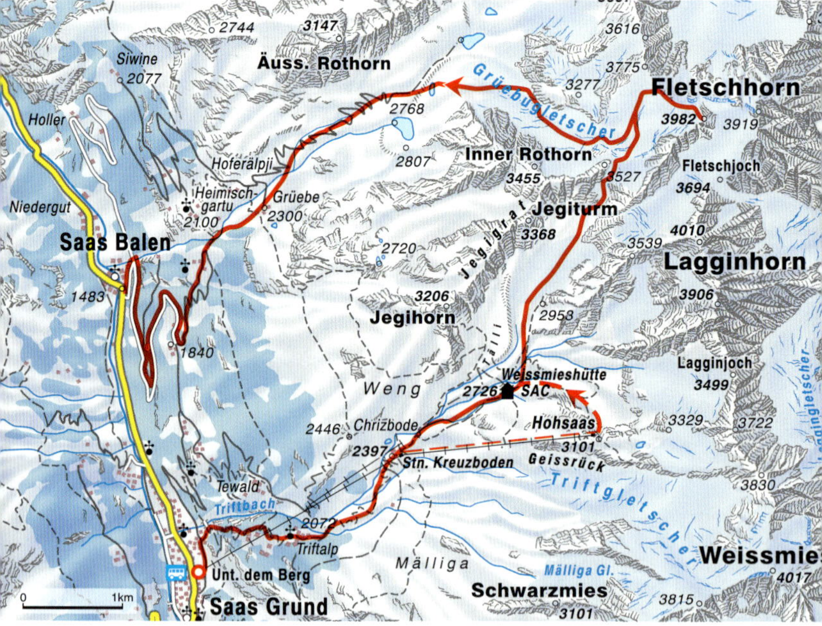

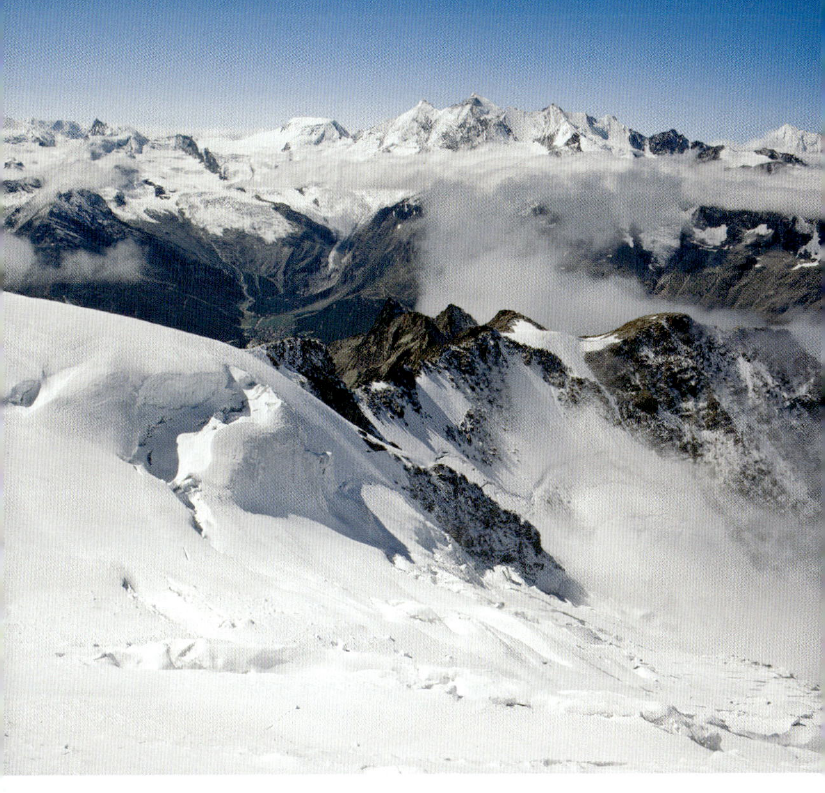

Große Spalten in der W-Flanke, dahinter die Mischabelgruppe.

Abfahrt: Falls der Grüebugletscher für die vorgeschlagene Abfahrt zuwenig Schnee aufweist, kann man natürlich auch der Aufstiegsroute entlang abfahren. In jedem Fall wie beim Aufstieg hinab auf den Gipfelgrat bis kurz vor **P. 3775**. Der nun folgende Südwesthang wird in seiner ganzen Länge befahren, bis man nach Westen steil auf den unteren und sehr spaltigen Teil des **Grüebugletschers** abfahren kann – am besten hält man sich etwa in der Mitte der Gletscherzunge. Auf etwa 3000 m sperrt eine große Bruchzone fast die gesamte Breite des Gletschers; meist kommt man am besten am rechten Rand, hart unter den Begrenzungsfelsen hindurch. Man fährt nun wieder in der Mitte des Gletschers und erreicht eine flache Mulde auf etwa 2850 m. Hier mündet die Abfahrtsroute von der Senggchuppa ein und man erreicht über **Grüebe** und Brend wieder **Saas Balen** (vgl. Tour 12).

TOP **14**

Weissmies, 4017 m

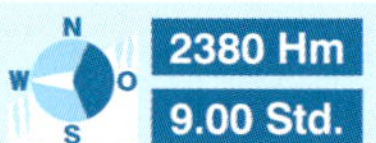

Herrliche Überschreitung von Süd nach Nord

Das Weissmies ist der östlichste Viertausender der Walliser Alpen und daher ein ausnehmend schöner Aussichtsberg mit umfassender Rundsicht. Während der Normalweg von Norden (Weissmieshütte oder Hohsaas) aufgrund der leichten Erreichbarkeit mittels Seilbahn von Saas Grund zu den beliebtesten Viertausender Skitouren gehört, geht es auf der Südseite im Winter einsamer zu. Die Almagellerhütte ist oft erst ab Mitte März gefahrlos zu erreichen und zur Skitourensaison meist unbewartet – man muss das Essen also mitschleppen, aber die kleine, beheizbare Winterhütte mit Kochmöglichkeit ist ausgesprochen gemütlich und man wird dort meistens nur wenige Gleichgesinnte oder sogar niemanden antreffen. Dafür stehen die Chancen gut, im unteren Teil des Hüttenzustiegs ein paar Steinböcke beobachten zu können! Unser Südgrat verlangt im oberen Teil des Aufstiegs etwas Skitragen, aber bei guten Verhältnissen in der Abfahrt auf der NW-Seite ist diese Mühe schnell vergessen! Die letzten Meter zum Gipfel sind ein himmlisch eleganter Firngrat.

Ausgangspunkt: Saas Almagell (1660 m).
Endpunkt: Saas Grund (1560 m).
Aufstiegszeit: Zur Almagellerhütte 4 Std., Gipfelanstieg 5 Std.
Anforderungen: ZS+, Südgrat bis 33° und Felskletterei (Stellen II), Abfahrt über die Nordflanke kurze Stellen bis 38°.
Hangrichtung: Im Aufstieg West und Süd, in der Abfahrt West und Nord.
Lawinengefährdung: Nur bei sicheren Verhältnissen, der Gipfelbereich ist auf der Nord- und auf der Südseite lawinengefährdet.
Günstige Zeit: März – Juni.
Unterkunft: Almagellerhütte (2894 m). SAC Sektion Niesen, 120 Plätze, separater WR (Pavillon), 28 Plätze bewartet erst ab Ende Juni, Tel. +41 27 9571179 (Hütte) oder +41 27 9573514 bzw. +41 79 6074435 (Tal), www.almagellerhuette.ch. Weissmieshütte (2726 m), vgl. Tour 13.
Hinweis: Da die Spaltenverhältnisse auf der Nordseite (Abfahrt) von Jahr zu Jahr sehr variieren und man die Abfahrtsroute bei der Überschreitung ja nicht beim Aufstieg inspizieren kann, sollte man sich vorher beim Hüttenwart der Weissmieshütte nach den aktuellen Verhältnissen erkundigen und am Gipfel sorgfältig abwägen, ob man sich für die nord- oder die südseitige Abfahrtsroute entscheidet.
Kombinationsmöglichkeit: Von der Weissmieshütte bieten sich Fletschhorn (Tour 13) und Senggchuppa (Tour 12) als weitere Ziele an.
Karten: 284 S Mischabel, 274 S Visp, 1309 Simplon, 1329 Saas.
Anmerkung: Bis Ostern karrt die Seilbahn jeden Morgen jede Menge Tagesgäste auf die Station Hohsaas, die auf die Schnelle das Weissmies besteigen wollen. Abgesehen davon, dass man so nur das oberste Drittel dieses wunderschönen Berges aus eigener Kraft bewältigt, bringt man sich selbst um das herrliche Erlebnis des Sonnenaufgangs in großer Höhe, das eine Hüttenübernachtung als Zugabe mit sich bringt.

Tiefblick vom Südgrat zum Zwischbergenpass.

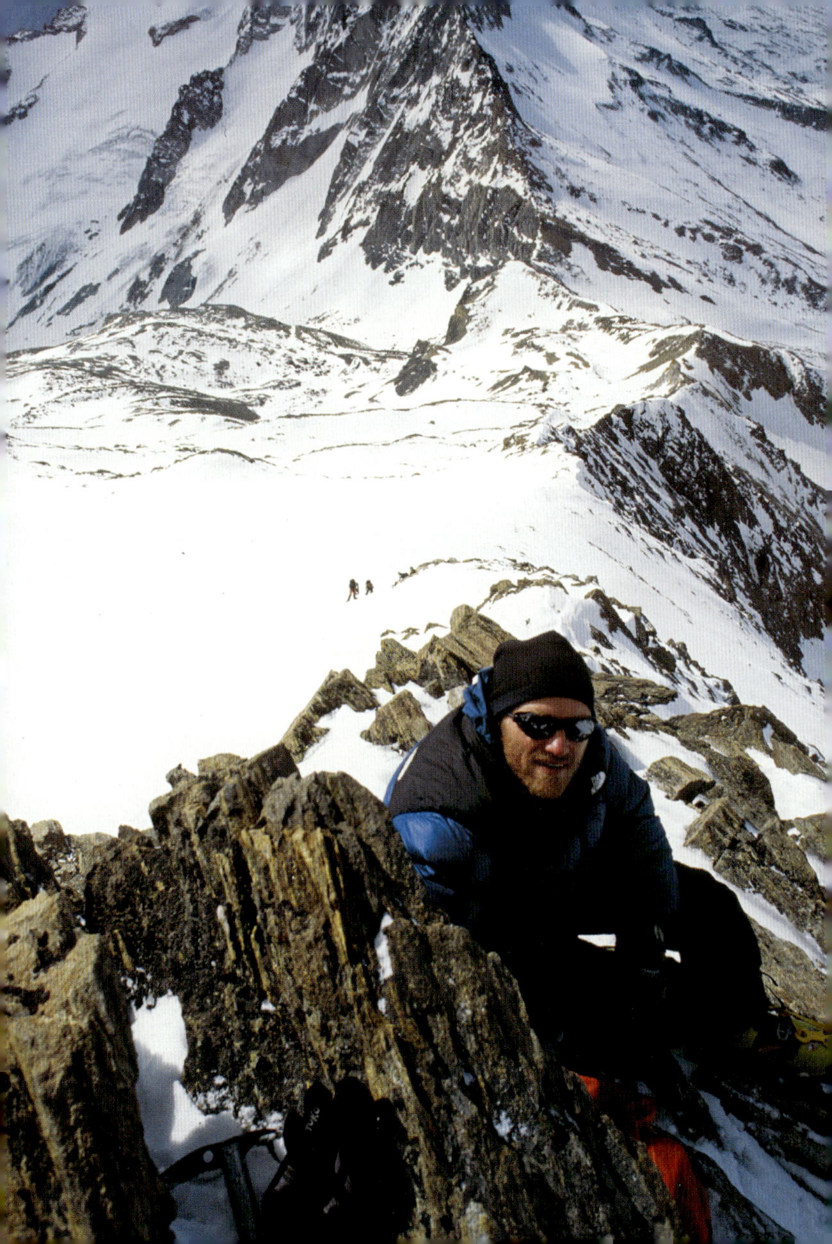

Hüttenzustieg: Vom Postautohalt **Saas Almagell »Lehn«** am nördlichen Ortsrand von Saas Almagell folgt man 100 m dem Almagellerbach in nordöstlicher Richtung und überquert dann den Bach. Nun auf dem Südufer des Bachs in einigen Kehren empor nach **Chüelbrunnji** (2053 m, gut 1 Std.). Entweder mit Skiern auf der Südseite des Baches bleiben oder bei wenig Schnee auf das Nordufer wechseln und zu Fuß dem Sommerweg folgen, der hier einmündet. In Jedem Fall nach Osten weiter ansteigen über die **Almagelleralp** (2194 m, 2 Std., im Winter geschlossen) und in Richtung auf den Rotblattgletscher halten. Hier trifft man oft auf Steinböcke! Man verfolgt die flache Karmulde, bis man sich ziemlich genau südlich von **P. 2561** befindet – zwei kleine Bachläufe werden nicht überschritten, sondern man biegt hier ziemlich steil nach Norden ab ins Wysstal und gelangt, gegen Ende wieder flacher, zur **Almagellerhütte** (2894 m., 4 Std.).

Gipfelanstieg: Von der Hütte in Richtung Nordost unschwierig in den **Zwischbergenpass** steigen (3268 m, 1½ Std.). Achtung, der noch tiefer gelegene P. 3243 ist ein falscher Pass, der mit Steilwänden nach Osten ab-

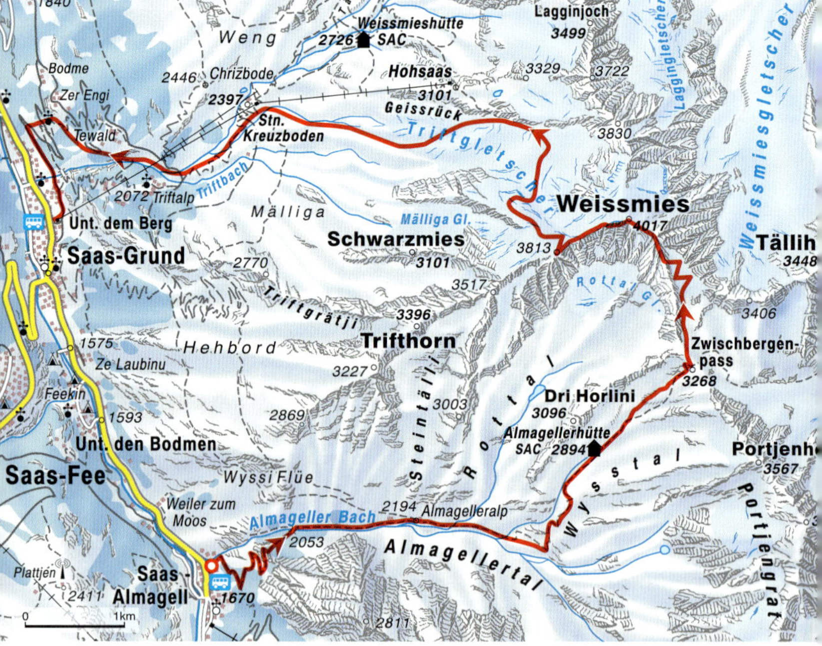

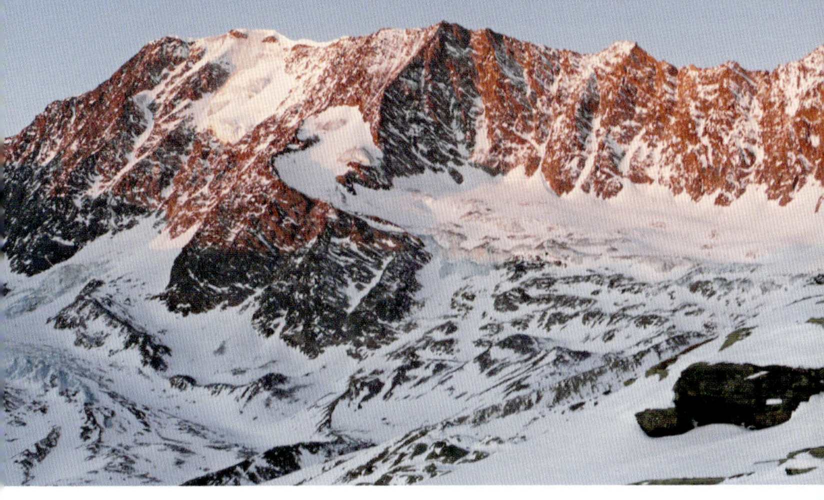

Das Weismies von Osten auf dem Weg zum Rothorn.

bricht! Vom Pass in der Flanke östlich des Kammes queren und sobald als möglich das Gletscherfeld gewinnen, das steil nach Norden hinaufzieht. Man steigt weiterhin in der Nähe der westlichen Begrenzung der Gipfelflanke an und umgeht so eine Felsstufe. Auf dem steilen **Gipfeleisfeld** (bis 33°) so hoch steigen wie möglich – meist ist es geraten auf 3600 m auf die Steigeisen zu wechseln, bei günstigen Verhältnissen kann man auch noch 150 Hm weiter aufsteigen. Zu Fuß auf dem wenig schwierigen **Felsgrat** (I–II) steil nach oben. Vom P. 3972 führt ein ausgesetzter Firngrat elegant zum wenig höheren **Gipfel** (4017 m, 5 Std.).

Abfahrt über die NW-Flanke: Vom Gipfel können ausgezeichnete Skifahrer den ausgesetzten Gipfelgrat (oft abgeblasen oder vereist) zunächst in Südwestrichtung abfahren – wer seine Skier nicht absolut beherrscht, tut gut daran, noch bis zum Vorgipfel, **P. 3813**, zu Fuß zu gehen. Vom Vorgipfel auf der Rampe, die nach Nordwesten abstreicht, in angenehmer Neigung abfahren, bis man auf etwa 3460 m zwischen großen Spalten hindurch steil (bis 38°) nach Nordosten in das breite Gletscherbecken queren kann. In nördlicher Richtung bis zum Nordrand des **Triftgletschers**, an dem man sich hart nach Westen wendet und an großen Spaltensystemen vorbei bis auf etwa 3100 m abfährt. Hier trifft man auf den präparierten Weg von der Station Hohsaas (3101 m) die man mit wenigen Hm Aufstieg erreicht. Hier kann man entweder in wenigen Minuten zur Station Hohsaas aufsteigen und dann ohne Gegenanstieg die **Weissmieshütte** erreichen oder direkt über die präparierten Pisten des Skigebiets zum Kreuzboden und nach **Saas Grund** abfahren.

15 Portjengrat Nordgipfel, 3620 m

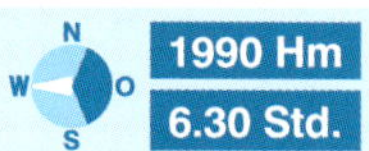

Aussichtsreiche Skitour von der Almagellerhütte

Der Portjengrat ist im Sommer ein Leckerbissen aus herrlich festem Gneis für alpine Kletterer. Die sommerliche »Süd-nach-Nord«-Klettertour beginnt bei der »Port« genannten Scharte (3290 m) und führt über den Pizzo d'Andolla (3654 m) und unseren Nordgipfel (3620 m) zum Portjenhorn (3567 m) – und genießt inzwischen Kultstatus. Wesentlich ruhiger geht es hier im Winter zu! Auch wenn der Nordgipfel nur eine Erhebung in dem langen Grat ist, bietet er doch eine abwechslungsreiche und anregende Skitour. Und die letzten Meter zum Nordgipfel in dem hellen, rauen Fels machen vielleicht Appetit auf ein Wiedersehen im Sommer.

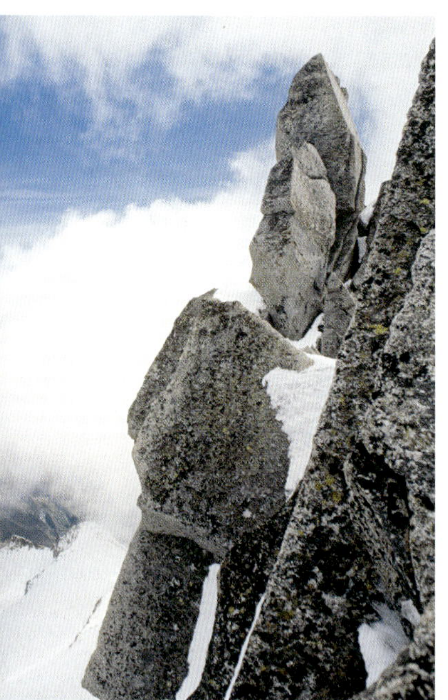

Gneisblöcke unterm Nordgipfel – bei Schnee ist hier das Ende der Tour!

Ausgangspunkt: Saas Almagell (1660 m).
Aufstiegszeit: Zur Almagellerhütte 4 Std., auf den Gipfel 2½ Std.
Anforderungen: ZS+.
Hangrichtung: West.
Lawinengefährdung: Bei vernünftiger Spuranlage gering, der Gipfelhang ist aber bis zu 30° steil.
Günstige Zeit: März – Juni.
Unterkunft: Almageller Hütte (2894 m), vgl. Tour 14.
Hinweis: Der markante Nordgipfel ist der erste in einer Reihe von Türmen, die nach Süden zum etwa 150 m entfernten Hauptgipfel des Portjengrates (3654 m, auch Pizzo d'Andolla genannt) hinüberziehen. Die Überkletterung aller Türme weist aber den vierten Schwierigkeitsgrad auf und wird praktisch nur im Sommer gemacht.
Karten: 284 S Mischabel, 1329 Saas.

Hüttenzustieg: S. Tour 14.
Aufstieg: Von der **Almagellerhütte** hält man sich in genau östlicher Richtung und steigt in angenehmer Steigung durch das **Wysstal** auf die Scharte 3411 m zu, die wenig nördlich des Portjenhorns (3567 m) liegt. Auf etwa 3200 m dreht man etwas

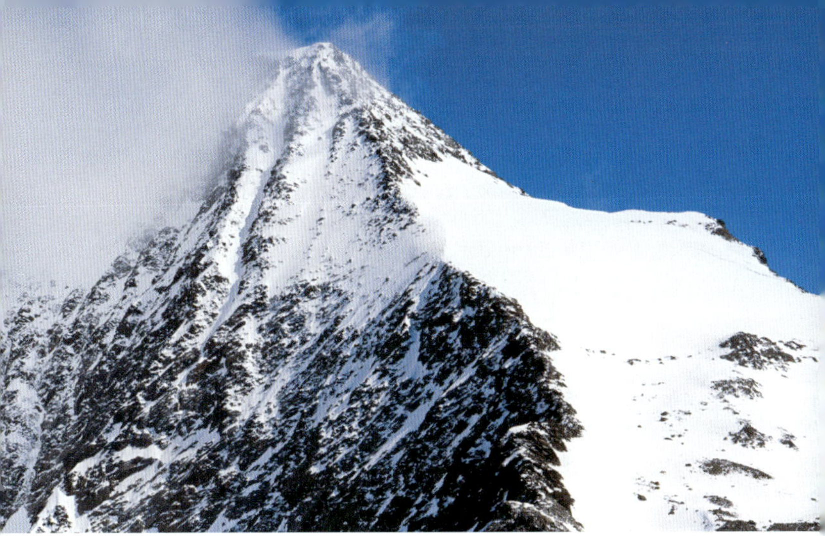

Das Weissmies vom Portjengrat, genau in der Bildmitte der Südgrat (Tour 14).

nach Süden ein und steuert einen deutlichen **Absatz** auf etwa 3300 m im WSW-Grat des Portjenhorns an. Mit geringem Höhenverlust überschreitet man diesen Absatz und gelangt so auf den kleinen, etwas steileren und ausgesetzten Hang, der durch eine schroffe Felszone vom kleinen Gletscherrest getrennt ist. Je nach Verhältnissen entweder mit Skiern oder bei Hartschnee besser mit Steigeisen den **Steilhang** nach Südost bis an den Grat hinauf und schließlich zu Fuß zum exponierten Nordgipfel aufsteigen. Der **Gipfel** bietet einen sehr instruktiven Einblick in die Weissmies Süd- und Ostflanke sowie ein herrliches Panorama der Mischabelgruppe.
Die **Abfahrt** erfolgt entlang der Aufstiegsroute bis zur Hütte, für die weitere Abfahrt ins Tal vgl. Tour 14.

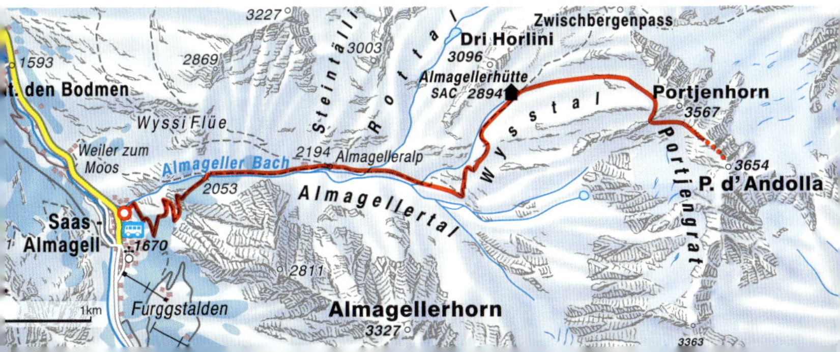

TOP **16** ## *Nadelhorn, 4327 m*

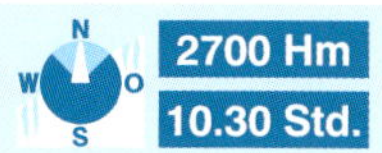

Einsamer, hochalpiner Leckerbissen für Individualisten

Das Nadelhorn ist den meisten Alpinisten ein Begriff, die im Sommer im Wallis unterwegs sind. Die kühne dreiseitige Pyramide ist sowohl von der Ostseite (Mischabelhütte) im Duett mit der Lenzspitze eine Augenweide als auch eine Attraktion von Norden. Die üppig mit Bruchzonen verzierte Eisflanke, die vom kecken, felsigen Gipfelaufbau zum Riedgletscher herabwallt, lässt keinen Alpinisten unbeeindruckt. Während das Nadelhorn im Sommer ein ausgesprochen beliebter, da schöner, hoher und relativ wenig schwieriger Viertausender ist, muss man im Winter schon ein bisschen Initiative mitbringen – oft wird man Gelegenheit haben, eine eigene Aufstiegsspur in die Hänge zu ziehen! Eigentlich ist es eine Traumtour – herrliche, einsame Landschaft, eine wunderschöne Hütte, tolle Firnhänge und ein aufregender, schmaler Grat als Finale – trotzdem ist relativ wenig Volk unterwegs. Vielleicht weil die Hütte unbewartet ist? Natürlich, die Verhältnisse müssen schon stimmen und man sollte alpin erfahren, gut trainiert und akklimatisiert sein für diese lange Tour. Wenn die Verhältnisse oder die Kondition den Gipfel nicht ganz hergeben, ist das Ulrichshorn (3925 m) eine lohnende und einfachere Alternative.

Ausgangspunkt: Gasenried (1659 m), Postautoverbindung nach St. Niklaus (Anbindung an die Bahnlinie Visp–Zermatt).
Aufstiegszeit: Hüttenaufstieg 4 Std., Gipfelaufstieg 6–7 Std.
Höhenunterschied: 1260 Hm zur Hütte, Gipfelanstieg 1440 Hm.
Anforderungen: Hüttenaufstieg ZS–, Gipfelanstieg ZS+ (Stellen II), 40° auf 150 m, am Hang unter dem Windjoch – oft zu Fuß! Die Alternativroute über das Ulrichshorn ist bei zusätzlichen 75 Hm lediglich 30° steil, der Gipfelgrat ist oft vereist oder verwechtet.
Hangrichtung: Nord.
Lawinengefährdung: Nur bei sicheren Verhältnissen, der Hüttenzustieg ist nach Neuschnee oder bei Gefahr von Nassschneelawinen zwischen 2100 und 2800 m lawinengefährdet!
Günstige Zeit: März – Juni.
Unterkunft: Bordierhütte (2886 m), Section Genevoise, 44 Plätze, nicht bewartet, Tel. +41 27 9561909 (Hütte), +41 27 9562345 und +41 79 2193557 (Tal), www.bordierhuette.ch.
Variante: Ulrichshorn (3925 m).
Hinweis: Achtung auf große Spalten und den Bergschrund unter dem Windjoch – bei wenig Schnee ist es oft besser, nach links über den Riedpass und das Ulrichshorn zum Windjoch anzusteigen (+½ Std.).
Kombinationsmöglichkeit: Evtl. Balfrin (3796 m), anspruchsvoller alpiner Aufstieg mit sehr schwieriger und rassiger Abfahrtsvariante nach Huteggen (1258 m) im Saastal.
Karten: 283 S Visp, 284 S Mischabel, 1308 St. Niklaus, 1328 Randa.

Zustieg zur Hütte: In **Gasenried** folgt man der Dorfstraße an der Kirche vorbei zum südlichen Ortsausgang, verlässt aber die breite Teerstraße noch vor den letzten Häusern, um auf einem Pfad steil nach Südosten bis zum

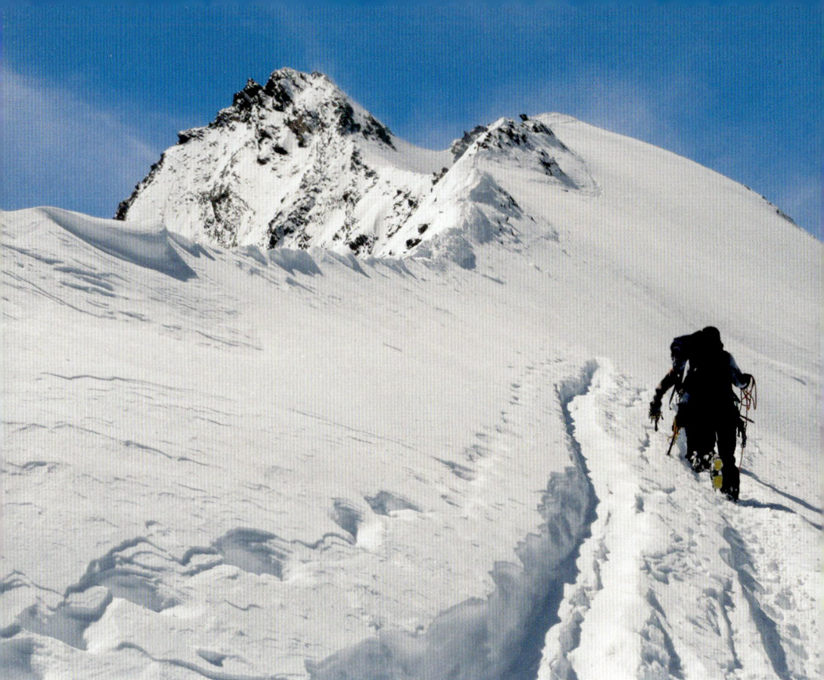

Anstrengendes Spuren auf etwa 4000 m Höhe am Gipfelgrat.

Waldrand anzusteigen. Entlang einer alten Suone (Wasserleitung) quert man fast eben durch den Wald und erreicht bald den Riedbach. Bei guten Verhältnissen kann man dem Bachlauf in seinem steilen Bett nach Süden folgen, bei zu wenig Schnee hält man sich sich schon vor Erreichen des Riedbaches nach Osten und steigt steil ein Weglein nach oben, das sich bei **P. 1930** etwas zurücklegt. In beiden Fällen erreicht man auf 2000 m das flache ehemalige Bett des Riedgletschers, das man noch bis auf ca. 2070 m verfolgt, bis es eine günstige Stelle gibt, um die sehr steile westliche Seitenmoräne zu übersteigen (kurze Stelle 38°). So gelangt man in das kleine Tälchen, das bei der **Alp »Alpja«** (2099 m) nach Süden zieht (1½ Std.). Man verfolgt es bis an sein Ende auf 2400 m und gelangt dann über mehrere steile Hänge bis unter den Felsriegel, der auf etwa 2800 m, unterhalb des Breithorns verläuft. Man folgt dem Felsriegel in alter Richtung so lange, bis man unschwierig nach Osten auf die flache **Terrasse** des **Riedgletschers** absteigen kann und quert diese nach Nordost ans andere Ufer des Gletschers. Zur Überwindung der felsigen östlichen Moräne ist es am besten,

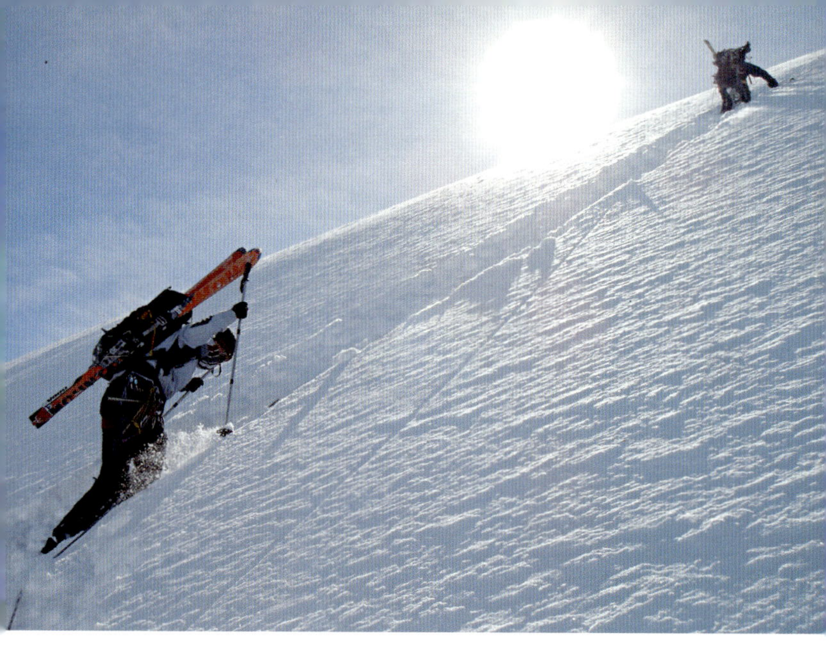

Kurz unterhalb des Windjochs doch noch ein paar Meter Skier tragen.

nicht den Leitern des Sommerwegs zu folgen, sondern etwas weiter östlich anzusteigen – je nach Verhältnissen auf Skiern, oder teilweise zu Fuß, um nach wenigen Hundert Metern die **Bordierhütte** zu erreichen (4 Std.).
Gipfelanstieg: Zunächst durchquert man die steilen Hänge der Mulde unter dem Klein Bigerhorn (östlich der Hütte), bis man die Seitenmoräne des Riedgletschers auf ca. 3070 m leicht übersteigen kann. Man bleibt am Nordrand des Gletschers und geht jetzt das Kar des Gross Bigerhorns aus, das einen schließlich nach Süden zu einem steilen **Eisbruch** abdrängt. In der Nähe der felsigen Abbrüche von P. 3527 lässt sich die Bruchzone meist leicht überwinden und man gewinnt das flache, weite Becken des oberen **Riedgletschers** (2 Std.). Über den flachen Gletscher im weiten Bogen bis unter das **Windjoch** – Achtung Spalten – und je nach Verhältnissen mit Skiern über den Bergschrund und sehr steil (bis 40°) zum Windjoch (3850 m, 4 Std.) ansteigen, oder Skidepot. Zu Fuß auf dem teils schmalen und oft verwechteten **Nordostgrat** über einige kurze, bei Vereisung heikle Felspassagen bis zum **Gipfelaufschwung** hochsteigen. Einige leichte, aber ausgesetzte Kletterstellen (II) führen elegant zum recht exponierten höchsten Punkt (6 Std.).
Abstieg bzw. **Abfahrt** entlang der Aufstiegsroute.

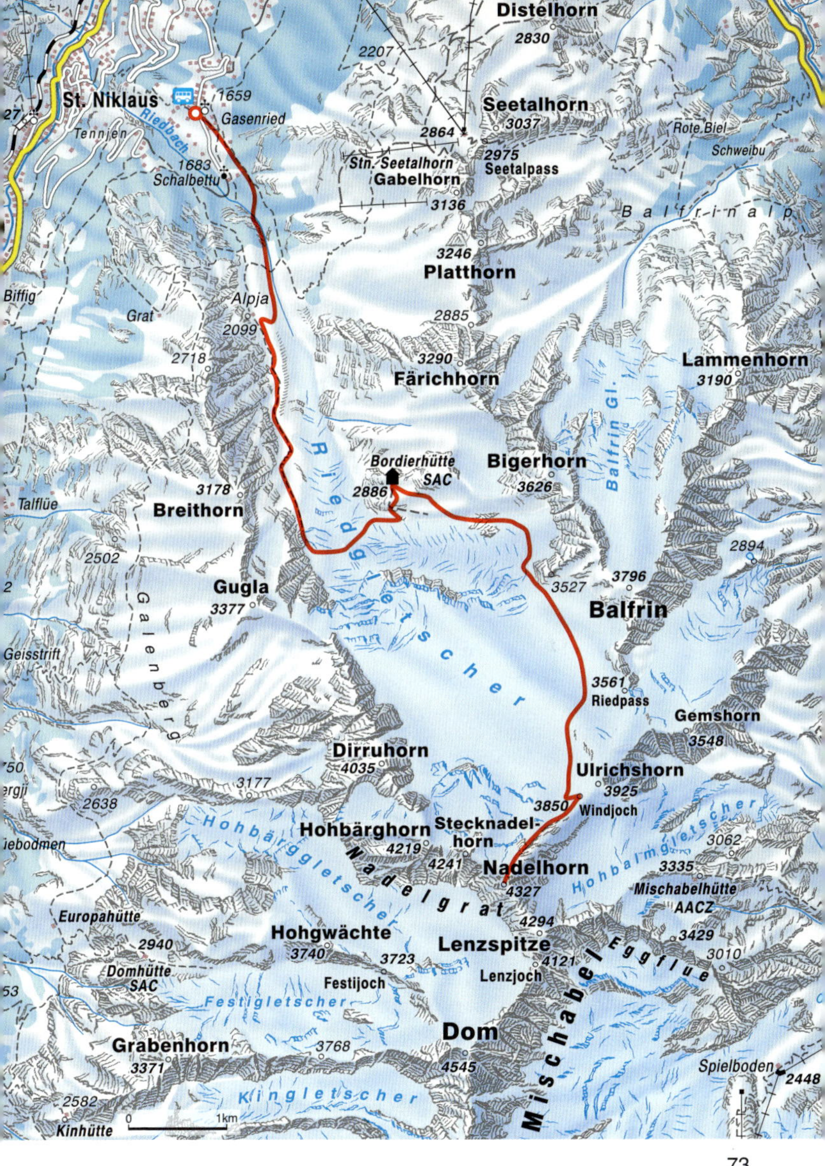

Distelhorn
2830
2207
St. Niklaus
1659
Gasenried
Riedbach
Tennjen
1683
Schalbettu
2864
Seetalhorn
3037
2975
Seetalpass
Stn. Seetalhorn
Gabelhorn
3136
Rote Biel
Schweibu
Balfrinalp
3246
Platthorn
Biffig
Grat
Alpja
2099
2718
2885
3290
Färichhorn
Lammenhorn
3190
Balfrin Gl.
Riedgletscher
Bordierhütte SAC
2886
Bigerhorn
3626
3178
Breithorn
Talflüe
2502
2894
3527
3796
Balfrin
Gugla
3377
Galenberg
Geisstrift
3561
Riedpass
Gemshorn
3548
Dirruhorn
4035
Ulrichshorn
3925
3177
2638
3850
Windjoch
Hohbärggletscher
Hohbärghorn
4219
Stecknadel-horn
4241
Nadelhorn
4327
Nadelgrat
Hohbalmgletscher
3062
3335
Mischabelhütte AACZ
Europahütte
4294
3429
Hohgwächte
3740
Lenzspitze
2940
3723
4121
3010
Domhütte SAC
Festijoch
Lenzjoch
Eggflue
Festigletscher
Dom
Grabenhorn
3371
3768
4545
Mischabel
Spielboden
2448
2582
Kingletscher
Kinhütte
0
1km

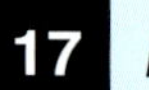

Dom, 4545 m

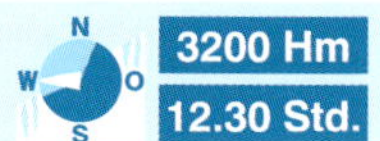

Aus eigener Kraft zum höchsten Binnengipfel der Schweiz – nur für leidensfähige Alpinisten

Am Dom scheiden sich die Geister: Für die einen ist das eine sinnlose Skitrageübung mitten in der Klettersaison, andere betrachten diese Tour als krönenden Abschluss eines langen Skitourenwinters. Keine Diskussion gibt es um die Faszination, die von diesem herrlichen und hohen Berg ausgeht. Vom Saastal aus gesehen ist der doppelgipfelige Dom der spektakuläre Kulminationspunkt einer kilometerlangen und 2500 m hohen, jäh abfallenden Mauer, die jeden Gedanken an Skitouren absurd erscheinen lässt. Von Süden erscheint der Koloss noch unnahbarer und sein Nachbar, das rein felsige Täschhorn, verstärkt noch diesen Eindruck. Lediglich nach Norden weist der Dom eine blendend weiße Firnflanke auf, die eine sehr lange, aber nur mittelschwere Skiroute trägt. Vor den Skifreuden ist hier aber erst einmal der Hüttenzustieg zu absolvieren – und der hat es in sich. 1600 Hm sind bis zur Domhütte zu überwinden, und das alles mit auf den Rucksack geschnallten Skiern. Zusätzlich kommt noch die Ausrüstung für die Übernachtung im ausgesprochen spartanisch ausgestatteten Winterraum der Domhütte dazu. Ein leichter Daunenschlafsack sei empfohlen – es gibt keinen Herd oder Ofen! Anderntags bricht man lange vor der Morgendämmerung auf, da schon wieder ein ordentliches Pensum von fast 1700 m bis zum Gipfel zurückzulegen ist – garniert mit kleinen Klettereinlagen und in großer Höhe. Wenn aber Wetter, Kondition und Schneeverhältnisse mitspielen, wird man dort oben einen einsamen, unvergesslichen Tag mit starken Landschaftseindrücken erleben, wie es in den Alpen nicht viele gibt.

Ausgangspunkt: Randa (1408 m), Bahnstation der Strecke Visp – Zermatt.
Aufstiegszeit: 5 Std. Hüttenzustieg, anderntags 7–8 Std. Gipfelanstieg.
Höhenunterschied: 1550 Hm zur Hütte, Gipfelanstieg 1650 Hm.
Anforderungen: ZS+, bis 38° in der N-Flanke, am Festijoch kurze Kletterstellen (II), steiler Schlussgrat (Pickel,Steigeisen).
Hangrichtung: Bis zum Festijoch reiner Westhang, dann auf Nord drehend.
Lawinengefährdung: Schneebrettgefährdet vor allem im steilen Gipfelhang nach ergiebigen Schneefällen; Eisschlaggefahr bei der anfänglichen Querung des Hohbärggletschers!
Günstige Zeit: Mitte Mai – Mitte Juli.
Unterkunft: Domhütte (2940 m), Tel. +41 27 9672634, im Winter nicht bewartet, www.domhuette.ch. Leider ist nur ein ausgesprochen spartanischer Winterraum zugänglich. Kein Herd oder Ofen. Bei tiefen Temperaturen ist ein leichter Daunenschlafsack unerlässlich!
Varianten: Außergewöhnlich gute Skifahrer können bei entsprechenden Verhältnissen auch die Dom-W-Flanke zum Festigletscher abfahren (bis ca. 50°).
Hinweis: Am Gipfel Vorsicht wegen der großen Wechten nach Osten!
Kombinationsmöglichkeit: Keine.
Karten: 284 S Mischabel, 1328 Randa.

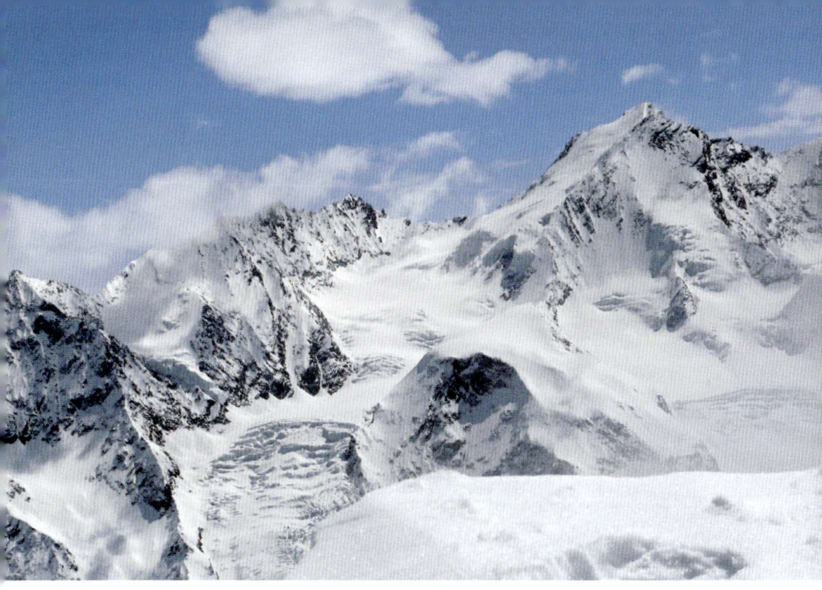

Auf den Betrachter zu die Dom-Westflanke, links unser Aufstieg über die Nordseite.

Hüttenanstieg: Vom Bahnhof in **Randa** (1408 m) steigt man der Hauptstraße entlang durch das traditionsreiche Bergsteigerdorf, das im Gegensatz zu seinen Nachbarorten von groben Bausünden verschont geblieben ist. Die schönen alten Kopfsteinpflastergassen sind aber ganz schön steil, und man tut gut daran, die morgendliche Kühle auszunutzen. Man geht links an der Kirche vorbei und steigt über grüne Almen zu einer **Brücke**, auf der man den Dorfbach überquert. Kurz nach der Brücke zweigt der direkte Hüttenweg rechts (nach Osten) ab und führt in steilen Kehren durch den Wald – es empfiehlt sich, die Skier nicht allzu hoch aufzubinden. Auf etwa 2000 m wird der Wald lichter und man genießt einen Postkartenblick auf den Weisshorn-Nordgrat auf der gegenüberliegenden Talseite. Über steile Schrofen gewinnt man weiter schnell an Höhe und lässt die große Hängebrücke rechts sowie die Europahütte (2265 m) links liegen, während man sich dem abweisenden Felsriegel nähert. Vom **P. 2503** (ca. 3 Std.) hat man einen guten Einblick in den weiteren Wegverlauf und kann evtl. Schneefelder gut ausmachen. Der Felsriegel wird von rechts unten nach links oben gequert, wobei einige luftige Stellen durchaus Vorsicht erheischen – nicht überall ist ein Drahtseil zum unbeschwerten sich nach oben Ziehen vorhanden! Auf ca. 2750 m ist das Felsgelände zu Ende und man steigt rasch – nun evtl. auf den Skiern – bis zur **Domhütte**, deren neuer Bau erst in letzter Minute ins Blickfeld gelangt.

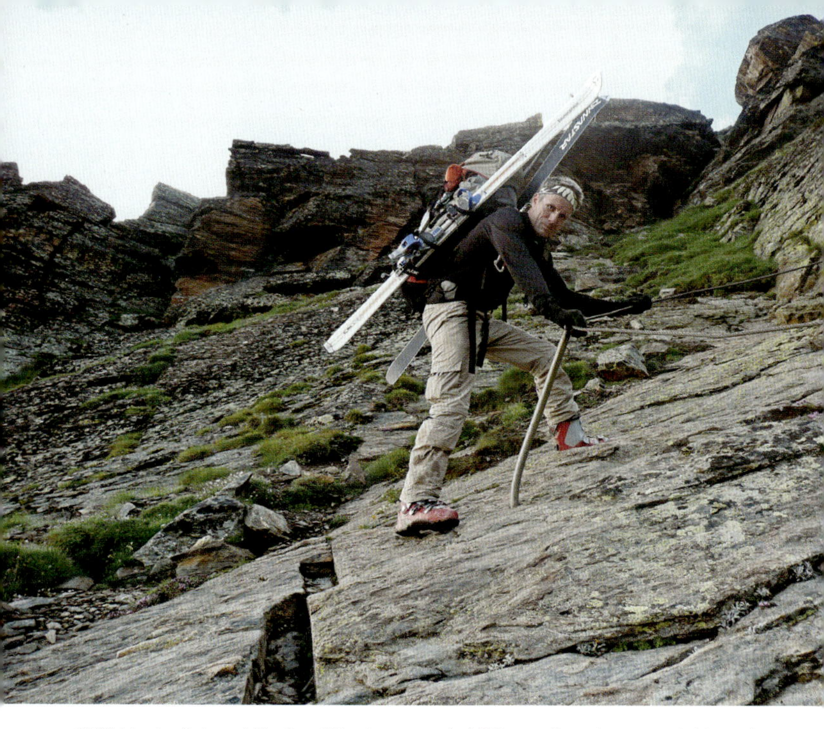

1600 Hm im Auf- und Abstieg Skier tragen – ein Hüttenzustieg, den man nicht vergisst.

Gipfelanstieg: Je nach Schneelage folgt man dem Pfad auf der orogr. rechten Seitenmoräne des Festigletschers, der dank reichlich vorhandener Steinmänner auch in der Dunkelheit gut zu finden ist, oder quert bei sehr viel Schnee schon frühzeitig nach Süden auf den spaltigen **Festigletscher**. Auf etwa 3200 m verliert sich die Pfadspur auf der Moräne, und ein Felsriegel drängt einen auf den Gletscher, den man spätestens auf ca. 3250 m betritt. Unter großer Vorsicht vor Spalten am Übergang des steilen Gletscherbruchs zu dem darüberliegenden Plateau (ca. 3400 m) hält man sich in der Nähe der nördlichen Begrenzungsfelsen und gelangt ohne Schwierigkeiten auf die flacheren Firnfelder, die man bis etwa 3650 m weiter verfolgt. Hier führt eine gut sichtbare Rinne über einige leichte aber steile Felsen (Fixseil) bis unter das **Festijoch** (3723 m, 2½ Std.). Die letzten Meter über losen Schutt sind bei mehreren Seilschaften etwas steinschlagträchtig und sollten erst bei beginnendem Tageslicht absolviert werden. Vom Joch verfolgt man ein kurzes Band in herrlich festem Fels nach Osten (Fixseile) und steigt über leichte aber ausgesetzte Felsen (Stellen II) auf den **Hohbärggletscher** ab. Kurze Abfahrt nach Norden, dann umgeht man in respektvollem Abstand den ständig mit Eisschlag drohenden Abbruch der Hängegletscher auf der Dom N-Flanke. Die zahlreichen frischen Eisbrocken, die auf der Gletscheroberfläche liegen, illustrieren meist deutlich den Gefahrenbereich, den man meiden muss. Dazu steigt man erst in nördlicher, später auf Osten drehender Richtung durch die großartige Karmulde am Fuße des berühmten Nadelgrates, ohne dabei den Eisabbrüchen der Domflanke zu nahe zu kommen. Erst auf gut 4000 m dreht man unter dem Lenzjoch schließlich nach Süden ab und steigt, jetzt wieder steiler, quer durch die riesige **Nordflanke** des Doms, dort wo die Spaltensysteme einen Durchschlupf erlauben, in Richtung Westgrat-Gendarm (4479 m). Man gewinnt den »**Gabel**« genannten Einschnitt zwischen diesem Gendarm und dem Hauptgipfel und macht wenig oberhalb Skidepot. Die letzten Meter zum **Gipfel** sind öfters vereist und erfordern dann unbedingt Pickel und Steigeisen. Am Gipfel muss man große Vorsicht vor den weit nach Osten hinausragenden Wechten walten lassen, aber vor allem muss man sich die Zeit nehmen, diesen Gipfel und seine bemerkenswerte Aussicht zu genießen – fast alle Viertausender der Alpen kann man von hier aus bewundern!

Die **Abfahrt** folgt der Aufstiegsroute. Bei der Traversierung zum Festijoch nicht leichtsinnig werden und auf jeden Fall den Sicherheitsabstand zum Hängegletscher einhalten! Insbesondere auf dem letzten Stück der Abfahrt, auf dem Festigletscher, sollte man sorgfältig auf Spalten achten – was in der Frühe bei klirrender Kälte noch eine feste Brücke bildete, kann jetzt weich und gefährlich sein!

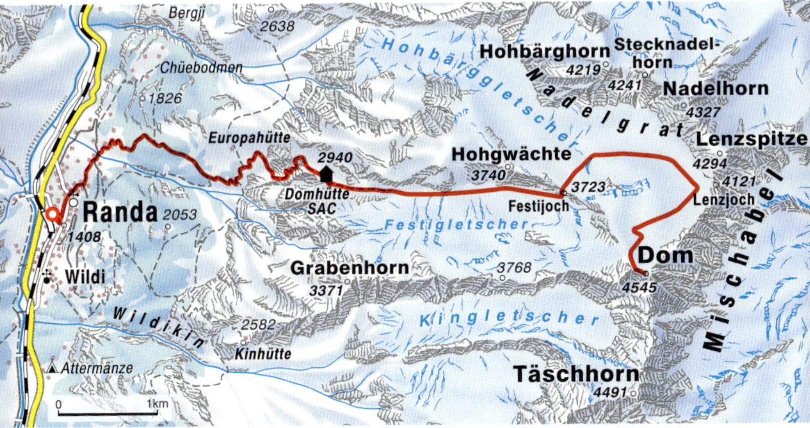

TOP **18**

Alphubel, 4206 m

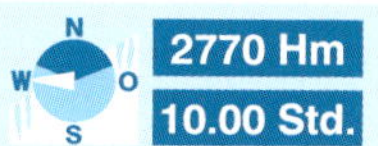

Abwechslungsreiche Skitour mit Firngrateinlage

Der Alphubel ist ein besonders markanter Gipfel in der illustren Reihe der Viertausender zwischen Saas- und Mattertal. Seine trapezförmige Gestalt mit dem riesigen, flachen Gipfelplateau ist auch aus großer Entfernung leicht zu erkennen. Der beliebte Skigipfel wird sowohl von der Saaser Seite mit der Längflue als Stützpunkt angegangen als auch vom Mattertal aus ab Täsch über die Täschhütte. Die Route aus dem Skigebiet von Saas Fee wird häufiger begangen, da die Seilbahnen bis auf fast 2900 m hinauf reichen – dafür hat man die hässlichen Masten dann aber auch bis fast bis zum Gipfel im Blickfeld. Die deutlich lohnendere Variante ist der Aufstieg von Täsch. Vom Bahnhof auf 1436 m kann man sich den stolzen Gipfel ehrlich erarbeiten – wer sich vor den 2800 Höhenmetern allzu sehr fürchtet, kann sich von Bahnhof Täsch auch mit dem Taxi bis zur Schneegrenze fahren lassen. Ein besonderer alpiner Leckerbissen ist die »kleine Überschreitung«: Man begeht im Aufstieg ab dem Alphubeljoch den schönen und luftigen Südwestgrat mit aufgebundenen Skiern – am Schluß mündet dieser Firngrat in ein kleines und gutmütiges Eiswändchen und plötzlich steht man auf dem riesigen, ebenen Gipfel. Für die Abfahrt bietet sich die steile Ostflanke an, die gelegentlich vereist ist und aufgrund ihrer großen Spalten im obersten Bereich heikel sein kann. Relativ flach gelangt man dann zurück zum Alphubeljoch und zur Täschhütte. Natürlich kann die Ostflanke auch im Auf- und Abstieg begangen werden.

Ausgangspunkt: Täsch (1436 m), Bahnstation der Strecke Visp – Zermatt.
Aufstiegszeit: 4½ Std. Hüttenzustieg, anderntags 5½ Std. Gipfelaufstieg.
Höhenunterschied: 1270 Hm zur Hütte, Gipfelanstieg 1500 Hm.
Anforderungen: ZS, auf dem Firngrat ist sicheres Steigeisengehen bis 42° Steilheit mit aufgeschnallten Skiern verlangt.
Hangrichtung: Von Täsch bis Alphubeljoch West, ab dort Süd und Ost.
Lawinengefährdung: Nur bei sicheren Verhältnissen, der Gipfelhang ist gelegentlich mit Triebschnee geladen.
Günstige Zeit: März – Juni.
Unterkunft: Täschhütte (2701 m), SAC Sektion Uto, 80 Plätze, Winterraum 10 Plätze, bewartet April und evtl. Mai/Juni, Tel. +41 27 9673913 (Hütte) und +41 27 9675363 bzw. +41 79 4490457 (Tal), www.taeschhuette.ch.
Tipp: Das kleine Firneiswändchen (bis 42° auf 120 Hm) ist bei normalen Verhältnissen problemlos zu bewältigen (Pickel). Nur bei sehr viel Blankeis ist ein zusätzliches Steileisgerät sinnvoll. Alternativ kann auch über die Abfahrtsroute durch die Ostflanke aufgestiegen werden.
Kombinationsmöglichkeit: Eine schöne Ergänzung ist die Tour 19 auf das Rimpfischhorn (4199 m).
Karten: 284 S Mischabel, 1328 Randa.
Anmerkung: Ärgerlicherweise ist das Alphubeljoch, für das man als Tourengeher den Aufstiegsschweiß von fast 2400 Hm investieren muss, ein bewilligter Heliskiing-Landeplatz, sodass man dort öfters durch Lärm belästigt wird.

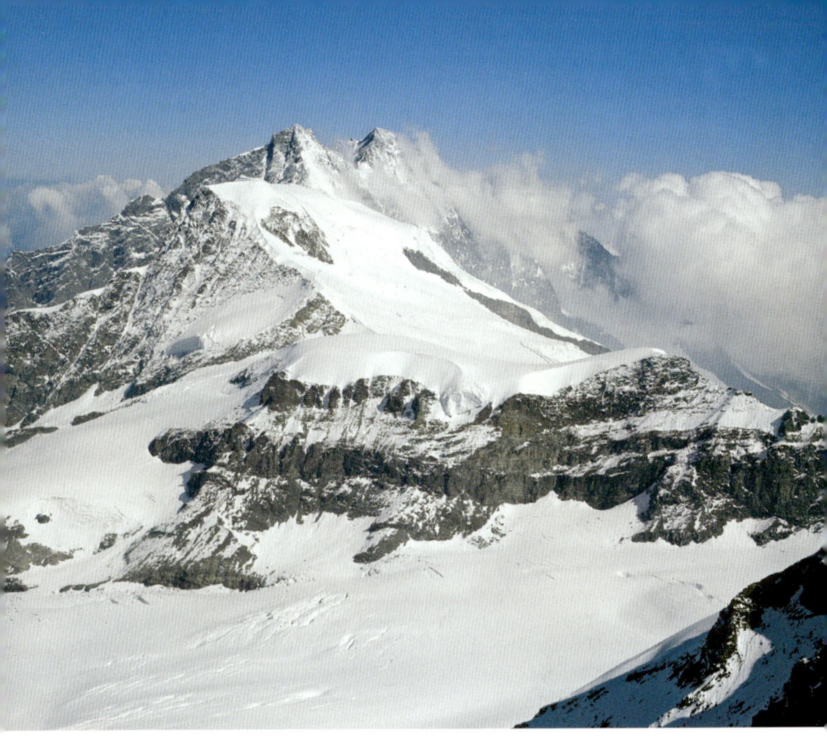

Der Alphubel von Südosten, überragt von Täschhorn und Dom.

Hüttenzustieg: Vom Bahnhof in **Täsch** genau nach Osten durch den Ort zur Kirche und am Friedhof vorbei zum Täschbach, dem man steil bis zum Ortsende folgt. Bei aperen Verhältnissen bleibt man auf dem Sommerweg zur **Kapelle** und weiter zum Hof »Resti« auf 1890 m (1½ Std.) – falls genügend Schnee liegt, holt man etwas weiter nördlich aus, bis man in offenem Gelände angenehm zur Kapelle auf etwa 1690 m aufsteigen kann, und sucht dann einen skitauglichen Weg zum Resti. Ab hier folgt man der Straße nach Süden und überquert den Täschbach, eine große Kehre im Wald wird abgekürzt, und man steigt nun in Südostrichtung entlang des Täschbaches, bis er auf 2075 m erneut überschritten wird. Über die im Winter nicht bewohnten Siedlungen **Stafelti** und **Ottavan** (Täschalp) erreicht man eine kleine flache Terrasse auf etwa 2200 m (2½ Std.). Eine neue, riesige Lawinenverbauung linker Hand liegen lassend, steigt man über steile West- und Südwesthänge auf dem breiten Hüttenweg zur **Täschhütte** an.

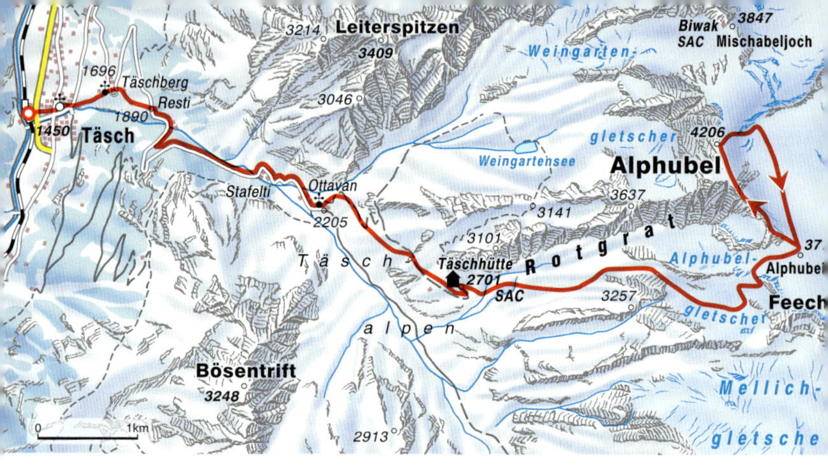

Gipfelaufstieg: Von der **Hütte** quert man in östlicher Richtung über zwei kleine Bäche hinweg, um dann einem steilen, dritten Bachlauf in etwa zu folgen, bis man die südliche Zunge des **Alphubelgletschers** betritt (3300 m, 2 Std.). Unter einem Felsabbruch bleibend, steigt man nun in ostsüdöstlicher Richtung weiter an, bis man über eine Verflachung auf etwa 3500 m einen steilen Durchschlupf nach Norden zum oberen Arm des Gletschers findet. Vor dem Durchschlupf zweigt nach Südosten die Route zum Rimpfischhorn ab (vgl. Tour 19). Auf dem oberen Gletscherarm erreicht man rasch in nordöstl. Richtung das **Alphubeljoch** (3772 m, 3½ Std.). Der einfachste und schnellste Weg von diesem Joch ist nun die Querung nach Norden zum Gipfelhang des Alphubels – länger, aber alpinistisch interessanter ist bei guten Verhältnissen der etwa 1 km lange verfirnte SO-Grat, der etwas nordwestlich des Alphubeljoches ansetzt und normalerweise mit aufgeschnallten Skiern zu Fuß begangen wird. Zunächst steil zum **P. 3904** hinauf, wo der Grat wieder flacher, aber dafür schärfer wird und dann wenig schwierig aber schön und aussichtsreich zum Fuß des kleinen **Firnwändchens** auf etwa 4050 m. Steil (bis 42°) über dieses hinweg und auf das flache **Gipfelfeld** aussteigen.

Abfahrt: Vom Gipfel in großem Bogen nach Norden ausholen und dann in genau östlicher Richtung einen Durchschlupf zwischen den großen Spalten in dem steilen Hang suchen. Bei schlechter Sicht kann das sehr heikel sein! Der steile Osthang unter dem Gipfel ist gelegentlich vereist, dann ist es u. U. besser, erst ein Stück zu Fuß abzusteigen und die größten Spalten zu umgehen, bevor man die Skier anschnallt. Auf etwa 3900 m nach Süden abdrehen und leicht fallend zurück zum **Alphubeljoch** queren. Von hier ab dem Aufstiegsweg folgend abfahren und nicht auf dem verlockenden oberen Gletscherarm in Richtung Rotgrat weiterfahren, da er sehr viele Spalten aufweist.

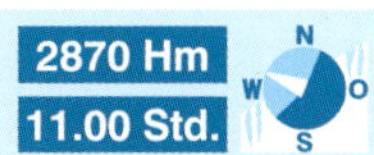

Rimpfischhorn, 4199 m 19

Wunderschöne, lange Unternehmung mit ausgesetzter Felskletterei als krönendem Abschluss

Das Rimpfischhorn gleicht mit seinem langen, zackigen Nordgrat einem Reptil, und wie ein Chamäleon kann es sein Aussehen wechseln: Von Norden ist es ein turmgekröntes Firndreieck, von Osten eine breite Felsmauer, aus dem Süden erscheint es als zarte Felsnadel und von Westen sieht man eine ausgedehnte kombinierte Wandflucht. Unterschiedlicher Natur sind auch die Anforderungen, die diese lange Tour an die Begeher stellt. Vor allem gute Kondition und gute Verhältnisse sollte man mitbringen! Von der Täschhütte ist man lange unterwegs bis zum Rimpfischsattel, eine kleine Abfahrt zwischendurch inbegriffen. Bei guten Verhältnissen ist die nun folgende, abwechslungsreiche Kletterei im festen Fels des Gipfelturms ein Genuss! Zurück am Sattel gibt es statt einer Abfahrt nochmals einen kurzen Anstieg zum P. 4001 und einen Abstieg im Fels mit aufgebundenen Skiern, bis man sich endlich auf dem Längfluegletscher den Abfahrtsfreuden hingeben darf – sofern der Schnee dann noch nicht zu weich ist …

Ausgangspunkt: Täsch (1436 m).
Aufstiegszeit: 4–5 Std. zur Hütte, 6–7 Std. Gipfelanstieg.
Höhenunterschied: 1270 Hm zur Hütte, Gipfelanstieg 1600 Hm.
Anforderungen: ZS+, III (Stelle) und II, die teilweise ausgesetzte Kletterei am Gipfelaufschwung kann vereist heikel sein.
Hangrichtung: Überwiegend West, oben kurz Nord.
Lawinengefährdung: Nur bei sicheren Verhältnissen; die Querung unter dem Feechopf und der Gipfelbereich sind öfters lawinengefährdet.
Günstige Zeit: März – Juni.
Unterkunft: Täschhütte, vgl. Tour 18.
Varianten: Das Rimpfischhorn kann auch von der Britanniahütte über den Allalinpass (3564 m) erreicht werden.
Tipp: Bei gut verschneiten Spalten ist die schnellste Abfahrtsmöglichkeit die Route entlang des Aufstiegsweges bis unter den Allalinpass. Dann nach Westen und in einer großen Mulde des spaltenreichen Mellichgletschers bis hinunter in den flachen Boden des Mellichbaches.

Kombinationsmöglichkeit: Von der Täschhütte ist der Alphubel (Tour 18) ein sehr lohnendes Ziel; über den Allalinpass lässt sich auch die Britanniahütte mit ihrem schönen Tourengebiet erreichen (Touren 20, 21).
Karten: 284 S Mischabel, 1328 Randa, 1348 Zermatt.

Rimpfischhorn, Strahlhorn und Adlerhorn.

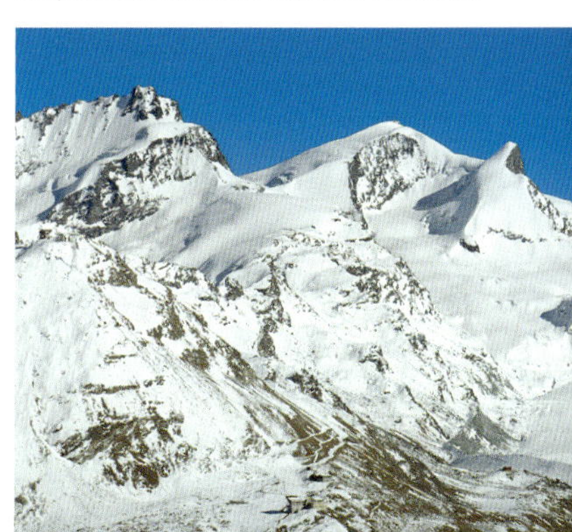

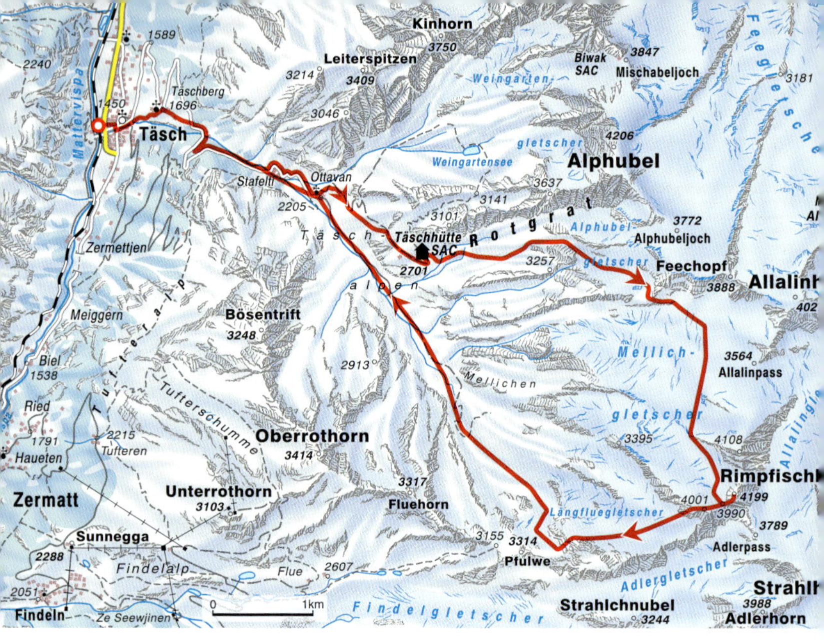

Der **Hüttenanstieg** erfolgt wie bei Tour 18.

Gipfelaufstieg: Wie für den Alphubel von der **Täschhütte** bis auf den unteren Arm des Alphubelgletschers aufsteigen 2½ Std. Auf etwa 3500 m, dort wo sich der Alphubelaufstieg nach Norden wendet, fährt man in einer südöstlichen Querung unter der Felswand des Feechopfes etwa 100 Hm auf den **Mellichgletscher** ab. Man steigt nun noch etwas nach Osten in Richtung Allalinhorn auf, bis man auf etwa 3500 m eine flachere und spaltenarme Gletscherterrasse erreicht. Dieser Terrasse folgt man in Richtung Süden, an der beeindruckenden Nordflanke des Rimpfischhorn vorbei und den Fußpunkt der Rippe umgehend, die von P. 4108 herabzieht. Nach dieser Rippe steigt man wieder steiler an und erreicht in einem Bogen den **Rimpfischsattel** (ca. 3990 m, 5 Std.) und bezieht dort Skidepot. In nordöstlicher Richtung steuert man ein markantes **Firncouloir** an und steigt in ihm etwa 60 Hm empor (ca. ein Viertel seiner Länge), um dann einige Meter fast waagerecht nach links (West) zu queren, bis man die linke Begrenzungsrippe bei einem kleinen Schärtchen erreicht. Nun auf der Rippe in schöner Kletterei (Stelle III, sonst II) über den Vorgipfel zum höchsten Punkt.

Abfahrt: Entlang der Aufstiegsroute zurück zum Skidepot. Wenige Meter nach Westen zum **P. 4001** aufsteigen und weiter nach Westen abfahrend auf den Kopf einer Felsrippe zuhalten. Die Rippe, die auf den **Längfluegletscher**

hinunterführt, wird mit aufgeschnallten Skiern unschwierig (I) abgeklettert. Auf dem Gletscher fährt man in westl. Richtung zum **P. 3402** ab und sucht sich dort einen Durchschlupf zum südlichsten Arm des Längfluegletschers. Über schöne, steile Hänge nach Nordwesten hinunter und später einer Felsinsel nach Nordosten ausweichend, erreicht man die Gletscherzunge und schließlich den breiten, flachen Boden des **Mellichbaches**. Je nach den Schnee- und Lawinenverhältnissen links oder rechts des Baches flach hinaus nach **Ottavan** (Täschalp) und entlang des Hüttenwegs von Tour 18 hinunter nach **Täsch**. Wenn die Füße hier gar nicht mehr wollen, kann man sich auch je nach Schneelage unterwegs vom Taxidienst abholen lassen.

Rechts vom Gipfel der Rimpfischsattel und der P. 4001, über den wir abfahren.

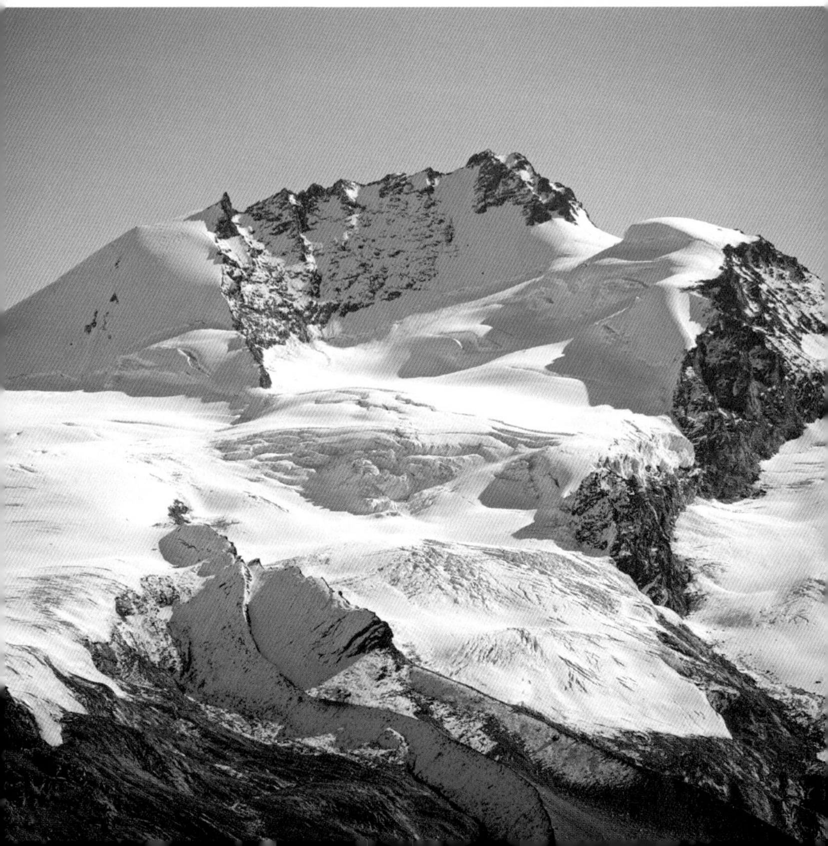

20 Allalinhorn, 4027 m

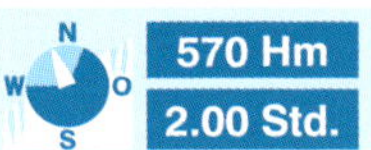

Aus dem Pistengebiet als Tagestour auf einen Viertausender

Das Allalinhorn dürfte neben dem Zermatter Breithorn der wohl meistbesuchte Viertausender der Alpen sein – die Bergbahnen von Saas Fee machen's möglich! Bis auf 3450 m bringen uns die Seilbahn und die Gletscher-U-Bahn »Metroalpin« in weniger als einer Stunde hinauf, dann fehlen nur mehr 600 Hm zum Gipfel. Doch die derart rasch erreichte Höhe hat schon so manchen Gipfeltraum zerrinnen lassen, denn ohne vorangegangene Akklimatisation geht zumeist gar nichts – außer vielleicht einem Brummschädel ... Nach dem Gefühl vieler Alpinisten fehlt einer solchen »Spritztour« ein ganz wesentliches Element großer Unternehmungen, nämlich dass man sich eben langsam und mit mehr oder weniger eigener Kraft einem Ziel nähert und dabei die wirklich tieferen Eindrücke mitnehmen wird. Doch jeder möge selbst für sich entscheiden: Und natürlich ist die Tour eine Möglichkeit, einmal richtig weit nach oben zu kommen. Und die Rundsicht ist bei entsprechendem Wetter vom Feinsten, ob über das Saastal zum Weissmies, nach Süden zum Monte Rosa oder zum Matterhorn über dem Kessel von Zermatt.

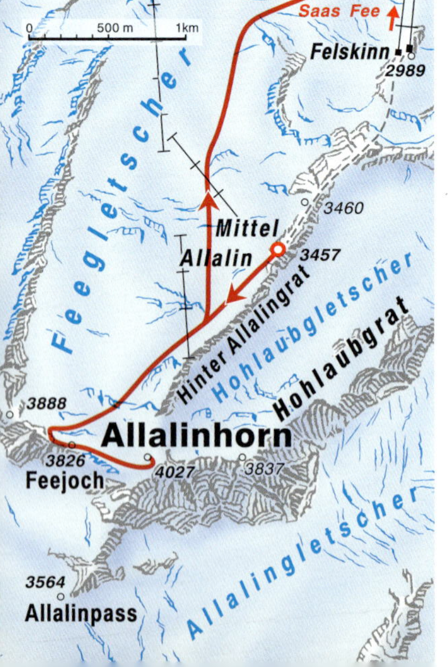

Talort: Saas Fee (1800 m), Postauto von Visp über Saas Grund.

Ausgangspunkt: Station Mittel Allalin (3457 m), Seilbahn von Saas Fee nach Felskinn und anschließend unterirdisch mit der »Metro-Alpin« zur Bergstation.

Endpunkt: Saas Fee.

Aufstiegszeit: 2 Std.

Höhenunterschied: 570 m im Aufstieg, Abfahrt ins Tal 2230 m.

Anforderungen: WS, Bruchzone unter dem Feejoch, meist jedoch gut gespurt.

Hangrichtung: West und Nord.

Lawinengefährdung: Im Allgemeinen gering bei geschickter Spuranlage, jedoch nach starken Neuschneefällen Gefahrenbereich bei der Querung unter der Nordwand.

Günstige Zeit: Februar – Mai.

Einkehr/Unterkunft: Britanniahütte (3030 m), siehe Tour 21.

Hinweis: Nach der Saison bietet die Felskinn-Seilbahn meist noch eingeschränkten Betrieb (morgens und abends je eine Fahrt) an, vorher erkundigen (Tel. +41 27 9581100; www.saas-fee.ch).

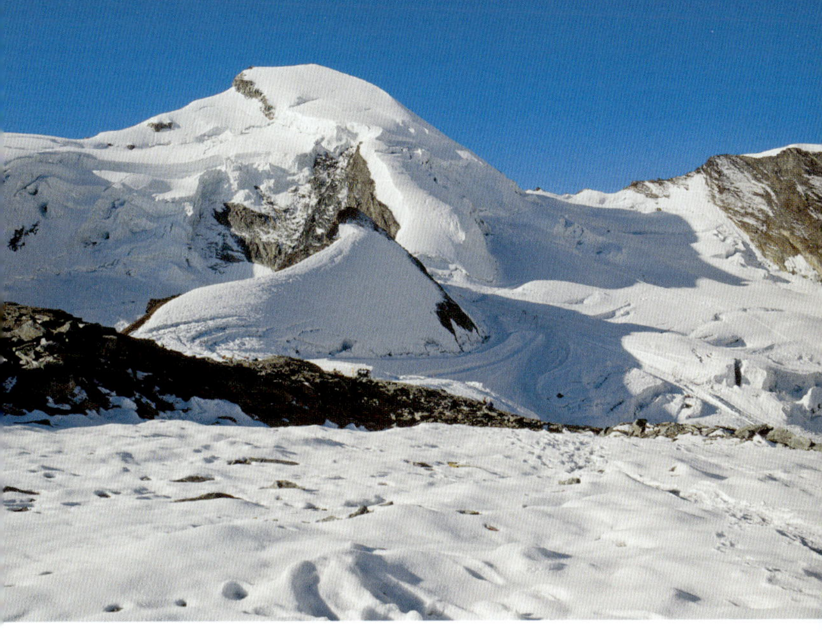

Das Allalinhorn, von der Station Mittel Allalin gesehen.

Wer nicht wirklich gut akklimatisiert und bei sehr guter Kondition ist, sollte sich nicht verleiten lassen, diese vermeintlich kurze Tagestour zu unternehmen – eine Genusstour wird das ganz sicherlich nicht und gefährlich wird's dann obendrein!

Kombinationsmöglichkeit: Es bietet sich an, vom Gipfel nicht gleich wieder ins Tal abzufahren, sondern über das Egginerjoch zur Britanniahütte hinüber zu queren. Damit könnte man die Seilbahn-Auffahrt gleich doppelt nutzen und anderntags das Strahlhorn angehen (siehe Tour 21).

Karten: 284 S Mischabel, 1328 Randa.

Von der Station **Mittel Allalin** quert man horizontal das Pistengebiet nach Südwesten (mit den Liften könnte man sogar hier noch weitere 100 Hm, jedoch sicher keine Zeit einsparen), um nach Verlassen der Pisten auf der fast immer vorhandenen Spur in Richtung **Feejoch** anzusteigen. Dabei quert man unter den Séracs in der Allalinhorn-Nordwand und anschließend zwischen einigen großen Schründen hindurch, um schließlich etwas steiler zum Joch anzusteigen (1¼ Std.). Nun über den mäßig steilen und manchmal verblasenen Hang in südöstlicher Richtung zum **Gipfel** hinauf (45 Min.).
Abfahrt entlang der Aufstiegsroute über das Feejoch bis zur Lifttrasse nach Hinter-Allalin nahe Mittel Allalin, dann im Pistengebiet nach Saas Fee hinab.

21 Strahlhorn, 4190 m

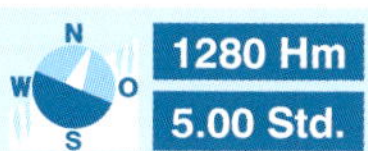

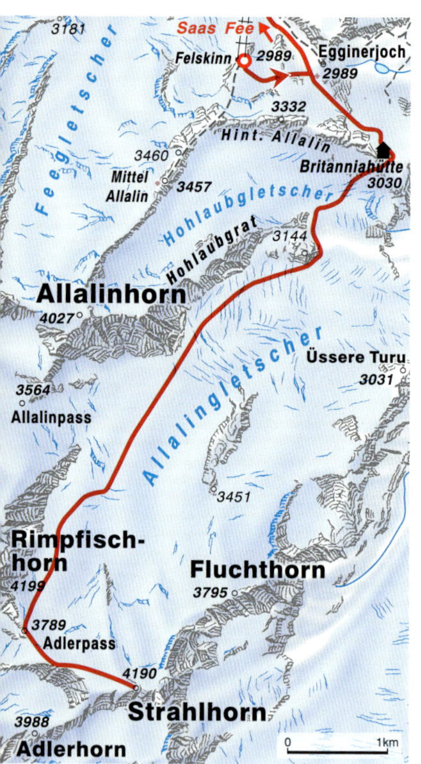

Ein geradezu idealer Skigipfel

Das Strahlhorn gehört zu den wenigen ganz hohen Gipfeln der Alpen, die bis ganz oben mit Skiern bestiegen werden können, weite Gletscherflächen machen es zu einem Skiziel par excellence! Allerdings weist der Gipfelabschnitt oft stark windverblasenen harten Schnee auf (dann geht man da besser zu Fuß hinauf und wieder zurück), sodass der Traum über die wirklich großzügige Abfahrt dann spätestens ab dem Adlerpass beginnen kann. Ganz allein wird man in der üblichen Skitourenzeit hier bei gutem Wetter kaum sein, denn das Gebiet um die Britanniahütte bietet ja noch einige weitere große Skitouren, wie zum Allalinhorn (Tour 20), Alphubel (Tour 18) oder dem klettertechnisch am Gipfel anspruchsvolleren Rimpfischhorn (Tour 19). Darüber hinaus sorgt natürlich auch die rasche und kaum anstrengende Erreichbarkeit der Britanniahütte für regen Besuch dieses Hauses; eine vorherige Anmeldung ist daher in der Saison unbedingt erforderlich.

Talort: Saas Fee (1800 m), Postauto von Visp über Saas Grund.
Ausgangspunkt: Britanniahütte (3030 m).
Endpunkt: Saas Fee.
Aufstiegszeit: 5 Std.
Höhenunterschied: Aufstieg ab Bergstation 1280 m, mit Abfahrt von 80 Hm zum Gletscher; Abfahrt ins Tal 2380 m.

Anforderungen: WS.
Hangrichtung: Norwest bis Südost.
Lawinengefährdung: Gering.
Günstige Zeit: März – Juni.
Einkehr/Unterkunft: Britanniahütte (3030 m), SAC Sektion Genf, 134 Plätze, bewirtschaftet von März bis Mai, in der übrigen Zeit Winterraum mit 12 Plätzen. Tel. +41 27 9572288, www.britannia.ch.

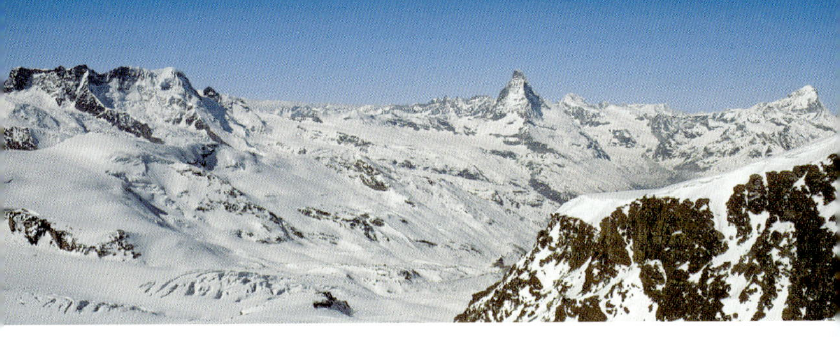

Ausblick vom Adlerpass auf Breithorn, Matterhorn und Dent Blanche.

Ca. 45 Min. von der Station Felskinn der Seilbahn von Saas Fee, ohne Bahnbenutzung etwa 3½ Std. Aufstieg von Saas Fee.
Hinweis: Nach der Saison bietet die Felskinn-Seilbahn meist noch eingeschränkten Betrieb (morgens und abends je eine Fahrt) an, vorher erkundigen (Tel. +41 27 9581100 www.saas-fee.ch).
Kombinationsmöglichkeit: Es bietet sich an, vom Gipfel nicht gleich wieder ins Tal abzufahren, sondern nochmals auf der Britanniahütte zu nächtigen und anderntags über das Egginerjoch das Allalinhorn zu besteigen. Damit wäre die nicht ganz billige Seilbahn-Auffahrt doppelt genutzt und man wäre zwar länger unterwegs, aber dennoch deutlich früher und entspannter am Gipfel als die »Tagestourer« ab Station Mittel Allalin (siehe Tour 20).
Karten: 284 S Mischabel, 1328 Randa, 1329 Saas, 1348 Zermatt.

Von der **Britanniahütte** fährt man in Westrichtung auf den **Hohlaubgletscher** ab und überquert ihn wenig steigend in einem Bogen von West nach Süd. Das Ende des Hohlaubgrates vom Allalinhorns wird auf ca. 2960 m gequert, sodass man den **Allalingletscher** am Fuß des untersten Ausläufers P. 3144 betreten kann. Nahe dessen Nordrand, unter der Südost- und Südwand des Allalinhorns erreicht man ein oberes **Gletscherplateau** (zwischen etwa 3250 und 3350 m, hier befindet sich auch der Abzweig nach Westen zum Allalinpass). Man hält nun mehr in die Gletschermitte, da sich rechter Hand unter dem Beginn der Felsen der Rimpfischhorn-Südostflanke eine Bruchzone befindet. Nach deren südlicher Umgehung auf etwas steilerer Gletscherrampe steigt man dann parallel unter den Wänden des Rimpfischhorns zum **Adlerpass** hinauf, nur die letzten 100 Hm sind wieder etwas steiler (3½–4 Std.).
Vom Pass (je nach Verhältnissen hier Skidepot) steigt man in südöstlicher Richtung über den oft verblasenen Schneerücken zum Absatz P. 3954 m. Ab hier wieder weniger steil in gerader Richtung auf den **Gipfel** zu, der höchste Punkt ist zuletzt über einen aus leichten Felsen bestehenden Grat zu erreichen (1¼–1½ Std.).
Abfahrt entlang der Aufstiegsroute bis Felskinn und über die Piste ins Tal.

22 Roffelhörner, 3478 m

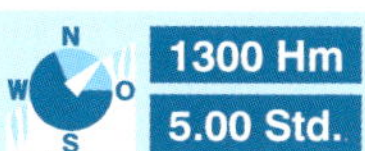

Einsame Skitour in großer Umgebung um Strahlhorn und Monte Rosa

Die Mattmark-Region im Süden des Saastales zählt zu den sehr ruhigen Tourengebieten im Wallis, was auch daran liegt, dass der obere Talbereich erst im späten Frühjahr wieder über die Mattmark-Straße leichter zu erreichen ist. In der üblichen Skisaison müsste man ab Saas Almagell schon sehr weit ansteigen, was sich ohne Zwischenunterkunft nur Wenige »antun« (zusätzlich 500 Hm und etwa 6 km Wegstrecke). Mit Freigabe der Straße zum Mattmark-Stausee erschließt sich dann jedoch ein ideales Tourengebiet mit dem für Skiabfahrten bestens geeigneten Schwarzberggletscher, allerdings ist das Zeitfenster schon etwas eingeschränkt, will man die Skier nicht allzu weit tragen müssen: Dieser Vorschlag zielt mit dem Östlichen Roffelhorn mit Absicht nicht auf den höchsten Gipfel im Grenzkamm (das wäre das weiter westlich gelegene Schwarzberghorn), da man hier den deutlich besseren Blickwinkel in die Monte-Rosa-Ostwand hat und eine Aufstiegsleistung von knapp 1300 Hm ja für eine ausgefüllte Tagestour durchaus reichen. Wer unbedingt den Blick in die Zermatter Region haben möchte, muss eben weitere 150 Hm drauflegen und zum Schwarzberghorn steigen, im oberen Abschnitt im steilen Schnee und ein Stück zu Fuß am Grat entlang.

Talort: Saas Almagell (1670 m), Postauto von Visp, Umsteigen in Saas Grund.
Ausgangspunkt: Mattmark-Stausee (2180 m), Parkplatz, Postauto erst ab etwa Mitte Juni; die Straße ist je nach Witterungsverlauf jedoch schon früher befahrbar.
Aufstiegszeit: Ca. 4½–5 Std., Wegstrecke 7,1 km.
Anforderungen: WS.

Hangrichtung: Nordost.
Lawinengefährdung: Gering; nach heftigen Neuschneefällen im Spätfrühjahr ist der Mattmark-Stausee nicht zu erreichen.
Günstige Zeit: Mai – Juni.
Einkehr/Unterkunft: Keine.
Hinweis: Tour für Liebhaber einsamer Regionen.
Karten: 284 S Mischabel, 1329 Saas, 1349 Monte Moro.

Vom Parkplatz knapp unter der Mauerkrone des Staudamms **Mattmark** steigt man zum Damm hinauf und folgt dem Fahrweg über dem W-Ufer des Sees durch einen Tunnel. Bei ausreichender Schneelage kann man bereits wenige 100 m nach dem Südende des Tunnels etwa am Graben eines Neben-Abflusses des Schwarzberggletschers zur nahen **Schwarzbergalp** (2373 m) aufsteigen; wenn die Hänge aper sind, folgt man besser dem Fahrweg, der gleich nach der Brücke über den Abfluss vom Stausee-Fahrweg rechts zur Alpe abzweigt. Nun im breiten Graben westlich der Moräne weiter aufsteigen (dort hält sich noch lange der Schnee, wenn es andernorts bereits weit ausgeapert ist), bis man auf etwa 2800 m auf den Schwarzberggletscher queren kann. Man bleibt am Gletscher zunächst noch eher auf der orografisch lin-

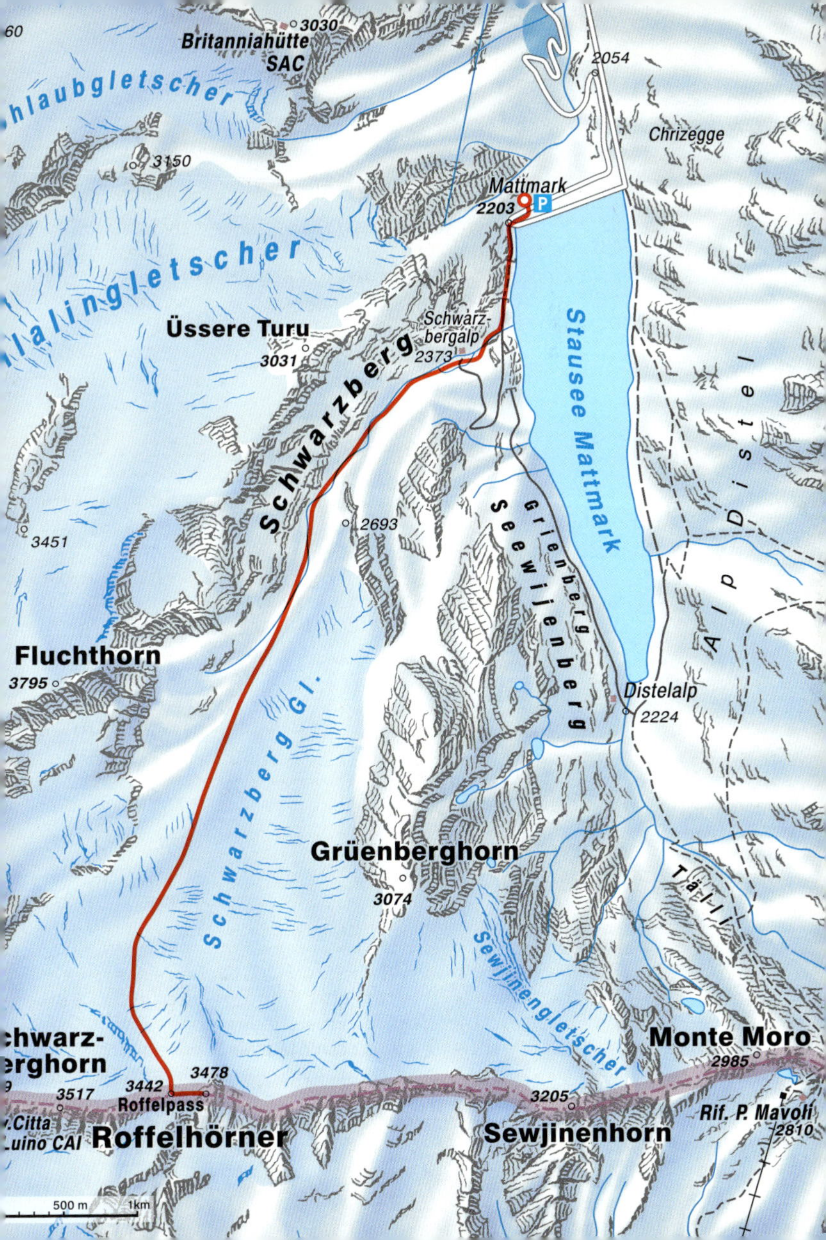

3030
Britanniahütte SAC
2054
Chrizegge
3150
Mattmark
2203
P
Üssere Turu
3031
Schwarzbergalp
2373
Schwarzberg
Stausee Mattmark
Alp Distel
2693
Grüenberg
Seewijenberg
3451
Fluchthorn
3795
Distelalp
2224
Schwarzberg Gl.
Grüenberghorn
3074
Tälli
Sewjinengletscher
Monte Moro
2985
3478
3442
3517
Roffelpass
3205
Rif. P. Mavoli
2810
Roffelhörner
Sewjinenhorn
500 m
1km

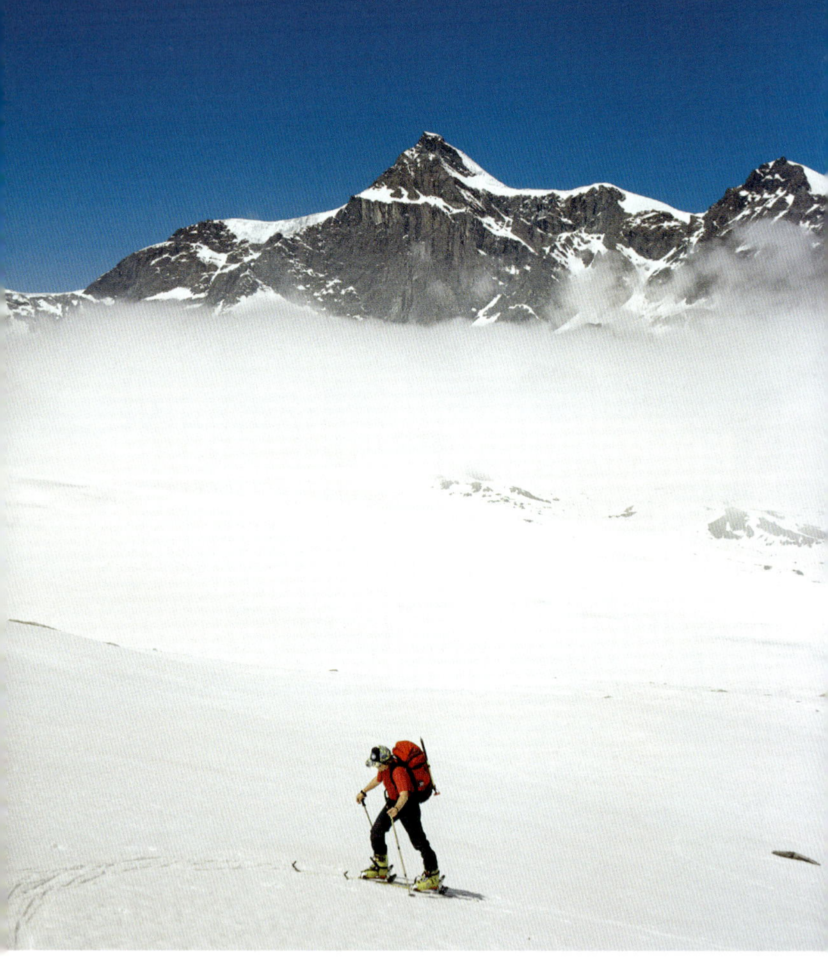

Feine Nebelschwaden auf dem Schwarzberggletscher, darüber das Strahlhorn.

ken Gletscherseite und biegt erst im obersten Bereich auf etwa 3100 m Höhe in südliche Richtung ab, um dann ziemlich gerade auf den Grenzkamm zuzuhalten. Zuletzt kurz steil zum **Roffelpass** (3442 m) und anschließend am Grat kurz nach Osten zum nahen **Östlichen Roffelhorn**.
Abfahrt entlang der Aufstiegsroute.

1060 Hm
3.00 Std.

N W O S

Cima di Jazzi, 3803 m

23

»Einstiegsgipfel« für eine Tourenwoche auf der Monte-Rosa-Hütte

Zwischen dem Strahlhorn und dem Monte-Rosa-Massiv befindet sich von der Zermatter Seite aus gesehen eine weite Gletscherfläche, die nach Osten mit nur wenig auffallenden Graterhebungen begrenzt wird. Umso dramatischer ist dann die Situation am Gipfelkamm selbst, denn dieser bricht nach Osten – als direkte Fortsetzung der berühmten Monte-Rosa-Ostwand – mit einer steilen Felsflanke in das Tal von Macugnaga ab. Aus dem Kamm hebt sich die Cima di Jazzi ein wenig heraus, für uns stellt sie durch die Seilbahnen zum Stockhorn ein leicht erreichbares und dankbares Tourenziel dar, bei einer Abfahrt vom Gipfel in das Pistengebiet bis nach Zermatt hätten wir 2200 Hm weißen Traum vor uns. Noch geschickter ist es aber, für den Start von Touren um die Monte-Rosa-Hütte diesen Gipfel als »Entree« zu genießen, denn es gibt einen kleinen Durchschlupf vom Gorner- zum Monte-Rosa-Gletscher, sodass wir vom Gipfel zur Hütte nur einen kleinen Gegenanstieg (statt des oft als mühsam empfundenen direkten Anstiegs vom Grenzgletscher zur Hütte hinauf) haben. Wichtig ist jedoch entsprechendes Wetter mit guter Sicht, denn auf den weitläufigen Flächen des Gornergletschers ist die Orientierung sonst sehr schwierig. Wer keine weiteren Touren vorhat, fährt einfach entlang der Aufstiegsroute in das Pistengebiet am Stockhorn zurück. Auch über den Findelgletscher könnte man ins Tal abfahren, doch verlangen die vielen Spaltenzonen neben guter Sicht auch den in solchem Gelände erfahrenen Tourengeher.

Talort: Zermatt (1605 m), dieser autofreie und weltbekannte Ort ist mit der Bahn von Visp (Knotenpunkt der Rhonetal-Linie (SBB) mit Simplon und Lötschberg (BLS) sehr gut erreichbar (MGB); für PKW ist in Täsch Schluss, Parkhaus und private Parkplätze, Shuttle-Verkehr mit der MGB sowie private Taxis.
Ausgangspunkt: Station Stockhorn.
Aufstiegszeit: 3 Std., 6,2 km.
Höhenunterschied: Aufstieg ab Stockhorn: rund 550 m, inkl. Zwischenabfahrt von 160 m; Abfahrt zur Monte-Rosa-Hütte: 940 m, mit 40 m Gegenanstieg.
Anforderungen: WS, bei direkter Rückkehr ins Pistengebiet L.

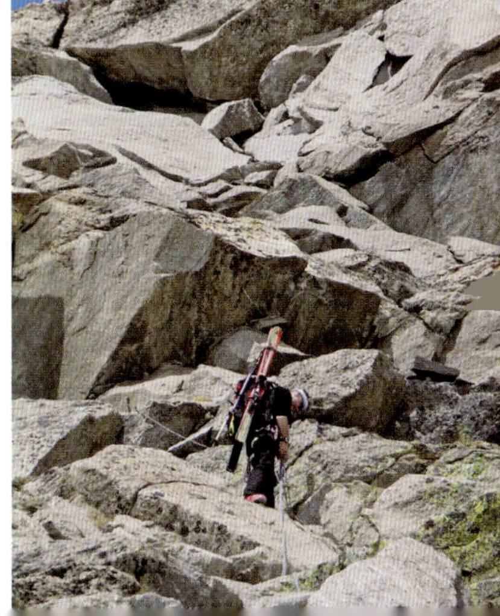

Am felsigen Übergang zwischen Gorner- und Monte-Rosa-Gletscher.

Hangrichtung: W.
Lawinengefährdung: Allgemein gering.
Günstige Zeit: März – Mai, ohne Hütte auch schon früher im Jahr möglich.
Unterkunft: Monte-Rosa-Hütte (2883 m), Hüttenneubau 2009 etwa 100 Hm oberhalb der alten Hütte, 120 Plätze, bewirtschaftet von Anfang März bis Mitte/Ende Mai, Tel. +41 27 9672115; Online-Reservation und andere Informationen: www.section-monte-rosa.ch.
Hinweis: Der Hüttenzustieg ist bei Tour 24 beschrieben. Wer über das Skigebiet Stockhorn einsteigen will, sollte sich bei den Bergbahnen Zermatt erkundigen, ob alle Bahnen und Lifte in Richtung Stockhorn verkehren und ob die Pisten offen sind. Varianten: Wer nicht zur Monte Rosa-Hütte will, fährt an der Aufstiegsroute in das Pistengebiet zurück; erfahrene Tourengeher können auch den ganzen Findelgletscher hinabfahren und erreichen das Pistengebiet dann erst unterhalb des Gletschers. Der Findelgletscher hat jedoch mehrere Bruchzonen, deren Umfahrung eine überlegte Routenwahl eines erfahrenen Alpinisten erfordert, gute Sicht ist für dies Gelände in jedem Fall besonders wichtig!
Karten: 284 S Mischabel, 1348 Zermatt.

Aufstieg: Von der **Station Stockhorn** folgt man in östlicher Richtung dem Gratrücken aufwärts zum **Stockhorn**, wo man einen guten Überblick über die weitere Route über die großen Gletscherfelder hat. Am Gratrücken abwärts zum **Stockhornpass**, einen kleinen Zwischenaufschwung kann man dabei nordseitig umgehen. Jenseits steigt man zunächst den breiten Gletscherrücken in östlicher Richtung auf den Torre di Castelfranco zu, um auf einer Höhe von etwa 3500 m leicht links zu halten und damit den Nordrücken der **Cima di Jazzi** zu erreichen. Über diesen unschwierig zum höchsten Punkt.

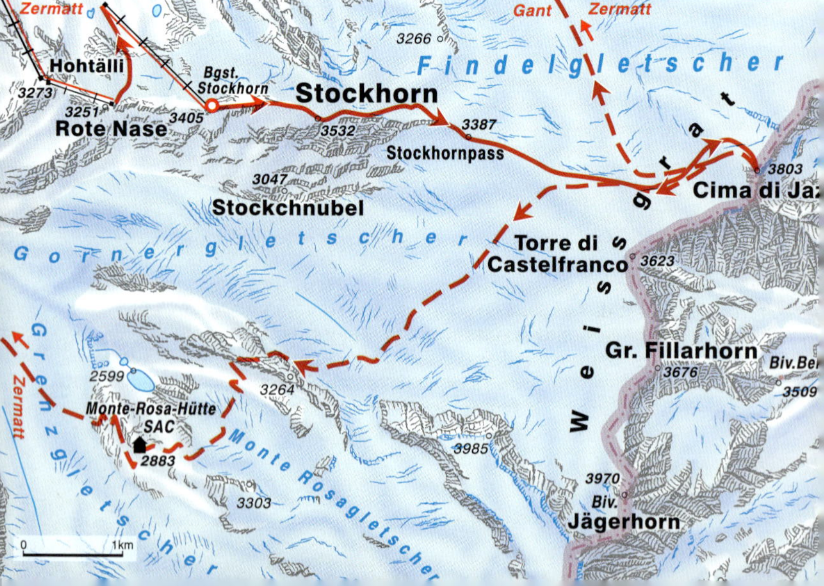

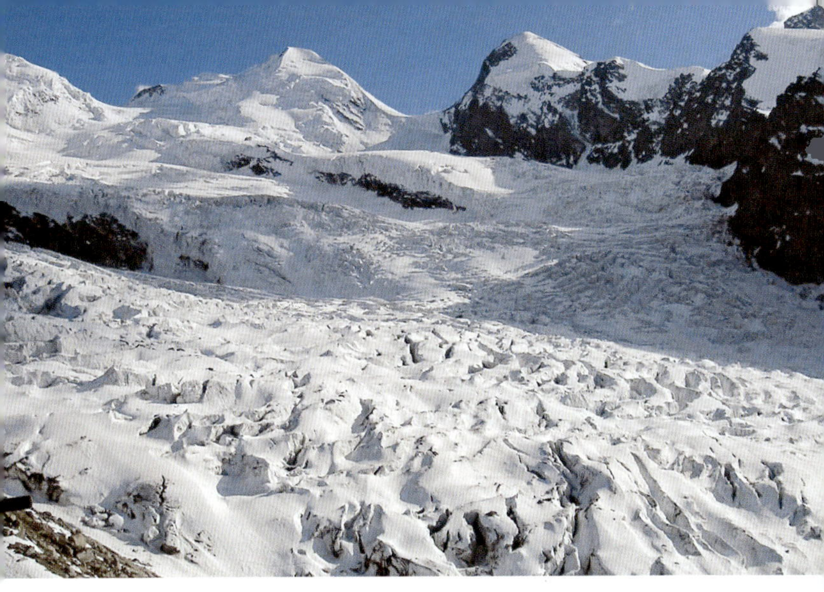

Ausblick von der Monte-Rosa-Hütte auf Zwillingsgletscher mit Castor und Pollux.

Abfahrt: entweder auf der Anstiegsroute mit kleinem Gegenanstieg in das Liftgebiet am Stockhorn.

Schöner ist für erfahrene Skibergsteiger die Gletscherabfahrt (Spalten!) über den **Findelgletscher** hinab, um dann bei Gant (2222 m) das Pistengebiet zu erreichen.

Wer zur Monte-Rosa-Hütte möchte, kann dies bei guter Sicht vom Stockhornpass fast ohne Gegenanstieg tun; man peilt dazu einen Übergang am Rand des Monte-Rosa-Gletschers an. Exakt im Süden des Stockhornpasses fußt das NW-Bollwerk des Nordend im Gornergletscher und lässt einen kleinen, zerschrundeten Seitenarm des Monte-Rosa-Gletschers auf den Gornergletscher durchreichen. Nach dieser Einmündung setzt sich der Kamm als weniger schroffer und felsiger Trennrücken bis zum Zusammenfluss mit dem Grenzgletscher fort. Auf etwa 3100 m kann man vom Gornergletscher eine steile Flanke an die Kante queren, wenige Meter gesicherter Anstieg führen zu dem mit einer Stange markierten **Übergang**. Auf der anderen Seite helfen Drahtseile und Eisenkrampen über den kurzen Felsabstieg hinweg, dann quert man fast eben zur Seitenmoräne, überschreitet diese und quert möglichst flach den untersten **Monte-Rosa-Gletscher** zu dessen gegenüberliegender Seitenmoräne. Auch diese wird überschritten und man erreicht weiter querend die **Monte-Rosa-Hütte** (8,2 km, 910 Hm).

TOP

24 Dufourspitze, 4634 m

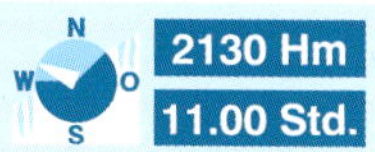

Die Tour der Superlative auf den höchsten Gipfel der Schweiz.

Der Monte Rosa ist ein ganzes Massiv mit zahlreichen Gipfeln über 4000 m und bietet zwei völlig unterschiedliche Seiten. Wer einmal das Glück hatte, an einem wolkenlosen Herbstmorgen aus der vollkommen flachen italienischen Poebene, etwa in der Gegend von Novara, nach Nordwesten schauen zu dürfen, der wird sich immer an diesen Anblick erinnern: Scheinbar mitten im Himmel ragt ein riesiger, leuchtender Berg auf, der in allen Rot- und Rosa-Tönen schimmert – es sind die Eisfelder der über 2,5 km hohen und 3 km breiten »Macugnaga-Wand«, wie die Monte-Rosa-Ostwand auch genannt wird, die die Sonne widerspiegeln. So schön die rosa Farbe auch ist, der Name »Monte Rosa« kommt jedoch vom dialektfranzösischen Wort » rouese« für Gletscher. Gletscher dominieren auch die wesentlich zahmere Nordseite, über die unser Anstieg erfolgt. Aber man sollte sich nichts vormachen – nur wer bei bester Kondition und ausreichend akklimatisiert ist, hat bei dieser ausgesprochen langen Tour eine Chance, den begehrten Gipfel zu erreichen. Fast 1800 Hm und über 6 km Horizontaldistanz sind in großer Höhe zurückzulegen, und speziell der Gipfelgrat ist bei Höhenstürmen sehr dem eisigen Wind ausgesetzt. Der Sauerstoffpartialdruck beträgt nur noch etwa 55 % von dem auf Meereshöhe und trotzdem muss man sicher im eventuell vereisten Fels zurechtkommen – eine Aufgabe, die jedes trainierte Bergsteigerherz begeistert! Die Route führt ab der Monte-Rosa-Hütte durch spaltenreiche, aber meist gut verschneite Gletscher bis auf etwa 4000 m. Hier muss man sich entscheiden: entweder für den klassischen und abwechslungsreichen, aber etwas anspruchsvolleren Westgrat – Skidepot unter dem »Sattel« (4359 m) – und anschließend kombinierter Grat mit Kletterstellen (II), die auch mit Schneeauflage gut zu meistern sind. Oder man nimmt die kürzere Variante, die im oberen Teil durch ein faszinierendes System riesiger Gletscherabbrüche verläuft und ihr Skidepot am Silbersattel (4515 m) hat, zwischen Nordend und Dufourspitze. Den Gipfel erreicht man hier durch eine lange Serie von Fixseilen – unelegant und oft durch längere Wartezeiten und Gegenverkehr unerfreulich. Wer dann das Stahlgitterwerk des Gipfelkreuzes mit Händen greifen kann, der hat sich wohl den Traum eines jeden ambitionierten Skitourengehers erfüllt! Das ganze Wallis liegt einem hier zu Füßen, Berner Alpen, Monviso, Mont Blanc und viele andere Westalpengipfel sind zu bewundern. Und es wartet noch eine der längsten Abfahrten der Alpen in einmaliger Umgebung – bei entsprechenden Verhältnissen geht es fast 3000 Hm am Stück hinab bis nach Zermatt!

Das letzte Abendlicht auf Nordend (links) und Dufourspitze.

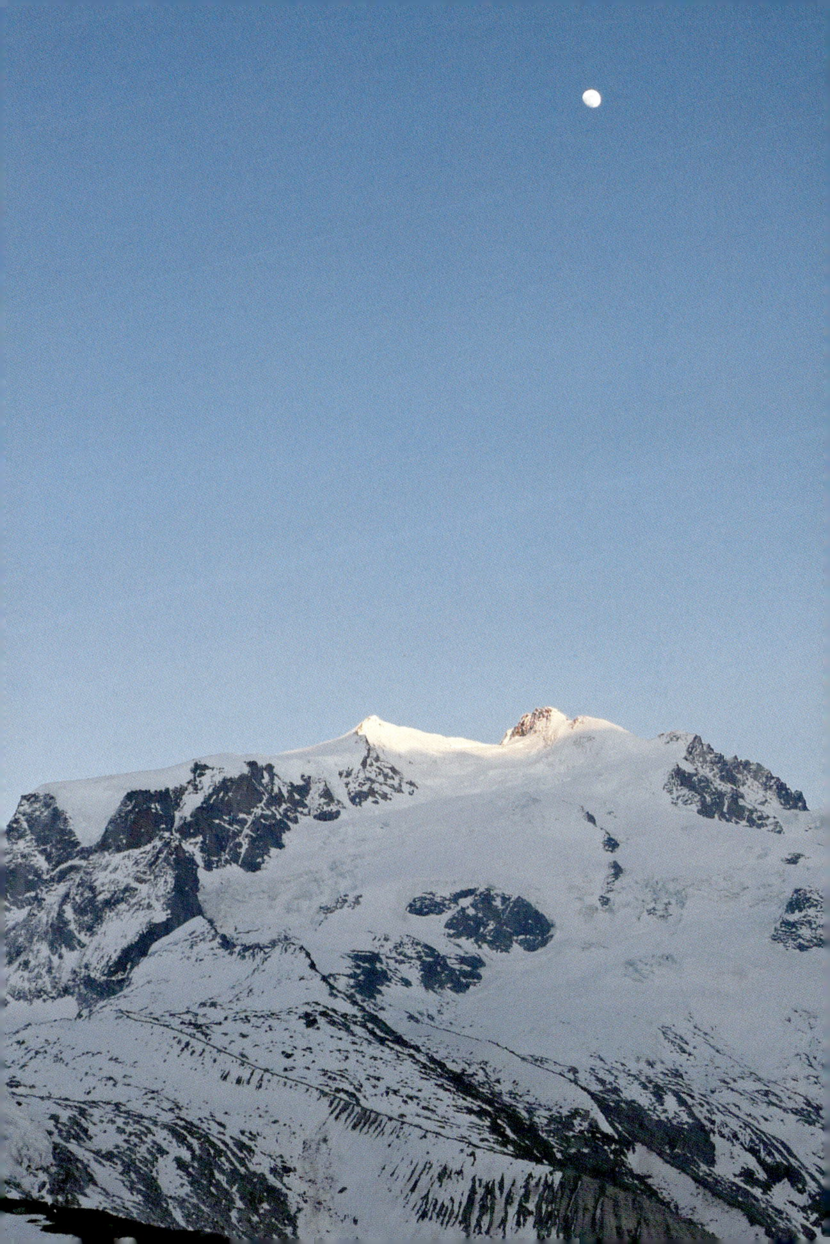

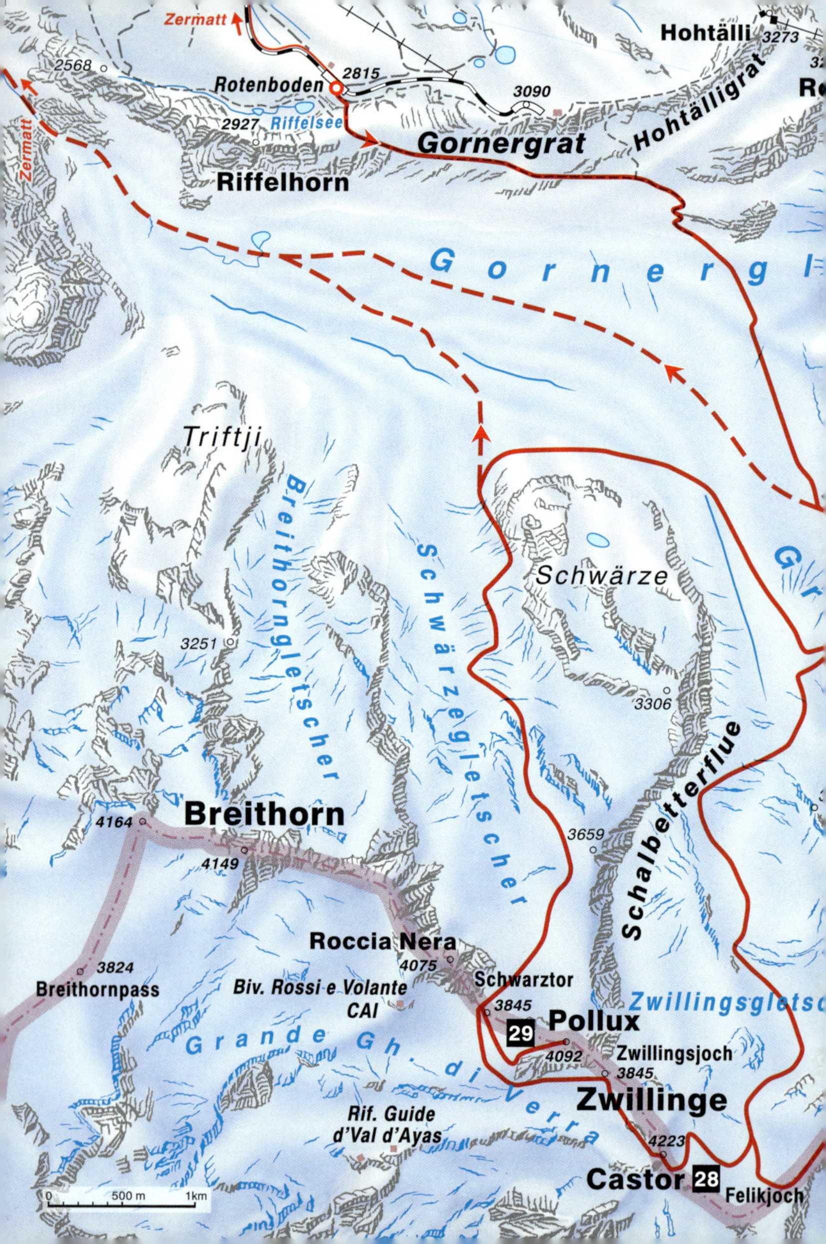

Zermatt
Zermatt
Hohtälli
3273
2568
2815
Rotenboden
3090
2927
Riffelsee
Gornergrat
Hohtälligrat
Riffelhorn
G o r n e r g l
Triftji
Breithorngletscher
Schwärzegletscher
Schwärze
Gr
3251
3306
Schalbetterflue
Breithorn
4164
4149
3659
Roccia Nera
4075
3824
Breithornpass
Biv. Rossi e Volante CAI
Schwarztor
3845
Zwillingsgletsc
Pollux
29
4092
Zwillingsjoch
3845
Grande Gh. di Verra
Zwillinge
Rif. Guide d'Val d'Ayas
4223
Castor
28
Felikjoch
0
500 m
1km

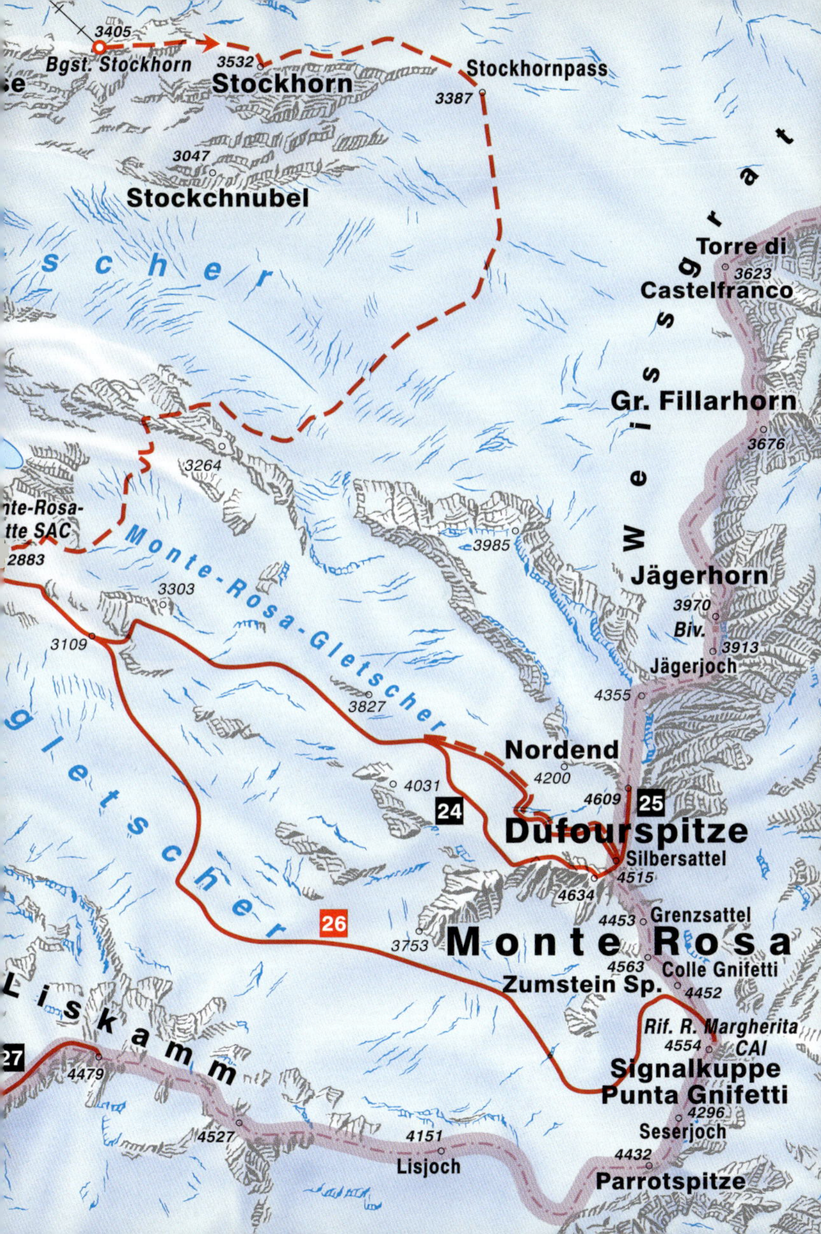

3405
Bgst. Stockhorn
3532
Stockhorn
Stockhornpass
3387
3047
Stockchnubel
s c h e r
Weissgrat
Torre di Castelfranco
3623
Gr. Fillarhorn
3676
3264
nte-Rosa-
tte SAC
2883
Monte-Rosa-Gletscher
3985
Jägerhorn
3970
Biv.
3913
Jägerjoch
3303
3109
3827
4355
gletscher
Nordend
4200
4031
24
4609
25
Dufourspitze
Silbersattel
4515
4634
26
4453
Grenzsattel
3753
Monte Rosa
4563
Colle Gnifetti
Zumstein Sp.
4452
Rif. R. Margherita
4554
CAI
Liskamm
27
4479
Signalkuppe
Punta Gnifetti
4296
Seserjoch
4527
4151
Lisjoch
4432
Parrotspitze

Talort: Zermatt (1605 m).
Ausgangspunkt: Rotenboden (2815 m), bzw. Bgst. Stockhorn 3405 m).
Aufstiegszeit: 11 Std. (ab Hütte 8 Std.).
Höhenunterschied: Ab Rotenboden 380 Hm zur Hütte, zum Gipfel 1750 Hm.
Anforderungen: S.
Hangrichtung: West und Nord.
Lawinengefährdung: Bei vernünftiger Spuranlage gering, der Steilhang des Oberen Plattje und der Gipfelbereich können aber erhöhte Vorsicht verlangen.
Günstige Zeit: März – Juni.
Unterkunft: Monte-Rosa-Hütte (2883 m), Hüttenneubau 2009 etwa 100 Hm oberhalb der alten Hütte, 120 Plätze, bewirtschaftet von Anfang März bis Mitte/Ende Mai, Tel. +41 27 9672115; Online-Reservation und andere Informationen: www.section-monte-rosa.ch.
Varianten: Anstelle des klassischen Westgrats kann auch mit Skiern zum Silbersattel (4515 m) angestiegen werden. Von dort führt eine Reihe von Fixseilen an steilen, oft vereisten Platten (Selbstsicherung, Steigeisen!) empor zum Gipfel.
Hinweis: Diese anspruchsvolle, lange Route ist nur für akklimatisierten Geher! Ein immer noch andauerndes Ärgernis ist der Heliskiing-Landeplatz auf 4100 m in Sicht- und Hörweite der Aufstiegsroute.
Kombinationsmöglichkeit: Wem diese Tour immer noch zu kurz ist, der kann das Nordend (Tour 25) vom Silbersattel aus mitnehmen.
Karten: 284 S Mischabel, 1348 Zermatt.

Der Gornergrat vor dem Monte-Rosa-Massiv.

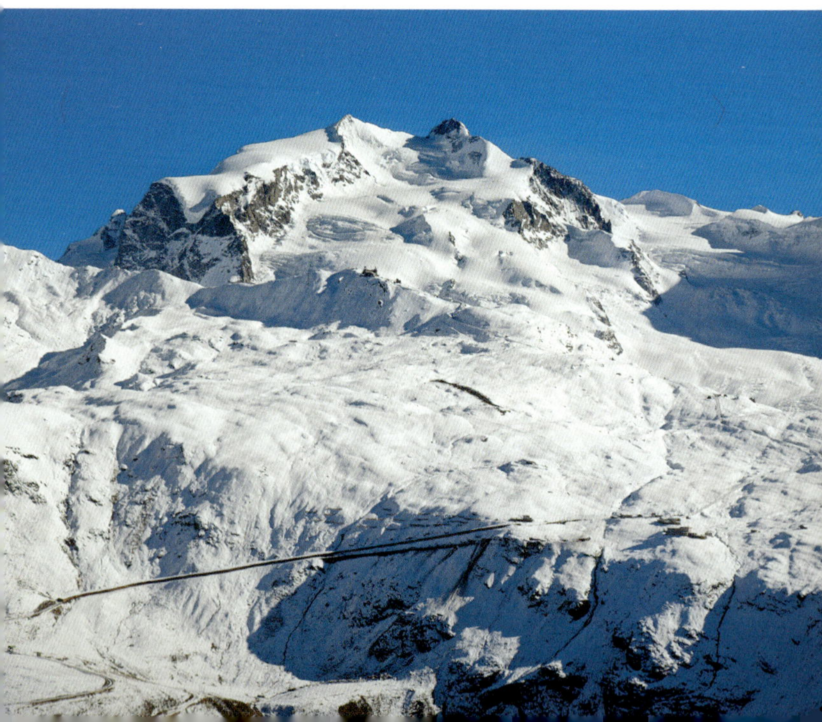

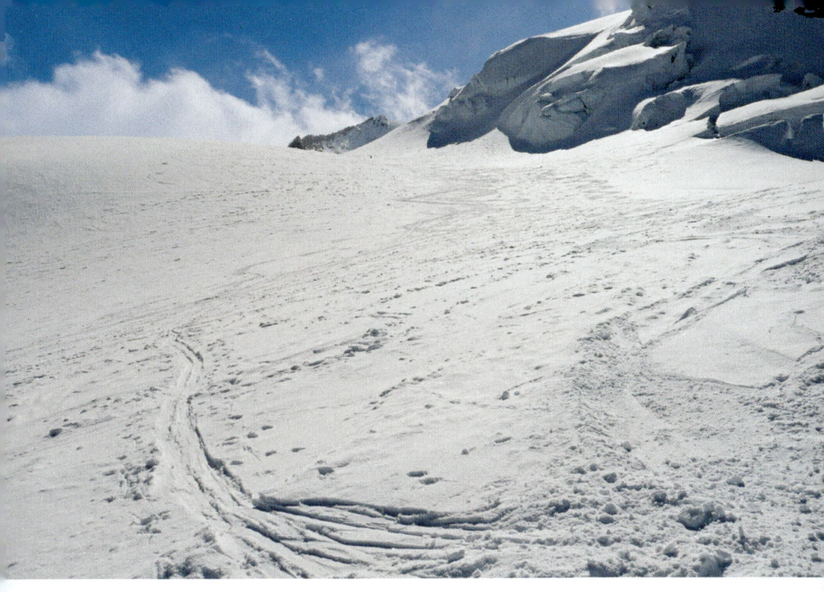

Im Anstieg zur »Scholle« (ca. 3800 m), die mächtigen Spalten sind gut verschneit.

Hüttenzustieg: Der sehr lange Aufstieg (12 km) ab **Zermatt** über Furi und den ganzen **Gornergletscher** wird heute nur noch selten gemacht – allerdings ist die Route in der Abfahrt außerordentlich beliebt! Ein guter Kompromiss ist normalerweise der Aufstieg ab der **Station Rotenboden** (2815 m) der Gornergratbahn (www.gornergrat.ch) – die Bahn verkehrt ganzjährig und man vermeidet den Trubel des Skizirkus auf dem Weg zum Stockhorn. Ab Station Rotenboden folgt man dem markierten Sommerweg auf den Gornergletscher hinab (z. T. mit Ketten versichert), den man auf etwa 2500 m erreicht. Man überquert in südlicher Richtung eine der Mittelmoränen des riesigen Gletschers und gelangt so auf den **Grenzgletscher**, auf dem man bis etwa 2700 m ansteigt. Die schon lange sichtbare **Monte-Rosa-Hütte** wird über die ausgeprägte Seitenmoräne und eine kurze Querung erreicht.
Alternative: Die wenigsten Höhenmeter muss man investieren, wenn man vom Endpunkt der **Stockhornbahn** (3405 m) startet. Allerdings sind nicht weniger als sechs (Seil-)bahn-Sektionen zu durchlaufen, um dorthin zu gelangen: Zermatt – Sunnegga – Blauherd – Gant (oder Rothorn mit anschließender Abfahrt nach Gant) – Hohtälli – Rote Nase mit anschließender Abfahrt bis zum Sessellift – Stockhornstation (3405 m). Die Seilbahnen sind normalerweise bis Ende April in Betrieb (www.matterhorn-group.ch). Achtung: Die auf älteren Karten noch eingetragenen Seilbahnen vom Gornergrat

zum Stockhorn sind stillgelegt und abmontiert worden! Von der Bergstation Stockhorn noch gut 100 Hm Aufstieg bis kurz unter den Stockhorngipfel, bis man leicht fallend zum **Stockhornpass** (3387 m) abfahren kann. Von dort quert man den Gornergletscher in einem weiten Bogen zuerst nach Süden, dann nach Westen auf den langen Felsgrat (P. 3264) zu, ohne anfangs allzu schnell an Höhe zu verlieren, da der Gletscher unterhalb von 3300 m deutlich spaltiger wird. Der **Felsriegel** wird etwas westlich von P. 3264 auf ca. 3120 m unschwierig überwunden (Markierungsstange, Drahtseile). Man gelangt so auf den **Monte-Rosa-Gletscher**, der auf etwa 3000 m in weitem Bogen gequert wird, bis man zur **Hütte** abfahren kann.

Gipfelanstieg: Von der **Hütte** aus hält man sich in südöstlicher Richtung und steigt durch die wenig ausgeprägte Mulde unterhalb der großen Seitenmoräne des Grenzgletschers zum **P. 3109** an. Achtung hier zweigt die Route zur Signalkuppe (Tour 26) nach Süden ab! Wir halten uns Richtung Nordost auf den steiler werdenden Hang zu, der in der nächtlichen Kühle oft Harscheisen verlangt. Über diesen Steilhang und zwischen einigen Felsen hindurch erreicht man das **Obere Plattje** (ca. 3250 m, 1½ Std.). Nun auf dem flacheren und schmäler werdenden Rücken des Monte-Rosa-Gletschers weiter Richtung Südost ansteigen, dabei werden einige große Spalten überschritten, die aber meist gut eingeschneit sind. Zunächst wieder flacher, dann etwas steiler geht man südlich an der Felsrippe von P. 3827 vorbei, um dann nördl. einiger Seracs (»**Scholle**«) einen Durchschlupf auf die nächste Verflachung (ca. 4000 m, 4–5 Std.) zu finden. Hier muss jetzt die Gipfelaufstiegsvariante entschieden werden: Um über den Westgrat aufzusteigen, wendet man sich nach Südost und steigt über die gleichmäßig geneigte »**Satteltole**« bis unter den sich steil aufschwingenden Hang zum Sattel. Je nach Schneeverhältnissen, geht man so weit wie möglich mit Skiern hinauf und steigt vom Skidepot direkt steil hoch in den **Sattel**. Ab Depot sind es noch etwa 2 Std. über den anfangs scharfen **Firngrat** und später über leichte und feste Felsen, zum Schluss durch einen kleinen Kamin bis zum Gipfelkreuz. **Alternativ** kann man von der Scholle aus nach Osten durch die gewaltigen Spaltensysteme hindurch einen Weg zum **Silbersattel** suchen – falls keine vorhandene Spur dabei hilft, ein durchaus anspruchsvolles Unternehmen! Meist ist es möglich, direkt der großen Mulde zu folgen, die zum Silbersattel hinaufzieht. Falls diese direkte Route zu zerschrundet ist, kann es günstig sein, zunächst in Richtung P. 4200 unter dem Nordwestbollwerk aufzusteigen und in der Falllinie des Nordendgipfels noch etwas Höhe zu gewinnen, bevor man auf etwa 4400 m zum Silbersattel hinüberquert. Je nach Verhältnissen müssen für kurze Steilstücke die Skier auch mit den Steigeisen vertauscht werden. Vom Silbersattel (4515 m) zieht man sich dann an einer langen Reihe von Fixseilen die steilen und oft eisigen Platten hoch oder man stapft im guten Trittschnee nach oben – je nach Verhältnissen. Vom Ende der Fixseile sind es nur noch wenige, aber ausgesetzte Schritte zum **Gipfel**.

Die **Abfahrt** erfolgt entlang der Aufstiegsroute. Falls man direkt nach Zermatt abfahren will, sollte man sich besonders im späteren Frühjahr beim Hüttenwirt erkundigen, ob das Zungenende des Gornergletschers noch gut befahrbar ist. Falls der Gletscher dort schon ausgeapert ist, sind evtl. heikle Abseilmanöver im Eis nötig, und man ist gut beraten, statt der Direktabfahrt lieber wie beim Hüttenzustieg beschrieben zur Station Rotenboden der Gornergratbahn aufzusteigen. Bei gut verschneiter Gletscherzunge folgt man von der Monte-Rosa-Hütte dem Aufstiegsweg bis zum flachen Gornergletscher und fährt ab hier den wenig geneigten Gletscher, sich etwas rechts von der Mitte haltend, in seiner vollen Länge bis zur Gletscherzunge ab. Eine steile Engstelle folgt, dann weiten sich die Felswände noch einmal zu einem flacheren Boden, bevor die eigentliche Schlucht beginnt. Spätestens bei P. 2007 muss man auf die orografisch rechte Bachseite wechseln, um dann bei P. 1945 (Brücke) wieder auf die linke Seite der Gornera zu gelangen. Gleich anschließend überschreitet man auch noch den Furggbach und erreicht damit die Kunstschneepisten des Zermatter Skizirkus, die über Furi nach Zermatt hinunterführen.

Unvergessliche Abfahrtsfreuden nach einem langen Aufstieg.

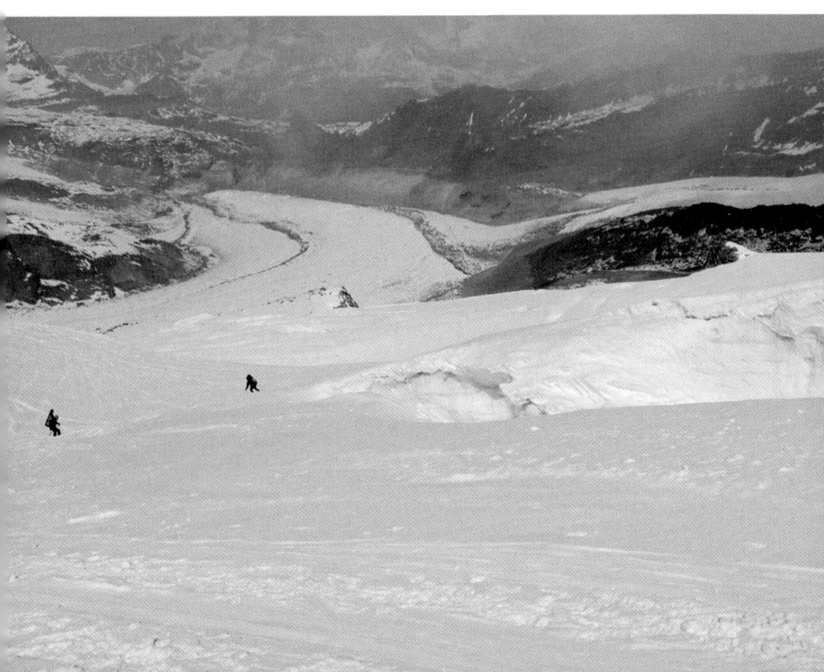

25 Nordend, 4609 m

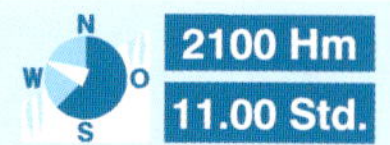

Skitechnisch lohnende Alternative (oder Zugabe!) zur Dufourspitze.

Ein ganz hoher und sehr formschöner Gipfel, der schwierige Kletterrouten mit so klingenden Namen wie »Cresta del Poeta« oder »Canalone della Solitudine« in seiner schaurig-schönen Ostwand trägt. Im Sommer steht das Nordend zu Unrecht etwas im Schatten der geringfügig höheren Schwester. Dagegen ist es als Skitour mindestens so beliebt wie die Dufourspitze. Das Nordend ist technisch nicht viel leichter als die Westgratvariante der Tour 24. und wegen der großen Spaltensysteme ist die Orientierung deutlich schwieriger. Die Route durch die arktisch anmutenden Eisbrüche ist aber auch von großer landschaftlicher Schönheit und besonderem Reiz. Der ausgesetzte, schmale und oft verwechtete Südgrat zum Gipfel gewährt spektakuläre Einblicke in die Ostwand – die höchste Steilwand der Alpen. Den krönenden Abschluss der Tour bildet die kurze und wenig schwierige Kletterei am Gipfelturm. Seit der Einrichtung der Fixseile vom Silbersattel zur Dufourspitze wird das Nordend auch im Winter öfters von schnellen Dufourspitzebesteigern noch »mitgenommen«. Sowohl die großartige Sicht vom Gipfel, als auch die höchst eindrückliche Abfahrt über fast 3000 Hm nach Zermatt gehören zu den absoluten Höhepunkten der Walliser Bergwelt.

Der ausgesetzte Grat zum Nordend, 3000 m tiefer das Valle Anzasca.

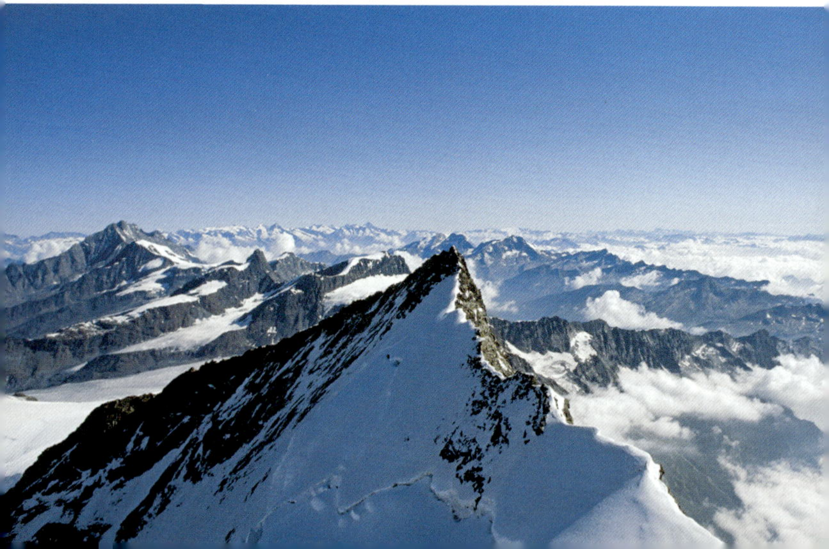

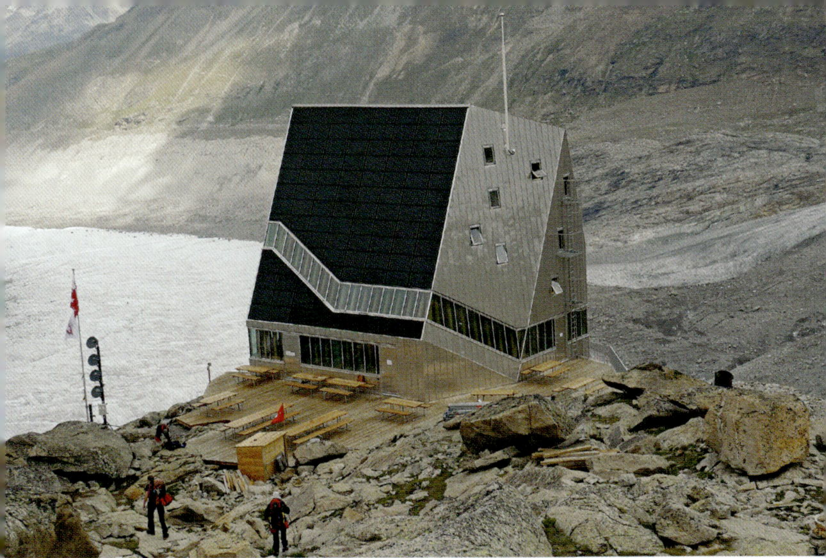

Eine sehr eigenwillige Hightech-Schönheit: die Monte-Rosa-Hütte.

Talort: Zermatt (1605 m).
Ausgangspunkt: Rotenboden (2815 m).
Aufstiegszeit: 11 Std. (ab Hütte 8 Std.).
Höhenunterschied: Ab Rotenboden 380 Hm zur Hütte, zum Gipfel 1720 Hm.
Höhenunterschied: 2100 m.
Anforderungen: S, Stelle II am Gipfel.
Hangrichtung: West und Nord.
Lawinengefährdung: Bei vernünftiger Spuranlage gering, der Steilhang des Oberen Plattje und der steile Gipfelhang können aber erhöhte Vorsicht verlangen.
Günstige Zeit: März – Juni.
Unterkunft: Monte-Rosa-Hütte.
Hinweis: Diese anspruchsvolle und lange Route ist nur akklimatisierten Gehern zu empfehlen! Ein immer noch andauerndes Ärgernis ist der Heliskiing-Landeplatz auf 4100 m in Sicht- und Hörweite der Aufstiegsroute. Am Südgrat Vorsicht vor Wächten nach Osten! Der früher berüchtigte Bergschrund unterhalb des Silbersattels ist in den letzten Jahren deutlich einfacher geworden.
Kombinationsmöglichkeit: Sehr schnelle und unermüdliche Seilschaften können vom Silbersattel aus die Dufourspitze (Tour 24) noch angehängen.
Karten: 284 S Mischabel, 1348 Zermatt.
Tourenkarte: Siehe Tour 24.

Hüttenzustieg: Vgl. Tour 24.
Wie bei der Besteigung der Dufourspitze (Tour 24) beschrieben, von der **Monte-Rosa-Hütte** über Oberes Plattje und Scholle zum **Silbersattel** aufsteigen. Vom Skidepot ist noch etwa 1 Std. auf dem herrlich scharfen, aber oft verwechteten **Südgrat** bis zum Gipfel zurückzulegen. Die kurze Kletterei am **Gipfelturm** ist meist unproblematisch. Auf gleichem Weg zurück zum Skidepot und **Abfahrt** entlang der Aufstiegsroute. Vgl. Abfahrt Tour 24.

26 Signalkuppe, 4554 m

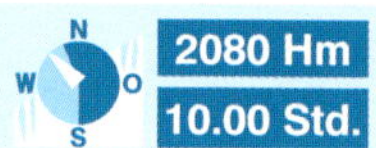

Großartige und abwechslungsreiche Unternehmung

Die Signalkuppe ist neben der Dufourspitze der topografisch wichtigste Punkt des Monte-Rosa-Massivs, da an ihrem Gipfel der mächtige Tre-Amici-Tagliaferro-Kamm vom Alpenhauptkamm nach Osten abzweigt, der für den ungeheuer wilden Eindruck der »Macugnagawand« mitverantwortlich ist. Die Signalkuppe oder Punta Gnifetti hat einen wenig schwierigen »Seilbahn-Zugang« von Italien her. Die Route aus der Schweiz ab der Monte-Rosa-Hütte ist etwas anspruchsvoller und länger, vor allem aber schöner! Sie führt an atemberaubenden Eisabstürzen des Liskammes vorbei, weiter oben erhält man Einblick in die versteckten, wilden Felsrippen der Dufourspitze-Südwand, und schließlich öffnet sich wie eine Muschel das oberste Becken des Grenzgletschers, das mit seinen weißen Firnflanken eine unbeschreibliche Harmonie ausstrahlt. Ein besonderes Erlebnis ist eine Übernachtung im schönen Winterraum der Capanna Margherita! Der Sonnenuntergang und das erste Morgenlicht auf dieser Höhe sind ein Naturschauspiel ersten Ranges!

Talort: Zermatt (1605 m).
Ausgangspunkt: Rotenboden (2815 m).
Aufstiegszeit: 10 Std. (ab Hütte 7 Std.).
Höhenunterschied: Ab Rotenboden 380 Hm zur Hütte, zum Gipfel 1700 Hm.
Anforderungen: ZS–.
Hangrichtung: West, Nord, auch Süd.
Lawinengefährdung: Bei vernünftiger Spuranlage gering. Vorsicht vor (Eis-)Lawinen aus der Liskamm-Nordostwand – genügend Abstand halten!
Günstige Zeit: März – Juni.
Unterkunft: Monte-Rosa-Hütte bzw. Capanna Regina Margherita (4554 m, CAI), Winterraum immer offen. Tel. +39 0163 91039 oder +39 0348 141 5490, www.caivarallo.it.
Hinweis: In schneearmen Jahren kann der sehr spaltige untere Teil des Grenzgletschers problematisch sein. Falls man auf der Capanna Margherita übernachten will, sollte man ausreichend akklimatisiert sein und nicht zu rasch aufsteigen. Diese Hütte ist im Winter nur sehr selten bewirtschaftet und oft entsprechend ausgekühlt. Warme Decken und ein Gasherd sind im Winterraum vorhanden.
Kombinationsmöglichkeit: Vom Colle Gnifetti (4452 m) kann in ½ Std. auch noch die Zumsteinspitze (4563 m) bestiegen werden. Als guter Übergang nach Italien eignet sich die nicht nur bei Italienern beliebte Route über das Lisjoch (4151 m) und die Capanna Gnifetti (3625 m) in das Skigebiet von Alagna bzw. Gressoney.
Karten: 284 S Mischabel, 1348 Zermatt.
Tourenkarte: Siehe Tour 24.

Der Zustieg zur **Monte-Rosa-Hütte** erfolgt wie in Tour 24 beschrieben. Von der Hütte aus hält man sich in südöstlicher Richtung und steigt durch die wenig ausgeprägte Mulde unterhalb der großen Seitenmoräne des Grenzgletschers zum **P. 3109** an. Achtung kurz vorher zweigt die Route zur Dufourspitze (Tour 24) nach Nordosten ab! Wir halten uns Richtung Süden und

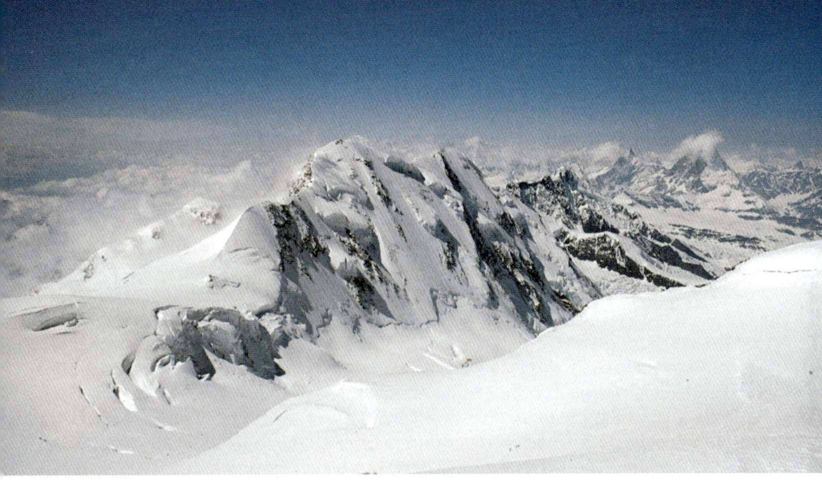

Blick über den Grenzgletscher zur steilen Liskamm-Nordostwand.

queren ganz leicht fallend zum **Grenzgletscher** hinunter. Meistens ist es am günstigsten, jetzt ziemlich genau nach Südost etwa in Richtung des Liskamm-Ostgipfels anzusteigen, da der zerrissene Gletscher hier die wenigsten Spalten aufweist. Der **erste Eisbruch** auf ca. 3400 m wird erst in südlicher, dann in östlicher Richtung umgangen, dabei muss sorgfältig darauf geachtet werden, möglichst großen Abstand zur Liskamm-Nordostflanke zu wahren – immer wieder donnern dort gefährliche Eislawinen zu Tal. Man gewinnt auf ca. 3700 m jetzt eine etwas flachere Gletscherterrasse und hält weiter nach Osten auf P. 3753 zu, den Fußpunkt des felsigen Dufourspitze-Südwestgrates, der vom Sattel (4359 m) herunterzieht. In seiner Nähe angekommen, verfolgt man den jetzt wieder steiler werdenden Gletscherhang, der einen eleganten Durchschlupf zwischen dem **zweiten Eisbruch** und einer großen Spaltenzone südlich davon bietet. So erreicht man den nächsten, fast ebenen Absatz auf fast 4000 m. Hier öffnet sich der Blick zu der sonst gut versteckten, felsigen Südseite der Dufourspitze mit lohnenden Sommerklettereien. Man umrundet nun in weitem Bogen den Gratausläufer der Zumsteinspitze auf wieder etwas steileren Hängen und gelangt so auf 4200 m in das **oberste Becken** des Grenzgletschers. Meist zieht eine tief ausgetretene Spur von der italienischen Seite her über das Lisjoch hinein in dieses wunderschöne Hochkar. Wir steigen jetzt in nördlicher Richtung auf die Zumsteinspitze zu, bis wir fast eben nach Osten in den **Colle Gnifetti** abdrehen können. Die allerletzten steilen 50 Hm zum **Gipfel** werden meist auf Steigeisen zurückgelegt.
Die äußerst genussreiche **Abfahrt** erfolgt entlang der Aufstiegsroute.

27 *Liskamm Westgipfel, 4479 m*

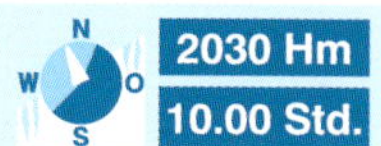

Großartige, schwierige Tour auf dem spaltenreichen Zwillingsgletscher

Der Liskamm ist eine starke Persönlichkeit unter den großen Walliser Viertausendern. Seine breite, steile, mit Hängegletschern gespickte Nordostwand steht gerade gegenüber der Monte-Rosa-Hütte und man kann sich gar nicht sattsehen an dieser weißen Pracht! Allerdings zeigen einem die Eislawinen, die regelmäßig aus dieser Wand abgehen, dass dieser Berg nicht nur schön, sondern auch gefährlich sein kann. Die im Sommer häufig ausgeführte Überschreitung vom Ost- zum Westgipfel wird im Winter praktisch nicht unternommen. Der Ostgipfel von der Monte-Rosa-Hütte aus ist eine extrem lange Tour, die eher von der italienischen Capanna Gnifetti oder von der Capanna Margherita aus angegangen wird. Die Route zum Westgipfel über den wild zerrissenen Zwillingsgletscher ist im Sommer schon lange unpassierbar geworden, aber in schneereichen Wintern mit gut gesetzter Schneedecke wird diese Abenteuerroute gelegentlich gewagt. Im unteren Teil droht eine gewisse Eisschlaggefahr von den Seracs im Zwillingsgletscher und aus der Liskamm Westflanke.

Talort: Zermatt (1605 m).
Ausgangspunkt: Rotenboden (2815 m).
Aufstiegszeit: 10 Std. (ab Hütte 7 Std.).
Höhenunterschied: Rotenboden – Hütte 380 m, Hütte – Gipfel 1650 m.
Anforderungen: S.
Hangrichtung: Vorwiegend Nord, ab dem Felikjoch SW.
Lawinengefährdung: Nur bei absolut sicheren Verhältnissen.
Günstige Zeit: Ende März – Anfang Juni.
Unterkunft: Monte-Rosa-Hütte, evtl. Rifugio Q. Sella (3585 m, CAI).
Varianten: Das Felikjoch kann einfacher, aber natürlich nicht so schön auch vom Rifugio Quintino Sella (CAI) erreicht werden.
Hinweis: Die aktuellen Verhältnisse sollten vorher gründlich studiert werden, z. B. vom Stockhorn aus. Es ist in jedem Fall anzuraten, sich beim Hüttenwart nach der Spaltensituation zu erkundigen. Diese ausgesprochen hochalpine Route ist nur in schneereichen Jahren und bei gut gesetztem Schnee empfehlenswert, wenn sich stabile Brücken ausgebildet haben. Fluchtmöglichkeit vom Felikjoch nach Süden zum Rifugio Quintino Sella z. B. bei plötzlicher Wetterverschlechterung – allerdings kommt man von dort bei längerem Schlechtwetter nicht mehr so einfach weg.
Kombinationsmöglichkeit: Falls für die Abfahrt der Zwillingsgletscher zu riskant erscheint, kann über Castor (Routen 28, 29) auch vom Schwarztor abgefahren werden, oder notfalls sogar über das Klein Matterhorn das Zermatter Skigebiet erreicht werden.
Karten: 284 S Mischabel (auf der Rückseite Ausschnitt von Blatt 294!), 1348 Zermatt.
Tourenkarte: Siehe Tour 24.

Für den Zustieg zur **Monte-Rosa-Hütte** siehe Tour 24. Von dort aus fährt man auf etwa 2850 m auf den Grenzgletscher ab und quert diesen nach Südwesten an die Einmündung des Zwillingsgletschers. Oft muss man schon auf dem **Grenzgletscher** große Spaltensysteme umgehen. Auf dem **Zwillingsgletscher** wendet man sich nach Süden und sucht sich einen Weg durch die Spaltenzonen, die sich immer wieder mit flacheren Absätzen abwechseln. Dabei bleibt man aber immer auf dem tiefer gelegenen, östlichen Arm des Gletschers. Zwischen 3200 und 3600 m ist die Route akut durch Eisschlag von Westen aus den Steilabbrüchen des Zwillingsgletschers bedroht. Oberhalb von 3600 m ist die Spaltensituation meist etwas günstiger als im unteren Teil – dafür drohen hier Eis- und Schneelawinen aus der Liskamm Westwand. Eine letzte, steile Spaltenzone mündet auf 4000 m in ein flacheres Becken, über das leicht der **Sattel 4063 m** erreicht wird. Das eigentliche Felikjoch, das 200 m westlich liegt, wird dabei nicht betreten (5 Std.). Vom Sattel wendet man sich nach Nordosten und steigt auf dem breiten Rücken noch bis zur **Firnkuppe 4207 m** auf (Skidepot). Ab hier ist der Grat schneidig scharf und ausgesetzt und zudem gelegentlich gefährlich überwechtet. Trotzdem ist dieser Steigeisenaufstieg zum **Gipfel** der reinste Genuss in ausgesprochen hochalpiner Umgebung. Die Rückkehr zum Skidepot erfolgt auf dem gleichen Weg und ebenso die **Abfahrt** entlang der Aufstiegsroute. Für die Abfahrt nach Zermatt siehe auch Tour 24.

Unterwegs auf dem wild zerrissenen Zwillingsgletscher.

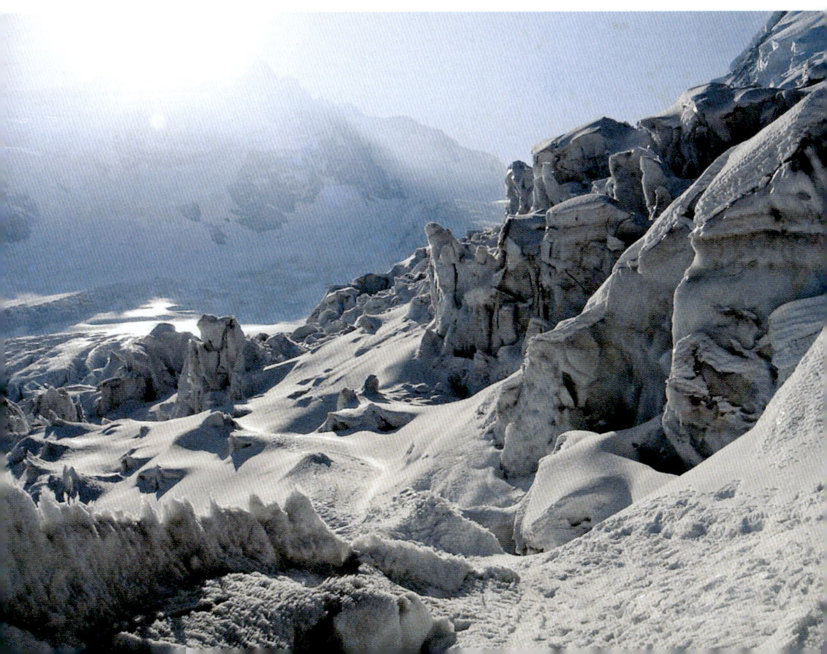

28 Castor, 4223 m

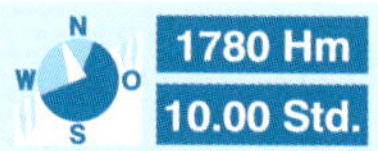

Zwillings-Überschreitung in grandioser hochalpiner Kulisse.

Wenn man die beiden großartigen Gipfel der Zwillinge in ihrem makellos weißen Winterkleid so einträchtig beieinanderstehen sieht, muss man ihre originellen Namen einfach gutheißen. In der griechischen Mythologie sind die beiden zwar Zwillinge, aber nur Halbbrüder. Der sterbliche Castor wird in der Schlacht erschlagen, doch sein unsterblicher Halbbruder Pollux bittet Zeus, seine Unsterblichkeit aufzuheben, damit er mit Castor gemeinsam in der Unterwelt weilen kann. Der Göttervater ist darüber so gerührt, dass die beiden wieder vereint werden und abwechselnd einen Tag im Olymp und einen im Hades verbringen dürfen. So unzertrennlich wie in der Sage stehen die beiden eleganten Firngipfel über dem Zwillingsjoch. Die hier vorgeschlagene Überschreitung des Castor ist eine sehr anspruchsvolle und ausgesprochen lange Unternehmung, die nur bei besten Verhältnissen unternommen werden darf.

Talort: Zermatt (1605 m).
Ausgangspunkt: Rotenboden (2815 m).
Aufstiegszeit: 10 Std. (ab Hütte 7 Std.).
Höhenunterschied: Rotenboden – Hütte 380 m, zum Gipfel 1400 m.
Anforderungen: S.
Hangrichtung: Vorwiegend Nord, im Gipfelbereich auch West.
Lawinengefährdung: Der Gipfelhang (NW) ist oft mit Triebschnee geladen.
Günstige Zeit: März – Juni.
Unterkunft: Monte-Rosa-Hütte (2883 m), Rifugio Quintino Sella (3585 m, CAI), Rifugio Guide della Val d'Ayas (3394 m, CAI).
Varianten: Falls die Verhältnisse eine Begehung des Zwillingsgletschers nicht zulassen, kann der Castor auch statt dem Pollux (Tour 29) von W angegangen werden. Wer sich dagegen von Zermatt mit der Seilbahn auf 3900 m hochfahren lässt, dann den flachen Gletscher zum Zwillingsjoch quert und nur die letzten 350 Hm dieses stolzen Berges aus eigener Kraft zurücklegt, der steht zwar auf dem gleichen Gipfel, aber er hat nicht das Gleiche erlebt.
Hinweis: Die ausgesprochen hochalpine Route zum Felikjoch ist nur in schneereichen Jahren und bei gut gesetztem Schnee mit stabilen Brücken empfehlenswert. Fluchtmöglichkeit vom Felikjoch nach Süden zum Rifugio Quintino Sella (3585 m, CAI) und vom Schwarztor nach Süden zum Rifugio Guide della Val d'Ayas (3394 m, CAI) – allerdings kommt man von dort bei Schlechtwetter nicht mehr so einfach weg. In unmittelbarer Nähe des Schwarztors befindet sich auch die Biwakschachtel Rossi e Volante (3750 m, CAI) immer offen, Matratzen und Decken, aber kein Ofen, kein Herd.
Karten: 284 S Mischabel (Rückseite Ausschnitt von Blatt 294!), 1348 Zermatt.
Tipp: Die aktuellen Verhältnisse am Zwillingsgletscher sollten vorher gründlich studiert werden, z. B. vom Stockhorn aus. Es ist in jedem Fall anzuraten, sich beim Hüttenwirt nach der Spaltensituation zu erkundigen. Eisschlaggefahr im unteren Teil vgl. Tour 27.
Tourenkarte: Siehe Tour 24.

Hüttenzustieg: S. Tour 24. Wie bei Tour 27 fährt man von der **Monte-Rosa-Hütte** auf den **Grenzgletscher** ab, quert diesen und steigt über den unteren Arm des **Zwillingsgletschers** bis in das Firnbecken (4000 m) unter dem

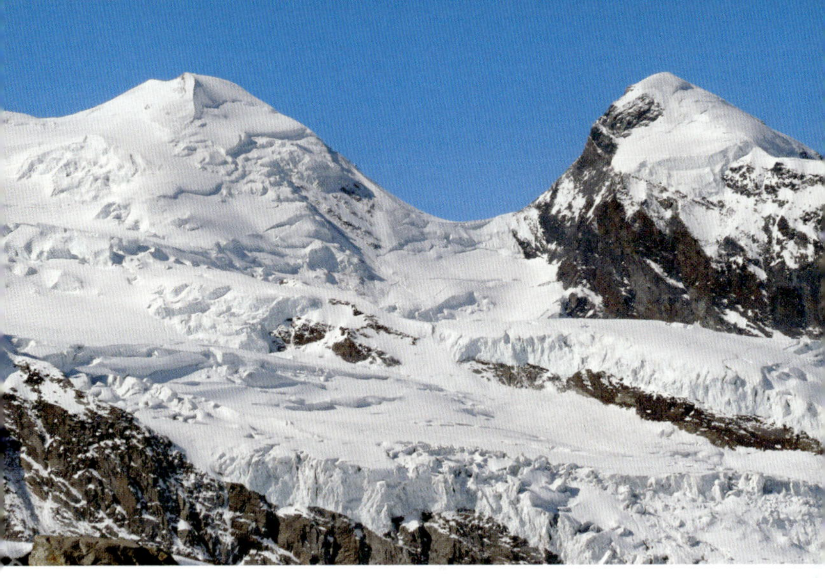

Castor (links) und Pollux über dem Zwillingsjoch.

Felikjoch auf (5 Std.). Oft kann hier die Route zum Felikjoch verlassen werden und nach kurzem Ausholen nach Westen zwischen einigen Spalten hindurch direkt über die nicht allzu steile Ostflanke des Castor auf den **Grat** ausgestiegen werden. Mit aufgeschnallten Skiern und auf Steigeisen über den unschwierigen Südostgrat zum **Gipfel** (6 Std.). Der Abstieg erfolgt anfangs mit aufgebundenen Skiern über die oft blanke Westflanke, bis die Verhältnisse eine sichere Abfahrt zum **Zwillingsjoch** (3845 m) erlauben. Vom Joch in leicht fallender Querung unter der felsigen Südflanke Pollux hindurch nach Westen abfahren, bis man leicht nach Nord ins **Schwarztor** einschwenken kann (7 Std.). Nun in nordöstlicher Richtung auf dem **Schwärzegletscher** gegen den **P. 3659** im Pollux Nordgrat halten, bis sich unterhalb eines kleinen Sattels eine ausgeprägte Mulde in Richtung Nordwest öffnet. Durch diese Mulde abfahren – Vorsicht, an ihrem Ende auf ca. 3200 m ist eine Zone großer Kreuzspalten. Diese meist westlich umfahren und dann wieder eher nach Osten eindrehen, in Richtung auf die Felsrippen der »**Schwärze**«. Nun den Spalten ausweichend ziemlich genau nördlich halten, das letzte Stück entweder in der Mitte des Gletschers oder hart am orografisch rechten Rand haltend, bis man den flacheren Gornergletscher erreicht. Von hier entweder Aufstieg zur **Monte-Rosa-Hütte** oder Abfahrt über den Gornergletscher nach **Zermatt** (siehe Tour 24).

29 Pollux, 4092 m

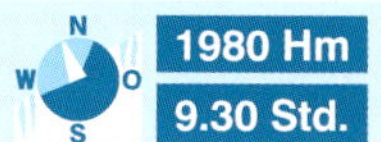

Einsamer Aufstieg gegen den Strom

Der niedrigere der beiden Zwillinge hat keine ganz so eleganten Firngratschneiden wie sein höheres Gegenstück, der Castor. Dafür kann der Pollux mit seinem ausgeprägten Nordgrat, der in zahlreichen Stufen zum Gornergletscher abfällt, die Aufmerksamkeit an sich ziehen. Dieser Nordgrat trägt den wild zerrissenen Schwärzegletscher, der seinen Namen von der großen, düsteren Felsinsel, der »Schwärze«, bekommen hat, die am Ende des Grates wie ein monumentaler romanischer Stützpfeiler steht. Unsere Aufstiegsroute verläuft auf diesem Schwärzegletscher in seiner ganzen Länge – von der Einmündung in den Gornergletscher bis hinauf in das Schwarztor. Die Schlüsselstelle ist dabei der große Gletscherbruch auf 3200 m, der in schneearmen Jahren manchmal unpassierbar sein kann und in jedem Fall guten und gesetzten Schnee und einen erfahrenen Alpinisten verlangt. In den letzten Jahren wird die Route in der Abfahrt häufig von Seilbahnfahrern aus dem Skigebiet des Klein Matterhorn als Variantenpiste benutzt. Man muss also zeitig aufbrechen, wenn man vor den »Variantenfahrern« oben am Gipfel sein will. Der Aufstieg vollzieht sich in großartiger Gletscherlandschaft mit herrlichen Ausblicken zu Mischabelgruppe und Liskamm. Am Gipfelaufbau kurze, schöne Felskletterеinlage oder ein kleines, aber steiles Eiswändchen.

Talort: Zermatt (1605 m).
Ausgangspunkt: Rotenboden (2815 m).
Aufstiegszeit: 9–10 Std. (ab Monte-Rosa-Hütte 6–7 Std.).
Höhenunterschied: Bis zur Hütte 380 m, von da zum Gipfel 1600 m.
Anforderungen: ZS+, Stelle II am Gipfel.
Hangrichtung: Nord, am Gipfel West.
Lawinengefährdung: Nur bei sicheren Verhältnissen, der große Abbruch ist bis zu 35° steil, der Gipfelhang erreicht sogar 45° Steilheit.
Günstige Zeit: März – Juni.
Unterkunft: Monte-Rosa-Hütte, evtl. Rifugio Guide della Val d'Ayas (3394 m, CAI).
Hinweis: Es ist ratsam, sich über den Zustand des großen Abbruchs beim Hüttenwart zu erkundigen! Fluchtmöglichkeit vom Schwarztor nach S zum Rifugio Guide della Val d'Ayas (s. o.) – allerdings kommt man von dort bei längerem Schlechtwetter nicht mehr so einfach weg. In unmittelbarer Nähe des Schwarztors befindet sich auch die Biwakschachtel Rossi e Volante (3750 m, CAI), immer offen, Matratzen und Decken, aber kein Ofen, kein Herd.
Kombinationsmöglichkeit: Besonders schnelle Seilschaften können auch noch den Castor (Tour 28) mitnehmen.
Karten: 284 S Mischabel (auf der Rückseite Ausschnitt von Blatt 294!), 1348 Zermatt.
Tourenkarte: Siehe Tour 24.

Hüttenzustieg aus Zermatt siehe Tour 24. Von der **Monte-Rosa-Hütte** steigt bzw. fährt man vorsichtig (Stirnlampe!) auf den **Grenzgletscher** ab und quert nach Westen, bis man die große Felsinsel der **Schwärze** nördlich um-

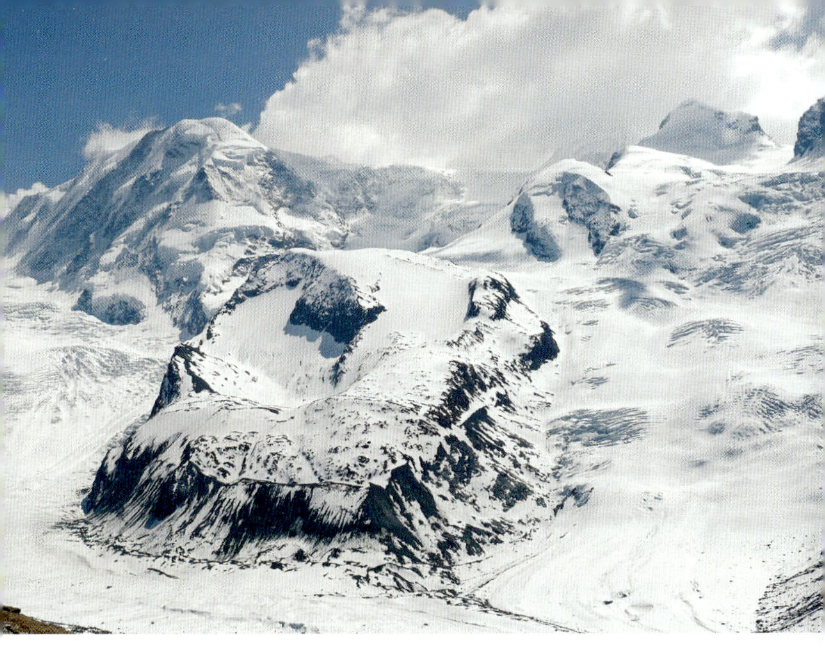

Von der »Schwärze« (Bildmitte) zieht der Nordgrat nach rechts oben zum Pollux. Links im Hintergrund der Liskamm.

gehen kann und so auf den **Schwärzegletscher** gelangt. Je nach Verhältnissen steigt man entweder in der Mitte des Schwärzegletschers steil hinauf, oder – etwas flacher – ganz an seinem östl. Rand. Bei etwa 2800 m gewinnt man in jedem Fall eine schwach ausgeprägte Mulde, der man bis zum Fußpunkt des großen Abbruchs folgt. Dieser Abbruch wird etwas westlich ausholend überwunden – Achtung: große Kreuzspalten! Die Mulde, die die Fortsetzung bildet, leitet dann ohne große Schwierigkeiten weiter zum nächsten flacheren Absatz auf 3600 m, wo man etwas nach Südwest eindreht, um dann unschwierig das **Schwarztor** zu gewinnen (5–6 Std.). Von dort steuert man den Gipfelaufbau des Pollux an – bei sehr guten Verhältnissen kann die sehr steile (45°) **Westflanke** auf Steigeisen direkt erstiegen werden, ansonsten geht man auf den Beginn des felsigen **Südwestgrates** zu und macht dort Skidepot. Über die nicht zu allzu schwierigen Felsen in angenehmer Kletterei nach oben, eine schwierige Stelle wird durch ein Fixseil entschärft, dann legt sich der Grat zurück, und über einen prächtigen **Firngrat** wird der **Gipfel** erreicht. Die Abfahrt erfolgt entlang der Aufstiegsroute – zur Hütte oder direkt ins Tal (s. Tour 24).

30 Augstbordhorn, 2972 m

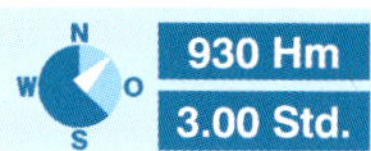

Aussichtswarte ersten Ranges über dem vorderen Vispatal

Törbel, Bürchen und Unterbäch unterhalten kleinere Skistationen in der Augstbordregion, die ersteren sind über die Moosalp miteinander verbunden; die Lifte reichen auf dieser Seite bis ins Törbeltälli, von Unterbäch gehen sie ins Ginalstal, jeweils bis auf etwa 2500 m. Das dazwischen gelegene Augstbordhorn ist damit recht leicht mit Lifthilfe zu erreichen. Dieser Vorschlag spielt seine Qualitäten als »richtige« Skitour also erst so richtig aus, wenn im späteren Frühjahr der Liftbetrieb eingestellt und Ruhe eingekehrt ist in dieser wunderschönen Region. Die Moosalp ist von Süden (Stalden/Törbel) fast ganzjährig mit dem Postauto erreichbar oder mit dem eigenen Pkw. Von den obersten Häusern von Bürchen kann man entlang der Piste in etwa 45 Min. Anstieg zur Moosalp gelangen. Die Aussicht vom Gipfel ist vom Feinsten – ob zum Weisshorn im Süden, auf die Mischabelgruppe auf der anderen Seite des Mattertals oder im Norden auf das Bietschhorn in den Berner Alpen, viele alte und neue Bekannte stehen da rundherum!

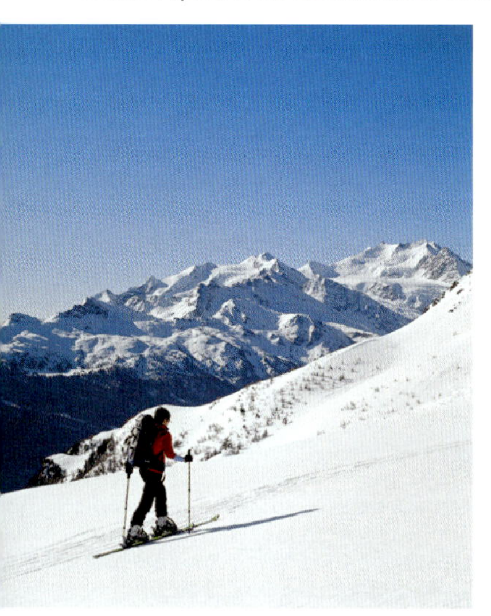

Anstieg wie auf einer Aussichtsterrasse: Balfrin und Mischabelgruppe.

Talort: Törbel (1497 m), Postauto von Visp über Stalden.
Ausgangspunkt: Moosalp (2048 m), im Winter Postautoverbindung von Törbel zur Talstation der Lifte, im späteren Frühjahr bis zur Moosalp für PKW geräumt.
Aufstiegszeit: 3 Std.
Anforderungen: WS; wenig schwierige Skitour (bis 30°).
Hangrichtung: Südost bis Nord.
Lawinengefährdung: Lawinengefahr in den Osthängen bei der Querung auf 2300 bis 2400 m ins Törbeltälli – dann besser der Lifttrasse von der Talstation oberhalb von Törbel ins Törbeltälli folgen.
Günstige Zeit: Ganzer Winter.
Einkehr: Restaurant auf der Moosalp nur während der Lift-Saison.
Tipp: Während der Betriebszeiten der Lifte ist die Tour nur ein wirklich kurzer Gipfelabstecher und würde es nicht verdienen, in diesen Führer aufgenommen zu werden – idealerweise unternimmt man sie daher erst anschließend, damit sich das richtige Tourerlebnis einstellen kann!
Karten: 274 S Visp, 1288 Raron, 1308 St. Niklaus.

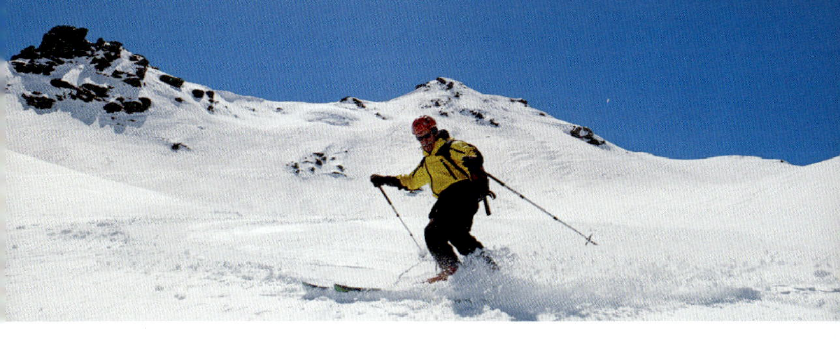

Abfahrtsfreuden im Frühjahrsfirn an der Gipfelflanke des Augstbordhorns.

Von der **Moosalp** geht man in westlicher Richtung über zwei kurze Stufen bis auf etwa 2200 m, wo man eine ebene Fläche auf den von Bürchen heraufkommenden Lift zuquert. Nun nicht zum Lift, sondern vorher nach Süden abbiegen und eine weitere Stufe ansteigen zu einem Absatz auf 2300 m, wo eine nur mehr leicht steigende Querung den Zugang ins **Törbeltälli** ermöglicht (im Sommer Fahrweg). In diesen Südost ausgerichteten Hängen Vorsicht vor Nassschneerutschen durch intensive Sonnenerwärmung. Man passiert dann die Törbeltällilift-Bergstation und kann wenig später bei guten Verhältnissen direkt die links liegenden Hänge zum Ostrücken des **Augstbordhorns** aufsteigen und zuletzt am breiten Gratrücken zum höchsten Punkt gelangen. Bei kritischen Verhältnissen geht man das Törbeltälli bis zur Scharte zwischen March und Augstbordhorn aus und erreicht den **Gipfel** über den Nordrücken. **Abfahrt** entlang der Aufstiegsroute.

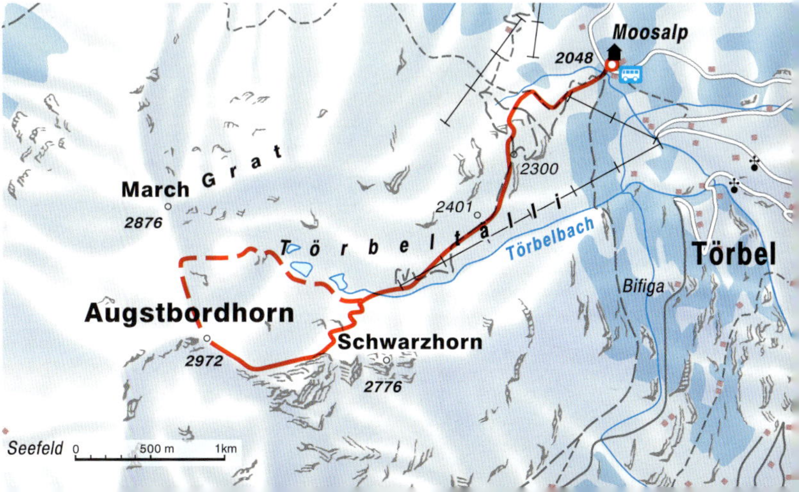

Moosalp
2048
March
2876
Grat
2300
2401
Törbeltälli
Törbelbach
Törbel
Bifiga
Augstbordhorn
2972
Schwarzhorn
2776
Seefeld
0 500 m 1km

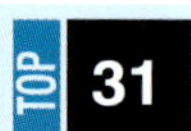

Bruneggborn, 3833 m

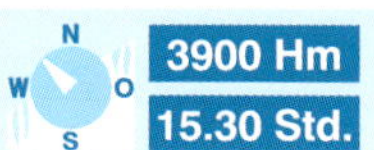

Hochalpiner Genussgipfel und eleganter Übergang ins Mattertal

Das Bruneggborn ist einer der Gipfel, die man schon bei der Bahnfahrt ins Mattertal bewundern kann – sein enorm schneidiger, blendend weiß überfirnter Nordostgrat ist selbst vom Talboden aus eine Attraktion. Die Westflanke dieser herrlichen Pyramide ist auf der orografisch rechten Seite durch drei markante Felsabsätze gegliedert, aber der linke Teil ist ein durchgehender Firnhang mit genau der richtigen Steilheit für unbeschwerte Pulverfreuden – wenn denn der Schnee mitmacht. Das Bruneggborn ist nicht nur schön anzusehen, auch die Aussicht von diesem Gipfel ist ausgesprochen interessant: Weisshorn auf der einen, Mischabel und Nadelgrat auf der anderen Seite stehen direkt gegenüber und erlauben sehr instruktive Einblicke. Das Ambiente dieser Tour ist aufregend hochalpin und verhältnismäßig einsam. Die wunderschön gelegene und ausgezeichnet geführte Turtmannhütte ist auf vielen verschiedenen Wegen zu erreichen – aber immer ist der Zustieg nur bei sicheren Verhältnissen zu empfehlen, da alle Routen lawinengefährdet sind. Der einfachste, aber ziemlich lange und eintönige Weg zieht sich von Oberems aus etwa 15 km lang auf der Straße meist flach dahin, ist aber im oberen Teil zwischen Gruben und dem kleinen See (2177 m) trotzdem sehr lawinengefährdet. Mit Lifthilfe kann man aus dem Skigebiet von St. Luc im Val d'Anniviers entweder über die Bella Tola (3052 m) und den Borterpass (2838 m) oder über den Meidpass (2790 m) bis ins vordere Senntum (1901 m) im Turtmanntal abfahren. Die langen Querungen der steilen Nordosthänge (Markierungsstangen zwischen 2400 und 2200 m) sind aber ebenfalls ziemlich lawinenexponiert, was auch für den Weiterweg zur Hütte gilt. Zu den schönsten und abwechslungsreichsten Zugangsmöglichkeiten zählen die von Mottec (1556 m) im Val d'Anniviers und von Jungu-St. Niklaus (1955 m) im Mattertal aus. Die beschriebene Route startet daher in Mottec und endet in Jungu.

Talort und Ausgangspunkt: Mottec (1556 m) im Val d'Anniviers, Postautohaltestelle auf der Linie Sierre – Zinal.
Endpunkt: St. Niklaus (1110 m) im Mattertal, an der Zugstrecke Brig – Zermatt.
Aufstiegszeit: Hüttenzustieg 7 Std., Gipfelaufstieg 5 Std., Aufstieg ins Jungtaljoch 3½ Std.
Höhenunterschied: Hüttenzustieg 1800 m, Gipfelanstieg 1300 m, Aufstieg zum Jungtaljoch 800m, Abfahrt nach Jungu 1300 m.

Anforderungen: Hüttenzustieg ZS+ (bis 39°), Gipfelanstieg ZS (Gässi und Gipfelhang je 35°).
Hangrichtung: Alle Hangrichtungen.
Lawinengefährdung: Nur bei sicheren Verhältnissen. Besonders der Gipfelhang des Bruneggborns, der Bereich des Col des Arpettes und der Abschnitt zwischen Pipjilücke und Jungtaljoch sind kritisch zu beurteilen!
Günstige Zeit: März – Juni.
Unterkunft: Turtmannhütte (2519 m, franz. Cab. de Tourtemagne), Tel. +41 27

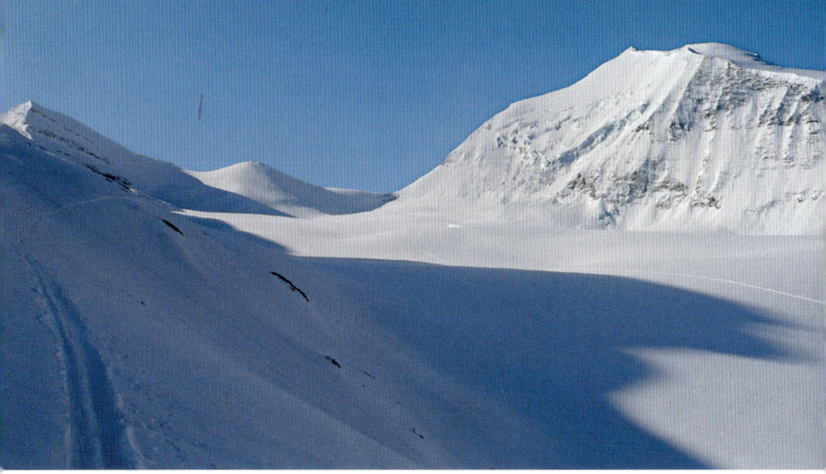

Arktisches Ambiente: links das Bruneggborn, auf der rechten Seite das Bishorn.

9321455 (Hütte) oder +41 27 9343484 (Hüttenwart), www.turtmannhuette.ch.

Varianten: Die vielen Möglichkeiten, zur Hütte zu gelangen, können natürlich anders kombiniert werden. Eine beliebte Variante ist auch der Übergang von der Cabane de Tracuit (3256 m, vgl. Tour 33) evtl. nach Besteigung des Bishorns. Man fährt von der Tracuithütte am linken Rand des Tracuitgletschers bis auf 2800 m ab, biegt dann nach Osten ab und steigt auf dem Brunegggletscher bis auf etwa 3000 m an, bis die Spalten es erlauben, nach Nordwesten abzufahren und die Turtmannhütte über die Brunegghornroute zu erreichen.

Hinweis: Falls das »Gässi« bei der Rückkehr vom Gipfel schon sehr aufgeweicht ist oder viel Andrang herrscht, kann es bei guter Schneeauflage auch sehr schön orografisch links umfahren werden, allerdings ist auch die Umfahrung bei sehr weichem Schnee nicht ganz unproblematisch. Der Zustieg von Mottec aus sollte sehr früh morgens angegangen werden, da man leicht 5 Std. bis zum Col des Arpettes unterwegs ist und die Osthänge, über die man abfährt, bei entsprechendem Wetter ab Mittag gefährlich werden. Leider fährt das erste Postauto für einen frühen Start viel zu spät, sodass man besser in Zinal übernachtet oder ein Alpentaxi benutzt.

Ab etwa Anfang Juni ist die Straße von Oberems zum Vorderen Sänntum wieder freigegeben, was einen sehr schnellen Zustieg zur Hütte erlaubt (2 Std.).

Kombinationsmöglichkeit: Tour 32, Barrhorn, und Tour 33, Bishorn.

Karten: 273 S Montana, 274 S Visp, 284 S Mischabel, 1307 Vissoie, 1308 St. Niklaus, 1328 Randa.

Hüttenzustieg: Von **Mottec** überquert man auf der großen Straßenbrücke (1556 m) die Navisence und biegt sofort danach nach Norden auf ein kleines Weglein ein, das nach wenigen Metern steilem Anstieg ziemlich sanft eine große Schneise quert, um dann wieder in den Wald einzutauchen. Die nächsten 200 Hm des Anstiegs verlaufen im dichten Wald und manchmal

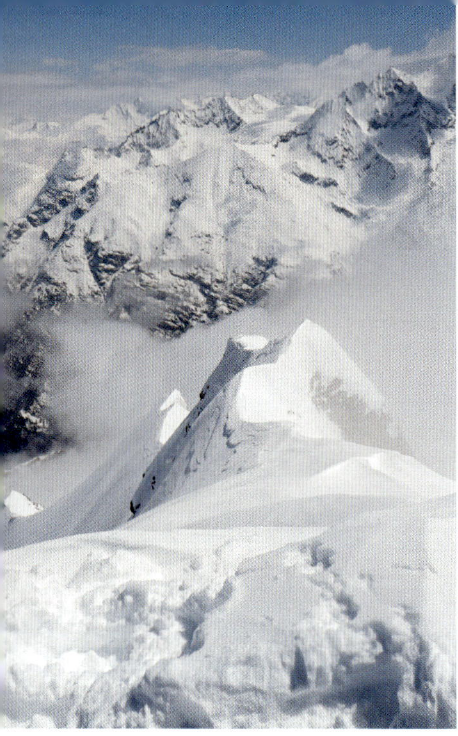

In wilden Sprüngen stürzt der Ostgrat des Bruneggorns in die Tiefe.

muss kurz abgeschnallt werden. Man folgt dem Weg in Serpentinen in freieres Gelände und erreicht unter einer Materialseilbahn ansteigend die wenigen Häuser der Maiensäss (»**Mayens de Barneuza**«, 1875 m, 1 Std.). Weiter in nordöstlicher Richtung, bis sich der Hang auf ca. 2100 m etwas zurücklegt, um sich dann nach Osten zu wenden und auf die kleine Brücke (2203 m) über den Bach zuzuhalten. Man überschreitet die Brücke und steigt weiter Richtung Osten durch ein flacheres Stück auf den mächtigen Felsriegel zu, der das Tal fast zur Gänze sperrt. Man umgeht das Hindernis auf seiner Nordseite an der kleinen Alphütte »**La Remointse**« (2519 m, 3 Std.) vorbei und benutzt danach wieder den Talgrund zum Aufstieg in jetzt südöstlicher Richtung. Durch eine Engstelle auf 2680 m erreicht man schließlich den Talschluß des wunderschönen und einsamen Vallon de Barneuza. In einem Bogen nach Süden ausholend gelangt man über ziemlich steile Hänge auf den **Col des Arpettes** (3005 m, 5 Std.). Man steigt auf dem Grat über einige Felsen praktisch eben nach Süden, bis man gut in die steile Ostflanke einfahren kann. Über herrliche aber lawinengefährliche Hänge abfahren bis auf 2500 m, wo man den günstigsten Übergang über die felsige Moräne des **Turtmanngletschers** suchen muß. Die steile Moräne auf den spaltigen Gletscher hinab und dann, anfangs am linken Gletscherrand haltend, nach Norden fahren. Auf 2300 m wird der Gletscher flacher und man überquert ihn zum Ostufer, umgeht seine markante Seitenmoräne und steigt etwas nach Süden ausholend, nochmals eine gute halbe Stunde zur **Turtmannhütte** auf, die erst im letzten Moment sichtbar wird.

Gipfelanstieg: Von der **Hütte** quert man über einen steilen Hang fast eben zum Beginn des steilen Couloirs, das »**Gässi**« genannt wird. Bei Trieb-

schnee im steilen SW-Hang ist es günstiger, kurz in das Tälchen abzufahren und von dort das Couloir zu gewinnen. Je nach Verhältnissen mit Skiern oder zu Fuß (Steigeisen!) durch das enge Couloir (35°), um die anschließende Moräne zu gewinnen. Man bleibt auf der Moräne bis auf ca. 3000 m, wo man kurz nach rechts dreht, um den **Brunegggletscher** zu erreichen. Man bleibt auf dem orografisch rechten Ufer des Gletschers und steigt über den nur mäßig spaltigen Gletscher an der Schöllihorn Westflanke und dem Bruneggjoch vorbei, in Richtung auf **P. 3671** zu. Auf etwa 3400 m nimmt die Steilheit deutlich zu und die Spaltensituation wird ernster. Man biegt nach Osten ab und überschreitet einen steilen Rücken, um in die etwas flachere Mulde dahinter zu gelangen, in der man fast bis an die Gratfelsen ansteigt. Sollte dieser Abschnitt wegen Spalten allzu problematisch sein, ist es einfacher, zuerst unter das Bisjoch anzusteigen und von dort aus nach Osten den P. 3671 zu überschreiten, um an den Gipfelgrat zu gelangen. In jedem Fall jetzt in der Nähe des Grates in Serpentinen steil ansteigen, bis man leicht nach Norden zum Gipfel hinüberspuren kann. Bei Vereisung muss möglicherweise der ganze Gipfelgrat auf Steigeisen zurückgelegt werden.
Die herrliche **Abfahrt** erfolgt entlang der Aufstiegsroute.
Bei sehr viel Andrang am »Gässi« oder weichem Schnee kann das Couloir umgangen werden. Dazu biegt man kurz vor dem Erreichen des »Gässi« nach Westen ab und erreicht ein ebenfalls steiles, aber viel breiteres Couloir, das möglichst rasch durchfahren wird, um auf 2400 m zum Hüttenweg hinüberzuqueren.
Übergang nach St. Niklaus: Diese Rückkehr von der **Turtmannhütte** ins Tal ist zu lang, um sie noch an einen Gipfeltag anzuhängen – immerhin 800 Hm Aufstieg sind bis zum Jungtaljoch zu absolvieren. Man kann dafür die Abfahrt ins Mattertal aber problemlos noch um das Wasuhorn (3343 m, ½ Std. zusätzlicher Aufstieg) erweitern und damit zum vollwertigen Tourentag ausbauen. Von der Turtmannhütte steigt man in östlicher Richtung hart an der steilen, felsigen Nordflanke des Barrhorns in günstiger Steilheit bis **P. 2919** und weiter in das Becken des kleinen **Pipjigletschers**. Falls nach Neuschneefall Lawinengefahr aus den Nordflanken herrscht, ist es sicherer, mit etwas Höhenverlust in den breiten, flachen Talboden abzusteigen und auf der gegenüberliegenden Seite den Gletscher zu gewinnen. Man zieht in einem kleinen Bogen sehr steil zur **Pipjilücke** (3050 m, 2 Std.) hoch, um von dort aus nach Norden mit wenig Höhenverlust das **Brändjitälchen** mit den Resten des kleinen Holestei Gletschers zu queren. Bei Hartschnee kann das durchaus heikel sein (Harscheisen!). Man erreicht etwa auf 3160 m den scharfen Grat und fährt auf dessen Ostseite kurz auf den Brändjigletscher hinab, um nochmals aufzusteigen, bis das **Jungtaljoch** erreicht ist (3220 m) – nicht zu verwechseln mit dem Jungpass, der etwa einen Kilometer nördlich liegt. Wer noch einen Gipfel mitnehmen will, quert nach Süd-

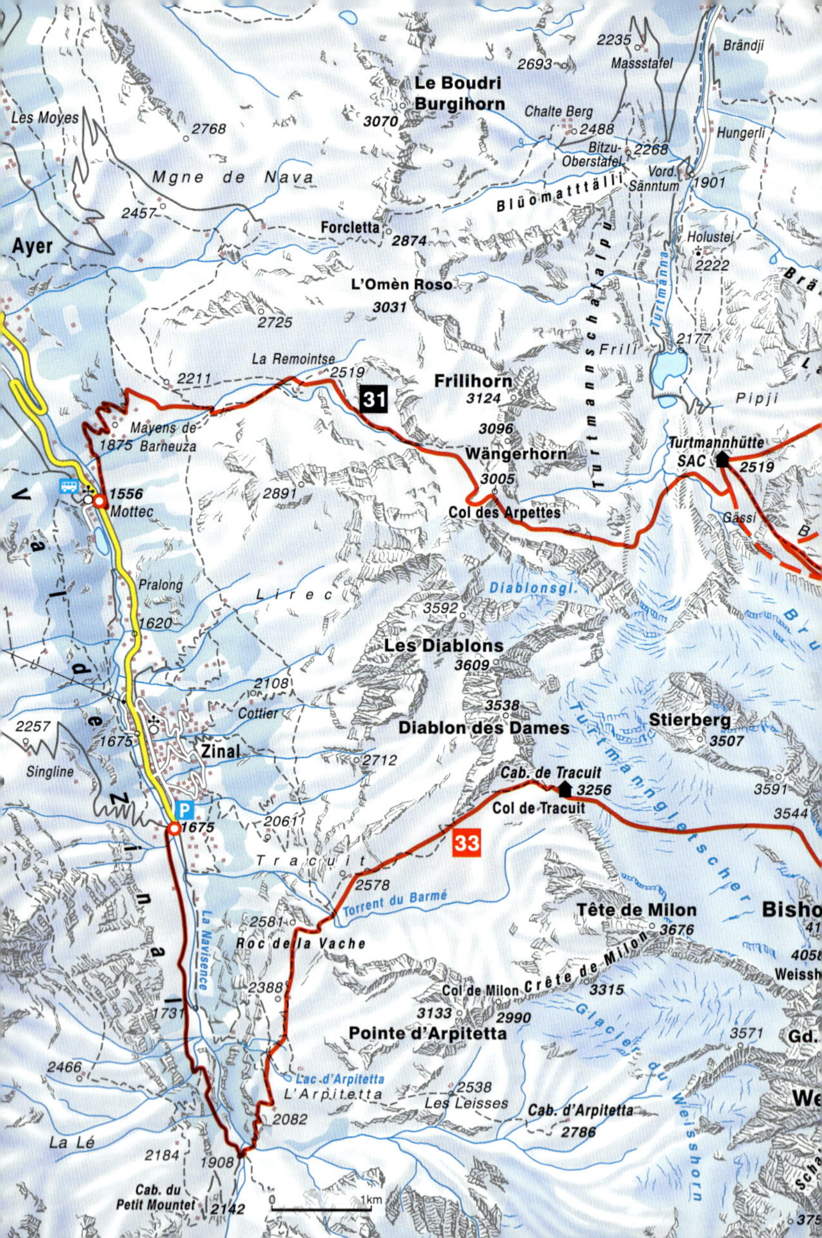

Le Boudri
Burgihorn
3070
Les Moyes
2768
Mgne de Nava
2457
Ayer
Forcletta
2874
L'Omèn Roso
3031
2725
La Remointse
2211
2519
31
Frilihorn
3124
3096
Wängerhorn
3005
Col des Arpettes
Mayens de
1875 Barneuza
1556
Mottec
2891
Pralong
1620
Lirec
3592
Les Diablons
3609
Diablonsgl.
2108
Cottier
3538
Diablon des Dames
Stierberg
3507
2257
1675
Zinal
Singline
2712
Cab. de Tracuit
3256
Col de Tracuit
3591
3544
1675
2061
33
Tracuit
2578
Torrent du Barmé
La Navisence
2581
Roc de la Vache
Tête de Milon
3676
Bisho
2388
Col de Milon
Crête de Milon
3315
1731
3133
2990
Pointe d'Arpitetta
Glacier du Weisshorn
3571
Gd.
2466
Lac d'Arpitetta
L'Arpitetta
2538
Les Leisses
Cab. d'Arpitetta
2786
2082
La Lé
2184
1908
Cab. du
Petit Mountet
2142
0
1km
Turtmanngletscher
Turtmannschafalpu
Turtmänna
Val de Zinal
2235
Massstafel
2693
Brändji
Chalte Berg
2488
Hungerli
Bitzu-
Oberstafel
2268
Vord.
Sänntum
1901
Blüomatttälli
Holustei
2222
2177
Frili
Pipji
Turtmannhütte
SAC
2519
Gässi

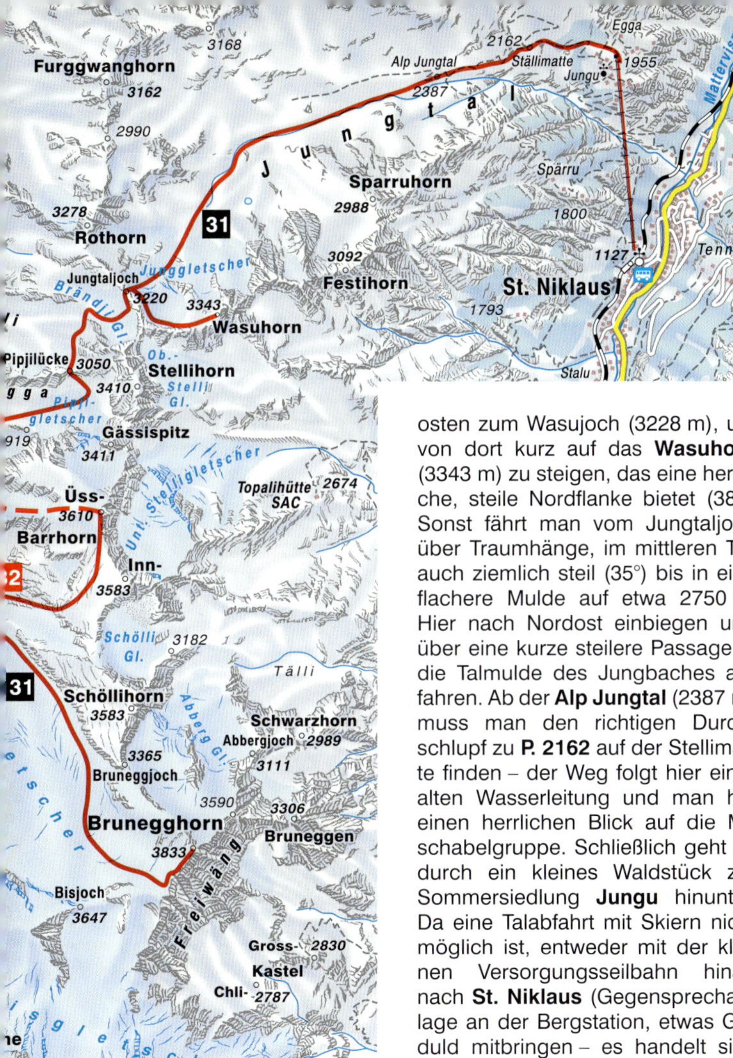

osten zum Wasujoch (3228 m), um von dort kurz auf das **Wasuhorn** (3343 m) zu steigen, das eine herrliche, steile Nordflanke bietet (38°). Sonst fährt man vom Jungtaljoch über Traumhänge, im mittleren Teil auch ziemlich steil (35°) bis in eine flachere Mulde auf etwa 2750 m. Hier nach Nordost einbiegen und über eine kurze steilere Passage in die Talmulde des Jungbaches abfahren. Ab der **Alp Jungtal** (2387 m) muss man den richtigen Durchschlupf zu **P. 2162** auf der Stellimatte finden – der Weg folgt hier einer alten Wasserleitung und man hat einen herrlichen Blick auf die Mischabelgruppe. Schließlich geht es durch ein kleines Waldstück zur Sommersiedlung **Jungu** hinunter. Da eine Talabfahrt mit Skiern nicht möglich ist, entweder mit der kleinen Versorgungsseilbahn hinab nach **St. Niklaus** (Gegensprechanlage an der Bergstation, etwas Geduld mitbringen – es handelt sich hier um eine sehr sympathische »Bedarfsseilbahn«) oder auf gutem Weg in 1½ Std. hinunterlaufen, falls der Weg bereits aper ist.

32 Barrhorn, 3610 m

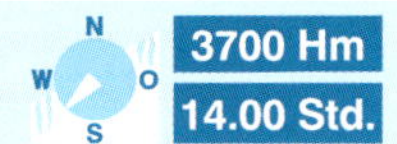

Der »kleine Bruder« des Bruneggborns als interessantes Skiziel

Da die Turtmannhütte im Winter deutlich schwieriger zu erreichen ist als im Sommer, bietet es sich hier besonders an, einmal auf diesem schönen Haus angekommen, doch gleich mehrere Hochtouren zu unternehmen. Nach dem Bruneggborn (Tour 31) wird hier noch das Barrhorn beschrieben. Vom Charakter her sind dies völlig unterschiedliche Touren, wobei die Route auf das Barrhorn die »zahmere« der beiden darstellt, im Sommer übrigens einer der höchsten Wandergipfel der Alpen! Die Südwestausrichtung stellt Anforderungen an die Zeitplanung, gerade im Frühjahr wird der Anstieg öfters auf festgefrorenem und hartem Schnee stattfinden, die Abfahrt dann entweder in feinem Firn oder bei Verspätung in grundlosem Sulz, und damit ggf. auch gefährlich! Die Aussicht vom Gipfel fasziniert auch Tourenprofis immer wieder, steht doch die Mischabelkette genau gegenüber über dem Mattertal, dann die weiten Gletscher und Gipfel der Monte-Rosa-Gruppe und schließlich die tollen Einblicke in die Bruneggborn-Nordflanke und die seracbeladene Nordostwand des Bishorns, überragt vom Spitz des Weisshorns.

Die Schlüsselstelle für Barr- und Bruneggborn: das »Gässi«.

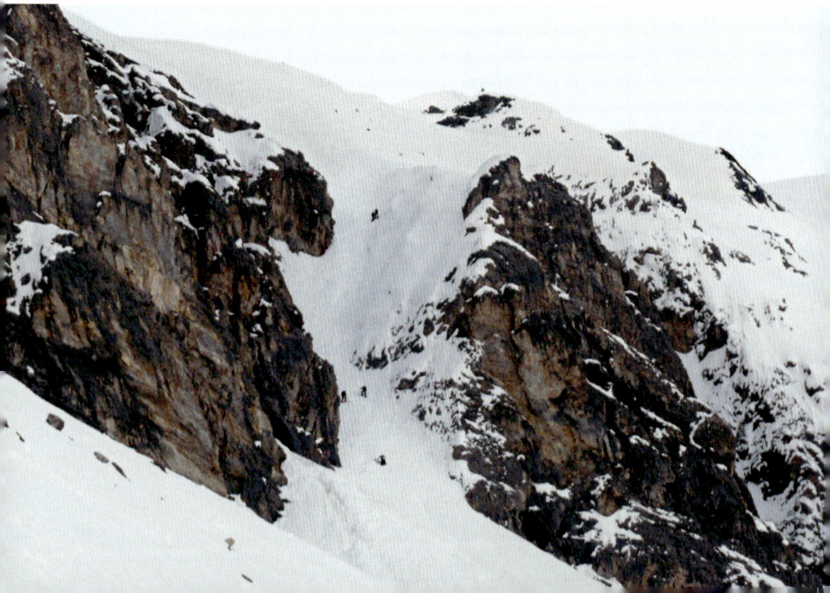

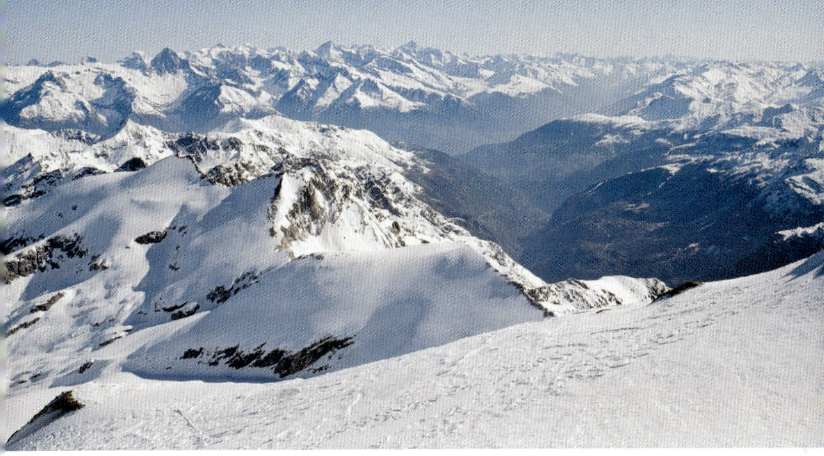

Tiefblick vom Bishorn auf die Barrhörner, dahinter sind die Berner Alpen aufgereiht.

Talort, Ausgangspunkt und Endpunkt: Siehe Tour 31.
Aufstiegszeit: Hüttenzustieg 7 Std., Gipfelanstieg 3½–4 Std., Aufstieg ins Jungtaljoch 3½ Std., Wegstrecke 4,0 km.
Höhenunterschied: Hüttenzustieg 1800 m, Gipfelanstieg 1100 m, Aufstieg zum Jungtaljoch 800 m, Abfahrt nach Jungu 1300 m.
Anforderungen: Zur Hütte ZS+, sonst WS.
Hangrichtung: Alle Expositionen, SW.
Lawinengefährdung: Nur bei sicheren Verhältnissen. Das Gässi und auch der große Südwesthang des Inneren Barrhorn sind sowohl bei Neuschnee als auch bei aufgeweichtem Sulz neuralgische Punkte.
Günstige Zeit: April – Mai.
Unterkunft: Turtmannhütte (2519 m, siehe Tour 31).
Kombinationsmöglichkeit: Ideal mit Bishorn und Brunegghorn als Mehrtagesunternehmung kombinierbar (Touren 33 und 31).
Karten: 284 S Visp, 1308 St. Niklaus.
Tourenkarte: Siehe Tour 31.

Von der **Turtmannhütte** quert man die steilen Hänge mit nur geringem Höhengewinn zum Einschnitt des **»Gässi«**. Je nach Verhältnissen zu Fuß steil ca. 50 Hm durch diesen Einschnitt, dann in angenehmer Steigung der Moräne folgend auf das Schölljoch zu. Auf etwa 3100 biegt man zunehmend nach links in die steile Südwestflanke des Inneren Barrhorns ein. Man geht jedoch nicht bis zu dessen Gipfel, sondern biegt auf etwa 3400 m in nördliche Richtung ab, direkt auf das **Äußere (»Üssers«) Barrhorn** zu, das man schließlich über dessen obere Südflanke erreicht.
Abfahrt zur Hütte entlang der Aufstiegsroute. Bei guten Verhältnissen kann man auch dem West-Rücken bis kurz vor den P. 3099 folgen, um von dort die steile Flanke direkt zur Anstiegsroute oberhalb des »Gässi« abzufahren.
Übergang nach St. Niklaus siehe Tour 31.

33 *Bishorn, 4153 m*

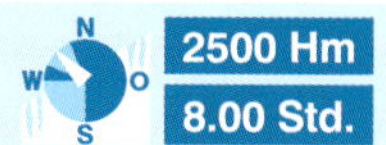

Technisch weniger schwieriger Viertausender mit einer Riesenabfahrt

Ein Skiführer des Wallis ohne Beschreibung des Bishorns wäre unvollständig! Wenn auch der Normalanstieg auf das Bishorn als einer der einfacheren Viertausender der Alpen von manchem selbsternannten Alpinisten etwas belächelt wird, wird diese Tour uns voll fordern: Schließlich sind gute 2500 Hm vollständig »by fair means« zu überwinden, 1600 Hm davon mit schwerem Gepäck beim Hüttenanstieg. Dafür ist das Programm des nächsten Tages umso erfreulicher: Die verbleibenden 900 Hm sind bei halbwegs normalen Verhältnissen fast für jeden zu schaffen. Dass an den Viertausendern im Frühjahr oben sehr oft stark verblasene Hänge den Abfahrtsgenuss etwas trüben können, ist recht leicht zu verkraften, denn weiter unten finden wir dann sicher viel bessere Verhältnisse.

Talort/Ausgangspunkt: Zinal (1678 m), oberster Ort im Val d'Anniviers, Postautoverbindung mit Sierre, Rhonetal.
Aufstiegszeit: 5 Std. Hüttenzustieg, 3 Std. zum Gipfel.
Höhenunterschied: 1600 Hm zur Hütte, Gipfelanstieg 900 Hm.
Anforderungen: WS+; mäßig schwierige Skitour mit Hüttenübernachtung; die Skier können meist bis fast auf den Gipfel mitgenommen werden.
Hangrichtung: Gipfel: Nordwest; Hüttenzustieg/Abfahrt: Süd und West.
Lawinengefährdung: Gipfeletappe kaum lawinengefährdet; Hüttenweg bei geschickter Routenführung ebenfalls nur gering lawinengefährdet, nachmittags ggf. Lawinen aus der Diablons-Südflanke.
Günstige Zeit: März – Mai.
Unterkunft: Tracuithütte (3256 m), nahe Col de Tracuit; in der Skitourenzeit nach Vereinbarung und Witterung bewirtschaftet, ca. 110 Plätze, Tel. +41 27 4751500; www.cas-chaussy.ch. Reservierung nötig.
Tipp: Zum Hüttenaufstieg an warmen Sonnentagen nicht zu spät aufbrechen, da der obere Wegabschnitt in einer prallen Südflanke liegt.
Kombinationsmöglichkeit: Wer das Brunegghorn von der Turtmannhütte bestiegen hat (Tour 31), kann, statt zur Hütte zurück abzufahren, vom Brunegg- zum Turtmanngletscher queren und dann zur Tracuithütte aufsteigen. Am Folgetag kann dann noch das Bishorn »drangehängt« werden, ohne dass der lange Anstieg von Zinal her gemacht werden muss.
Karten: 283 S Arolla, 284 S Mischabel, 1327 Evolène, 1328 Randa.
Tourenkarte: Siehe Tour 31.

Hüttenanstieg: Vom Parkplatz am Südende von **Zinal** geht man eben die Schwemmebene der Navisence nach Süden, bei der Klamm folgt man dem Fahrweg westlich des Baches zum Zusammenfluss der Zinal- und Arpitetta-Gletscherabflüsse unterhalb des Besso. Auf Brücken über beide Bäche und dann nach Norden durch lichten Wald, dann freies Gelände an der Hütte von **Le Chiesso** vorbei aufsteigend bis zum **Roc de la Vache**, wo sich der Blick nach Osten in den Kessel unter dem Col de Tracuit auftut. Kurze Schrägabfahrt zum Torrent de Baume und dann schräg die gegenüberliegenden Hän-

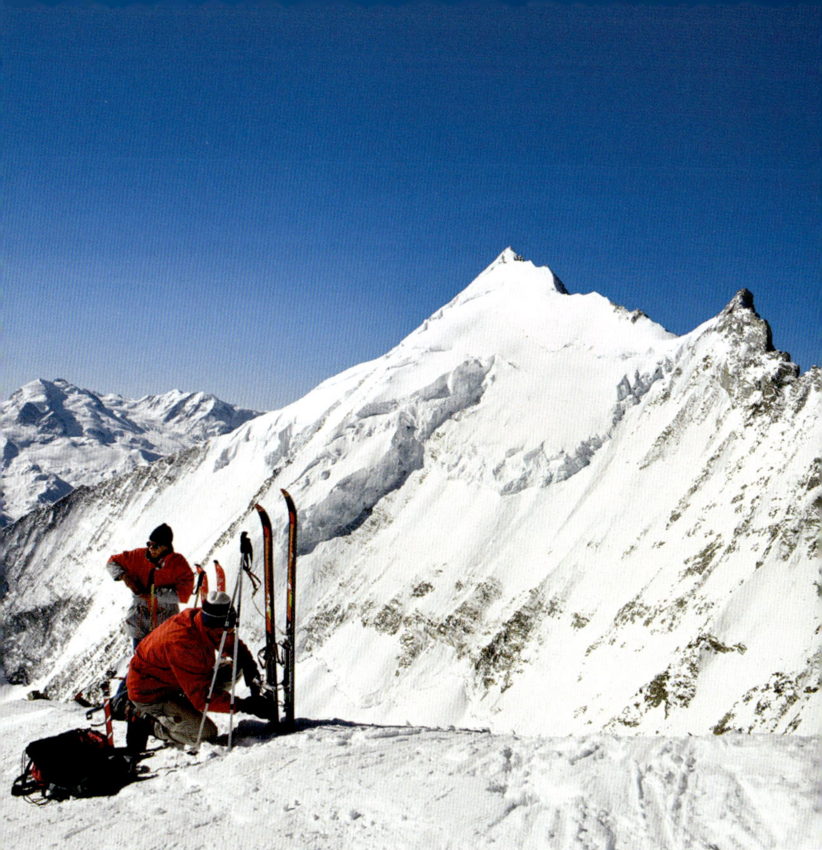

Am Bishorn-Gipfel mit dem perfekten Weisshorn-Blick!

ge ansteigen zum Col und zur etwa 300 m im Südosten gelegenen **Hütte**.
Gipfelaufstieg: Von der Hütte betritt man den **Turtmanngletscher** und steigt auf ihm in östlicher Richtung aufwärts bis nahe an sein gegenüberliegendes Ufer auf die **Einsattelung 3544 m** zu. Damit ereicht man die gleichmäßig steile Nordwestflanke des Bishorns, über die es die obersten 550 Hm zum **Sattel** zwischen den beiden Gipfelpunkten hinaufgeht. Der rechte (westliche) ist der 4153 m hohe **Hauptgipfel**, vom östlichen Gipfel hat man einen interessanten Blick auf den Bruneggletscher.
Abfahrt entlang der Aufstiegsroute.

TOP **34**

Zinalrothorn Nordschulter (L'Epaule), 4017 m

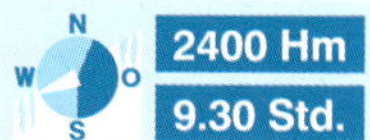

Steile Himmelsleiter zum elegantesten Viertausender der Walliser Alpen

Das Zinalrothorn ist ein echter und anspruchsvoller Klettergipfel, da haben Skifahrer nichts zu suchen. Trotzdem erfreut sich die Nordschulter (französisch »Epaule«) einiger Beliebtheit bei alpin orientierten Tourengehern. Zwar werden nur die ersten 850 Höhenmeter dieser herrlichen Tour auf Skiern zurückgelegt – doch in welch grandioser Umgebung! Die letzten 300 Hm erfordern Steigeisen, alpine Erfahrung und Schwindelfreiheit, je nach Kletterkönnen und Schneeauflage sind für die exponierten Felsstufen auch einige kleine Klemmkeile und Schlingen zur Sicherung nützlich. Auch wenn es nur die Schulter des Gipfels ist – die Umgebung ist sehr eindrücklich: sehnsüchtig wandern die Blicke über die berüchtigten Kletterstellen (Sphinx, Rasiermesser und Schindermähre) des sehr schwierigen Nordgrates zu dem nur wenige Hundert Meter entfernten Gipfel, doch im Winter ist dieser Grat für Normalsterbliche nicht begehbar. Auf der anderen Seite zeigt das Weisshorn (»La Grande Dame«) seine wildeste Seite, den besonders schwierigen Schaligrat, der mit zahlreichen Türmen verziert zum Gipfel der wuchtigen dreiseitigen Pyramide zieht. Nach dem heiklen Abstieg über die ausgesetzten Felsen und den erregend schmalen Grat wird einem die Abfahrt auf Skiern fast gemütlich vorkommen, obwohl das Gelände durchaus rassig ist.

Ausgangspunkt: Zinal (1675 m), Postautoverbindung mit Sierre im Rhonetal.
Aufstiegszeit: 5–6 Std. Hüttenzustieg, anderntags 4 Std. Gipfelanstieg.
Höhenunterschied: 1250 m zur Hütte, 1150 m zum Gipfel.
Anforderungen: S für den Grat (Firn bis 45°, Kletterei bis II), ZS bis zum Skidepot (Stellen 30°).
Hangrichtung: Bis zur Mountethütte meist nordseitig, durch Steilflanken begrenzt, Gipfelaufstieg südwest- und westexponiert.
Lawinengefährdung: Nur bei sehr sicheren Verhältnissen.
Günstige Zeit: April – Mitte Juni.
Unterkunft: Cabane du Grand Mountet, (2886 m), Tel. +41 27 4751431 (Hütte) oder +41 27 4753500 (Tal), www.cas-diablerets.ch.
Varianten: Eine wesentlich schwierigere Abfahrt in schneereichen Jahren bietet der Glacier de Moming. Ganz Wilde überschreiten den Col de Moming und das Obere Aeschhorn zur Rothornhütte.
Hinweis: Unbedingt Seil, Pickel und Steigeisen mitführen, evtl. Klemmkeile und Schlingen ratsam.
Kombinationsmöglichkeit: Mit Touren 35–37 Blanc de Moming, Trifthorn, Arbenhorn.
Karten: 283 S Arolla, 1327 Evolène.

Hüttenanstieg: Von der Postautostation in **Zinal** durchquert man das lange Straßendorf in südlicher Richtung, bis man nach dem Campingplatz auf einer kleinen Brücke die Navisence überqueren kann. Nun folgt man dem Sommerweg über die lange breite Talsohle, bis der Weg endlich zur Alm **Le**

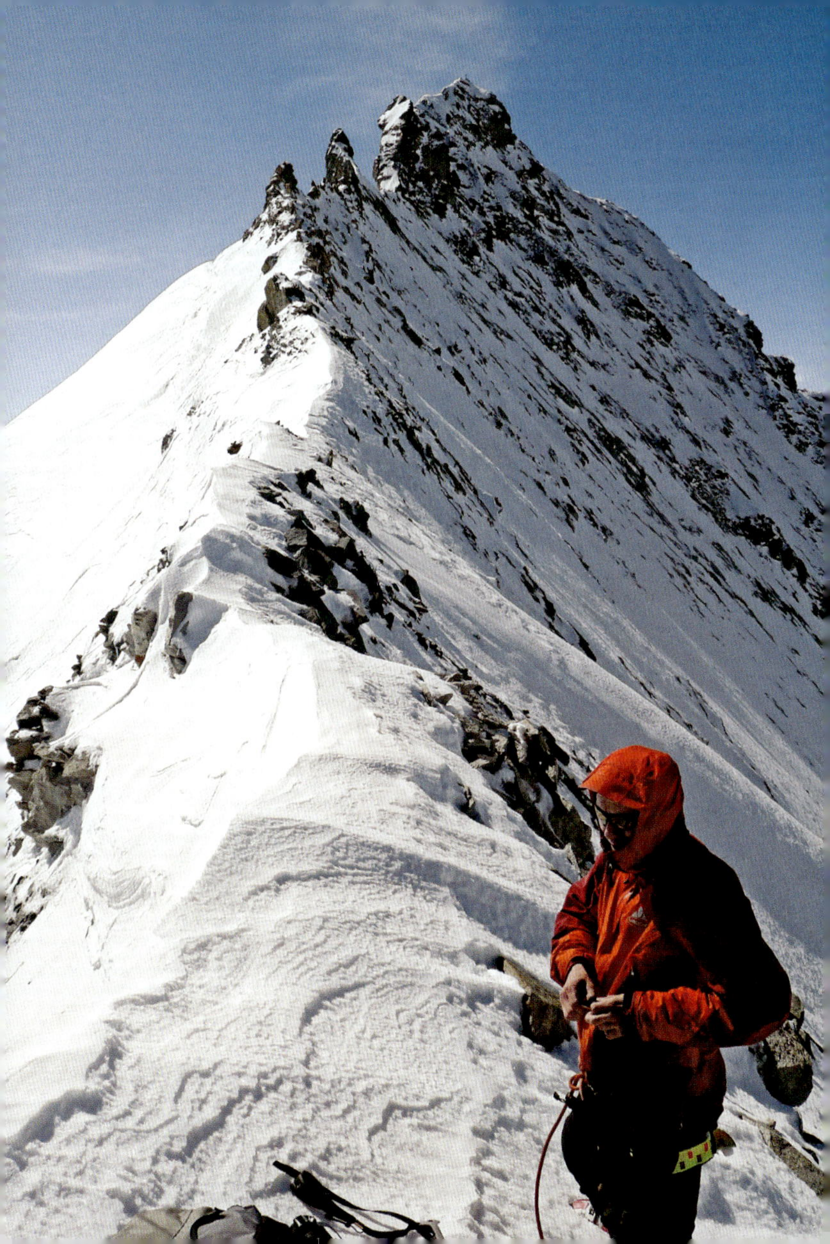

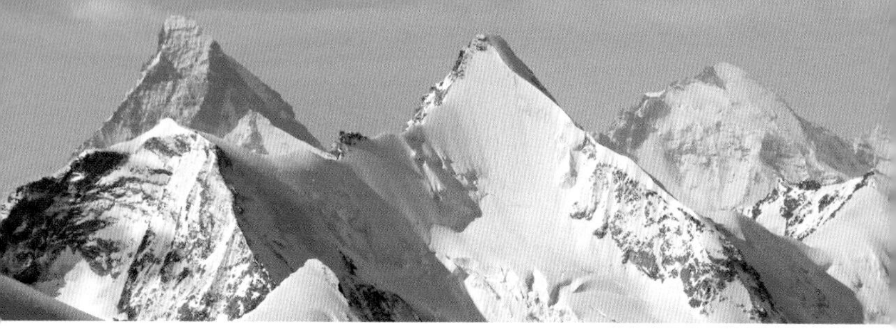

Die Nordwände von Matterhorn, Wellenkuppe, Trifthorn, Obergabelhorn und Dent d'Hérens.

Vichiesso (1862 m) ansteigt. Man bleibt stets westlich des Baches und steigt unter lawinenträchtigen Hängen weiter ziemlich gegen Süden an. Bei der Abzweigung Richtung Cabane d'Arpitetta und Tracuithütte verlässt man den Sommerweg, der im Winter ungangbar ist, und geht bei **P. 1959** unter der Cabane du Petit Mountet hindurch weiter die flache Schwemmebene entlang. Bei wenig oder keinem Schnee erleichtern einige Steinmänner die Orientierung.
Ohne Schwierigkeiten erreicht man so den Beginn des **Glacier de Zinal**. Der Eisbruch auf ca. 2300 m wird meist in der Nähe des östlichen Ufers überwunden, und man erreicht die nächste flache Gletscherzone, die man bis etwa 2600 m verfolgt. Hier entweder bei griffigem, sicherem Schnee sehr steil ein gut sichtbares Couloir hoch, über dem hoch oben die **Hütte** thront, oder, bei nicht ganz optimalen Bedingungen, eher in der Mitte des Gletschers bleiben und in großem Bogen die Mountethütte umgehen, bis man auf dem **Glacier du Mountet** die günstigste Stelle findet, die steilen Moränen zu überlisten. Man erreicht die Hütte dann von Südosten (etwa 5–6 Std.).
Gipfelanstieg: Von der **Hütte** direkt nach Nordost den steilen Hang ansteigen, bis man auf ca. 3100 m die Moräne übersteigt und einen Kessel östlich zum **Glacier du Mountet** quert.
Ohne Schwierigkeiten unter der Südflanke des Blanc de Moming (bzw. der Schneekuppe des Dôme, 3657 m) entlang weiter dem Gletscher folgen und schließlich zwischen einigen Spalten hindurch auf eine kleine Rampe, die am Schluß ziemlich steil auf den **Arête de Blanc** leitet, den man etwa bei **P. 3722** erreicht (2½ Std). Nun über den sich zusehends aufsteilenden, exponierten Grat (bis 45°) aufsteigen. Die Felsstufen auf den letzten 100 Hm sind wenig schwierig (II), aber exponiert und in dem meist verschneiten oder gar vereisten Zustand durchaus heikel. Schließlich wird die wenig ausgeprägte **Schulter** noch über ein kurzes waagrechtes Gratstück erreicht.
Zum **Rückweg** klettert man den Arête de Blanc wieder ab und fährt entlang der Aufstiegsroute zur Hütte und weiter ins Tal ab.

Vorherige Seite: Blick von der Nordschulter auf die Kletterstellen des Nordgrates.

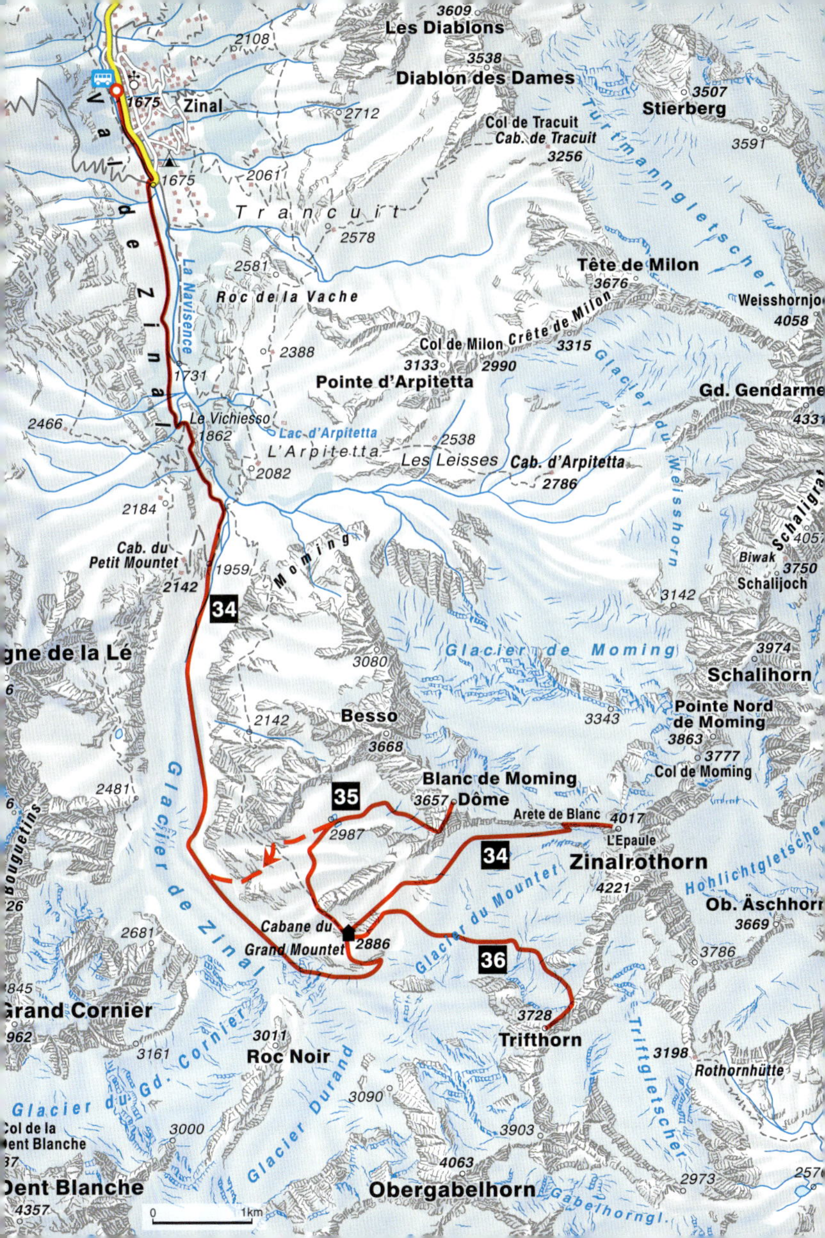
Les Diablons
3609
3538
Diablon des Dames
Zinal
1675
2108
2712
Val de Zinal
Col de Tracuit
Cab. de Tracuit
3256
Stierberg
3507
3591
Turtmanngletscher
2061
Trancuit
2578
2581
La Navisence
Roc de la Vache
Tête de Milon
3676
Weisshornjoch
4058
Crête de Milon
Col de Milon
3315
3133
2990
2388
Pointe d'Arpitetta
Glacier du Weisshorn
Gd. Gendarme
1731
Le Vichiesso
1862
Lac d'Arpitetta
L'Arpitetta
2538
Les Leisses
Cab. d'Arpitetta
2786
2466
2082
2184
Moming
Schaligrat
Biwak
3750
Schalijoch
Cab. du Petit Mountet
2142
1959
34
3142
Glacier de Moming
3974
Schalihorn
3080
Besso
3668
2142
3343
Pointe Nord de Moming
3863
3777
Col de Moming
Blanc de Moming
Dôme
3657
35
2987
2481
Arete de Blanc
4017
L'Epaule
34
Zinalrothorn
4221
Hohlichtgletscher
Ob. Äschhorn
3669
Glacier de Zinal
Glacier du Mountet
Cabane du Grand Mountet
2886
2681
36
3786
3728
Trifthorn
Grand Cornier
3011
Roc Noir
3161
Glacier du Gd. Cornier
Glacier Durand
3198
Rothornhütte
Triftgletscher
3090
Col de la Dent Blanche
3000
3903
4063
Obergabelhorn
2973
Gabelhorngl.
Dent Blanche
4357
0
1km

35 Blanc de Moming, 3657 m

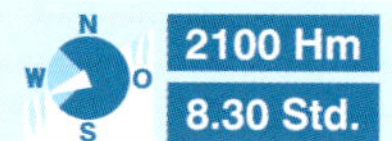

Ideale Eingehtour von der Mountethütte aus

Ziemlich versteckt liegt unser Ziel zwischen seinen beiden wilden, felsigen Nachbarn Besso und Zinalrothorn. Ein schöner und relativ steiler Hang führt zum Skidepot auf 3450 m, der folgende felsige, aber leichte Südwestgrat bringt uns rasch zur Schneekuppe des Südgipfels (3657 m), während der etwas höhere, felsige Nordgipfel nur im Sommer beim Übergang zum Besso betreten wird. Auch wenn der Blanc de Moming als Gipfel wenig eigenständig ist, bietet er doch eine wunderbare und relativ kurze Skitour, die sich hervorragend als Eingehtour eignet und einen ausgezeichneten Überblick über den Mountetkessel verschafft. Die Route bietet sich auch als Abfahrtsvariante ins Tal an – die 1800 Hm Abfahrt nach Zinal können den Abschied aus dieser herrlich wilden Ecke des Wallis etwas versüßen!

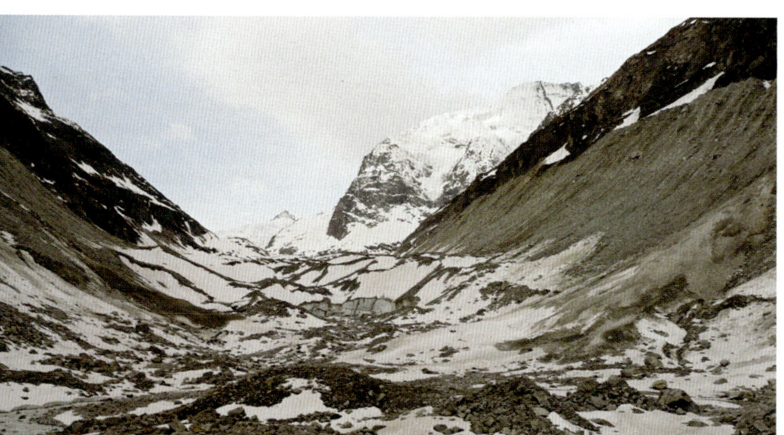

Auf dem Glacier de Zinal, rechts oben der Grand Cornier.

Ausgangspunkt: Zinal (1675 m), oberster Ort im Val d'Anniviers, Postautoverbindung mit Sierre im Rhonetal.
Aufstiegszeit: 5–6 Std. Hüttenzustieg, 3 Std. Gipfelanstieg.
Höhenunterschied: Ab der Hütte 850 m, davon 200 m Gratkletterei.

Anforderungen: ZS bis zum Skidepot (Stellen 32°), am Grat leichte Blockkletterei (I).
Hangrichtung: Südwest und Nordwest.
Lawinengefährdung: Nur bei sicheren Verhältnissen. Besonders kritisch ist der Hang über dem Skidepot zu beurteilen.

Günstige Zeit: März – Juni.
Unterkunft: Cab. du Grand Mountet, 2886 m, Tel. +41 27 4751431 (Hütte) oder +41 27 4753500 (Tal).
Varianten: Bei gesetztem Schnee führt eine nur etwas schwierigere Abfahrtsvariante direkt auf den Glacier de Zinal und auf der Hüttenroute weiter ins Tal. Auch die steile und schwierige Nordflanke wird in Jahren mit viel Schnee zum Moming-gletscher hinunter befahren.
Tipp: Steigeisen sind auf dem Felsgrat oft angenehm.
Kombination: Mit Touren 34 Zinalrothorn, 36 Trifthorn, 37 Arbenhorn möglich.
Karten: 283 S Arolla, 1327 Evolène.
Tourenkarte: Siehe Tour 34.

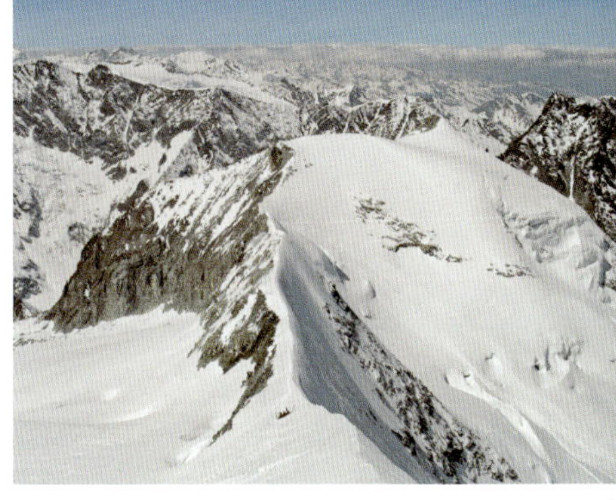

Blanc de Moming von der Zinalrothornschulter; links im Profil der Südwestgrat und rechts die Nordflanke.

Hüttenzustieg zur Cabane du Mountet wie in Tour 33.
Von der **Mountethütte** in leicht fallender Querung nach Nordwesten den felsigen Ausläufer des »Le Mammouth« umgehen. Dabei nicht zu dicht am Felsen bleiben, oft ist der Schnee dort unterhöhlt! Die große Karmulde, die sich dann öffnet, ist durch drei kleine Tälchen gegliedert, die man diagonal nach Nordosten zu den beiden kleinen Seen (**P. 2987**) überschreitet. Von dieser Verflachung an wird jetzt der **Glacier du Besso** verfolgt und man steigt unter dem eindrücklichen **Verbindungsgrat** vom Besso zum Blanc de Momming auf dem steiler werden Gletscher an. Dabei dreht die Anstiegsrichtung erst nach Ost, dann nach Südost. Zum Schluss steigt man ziemlich steil auf, überschreitet einen kleinen quer stehenden Felsriegel und macht dann je nach Schneeverhältnissen etwa bei 3450 m Skidepot. Etwas mühsam gestaltet sich der erste Teil des Fußaufstiegs bis zum **P. 3555**, ab dort führt ein genussvoller **Blockgrat** zum höchsten Punkt. Wer die Nordostseite abfahren will, muss die Skier natürlich über den Blockgrat tragen, was angesichts der spektakulären Abfahrt aber die kleine Mühe wert ist.
Die normale und ebenso sehr lohnende **Abfahrt** erfolgt hingegen entlang der Aufstiegsroute. Eine öfters gewählte **Variante**, wenn man nach Zinal zurückkehren will, ist die direkte Abfahrt, die sich bei der Verflachung (P. 2987) von der Aufstiegsroute trennt und steil und rassig nach Südwesten, direkt auf den **Glacier de Zinal** zuhält. Dabei muss man darauf achten, sich nicht zu weit rechts (Nord) zu halten, da dort zwei kleine Felsabbrüche im Weg sind. Der Gletscher wird auf etwa 2500 m erreicht und das erste flachere Drittel der langen Abfahrt von der Mountethütte wurde somit elegant umgangen. Weiter verfolgt man ab hier den Aufstiegsweg zur Cabane du Grand Mountet in umgekehrter Richtung bis **Zinal**.

36 Trifthorn, 3728 m

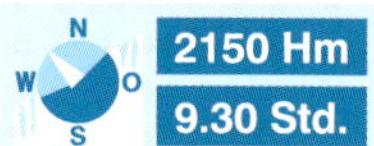

Kurze, aber wilde Tour bei guter Schneelage

Im Vergleich zu seinen spektakulären Nachbarn Obergabelhorn (4063 m) und Zinalrothorn (4221 m) nimmt sich das Trifthorn nicht nur von der Höhe her gesehen etwas bescheidener aus. Trotzdem ist es ein sehr formschöner Berg und seine blendend weiße Nordflanke ragt wie eine Miniaturausgabe der berühmten Schwester, der Obergabelhorn-Nordwand, in den blauen Walliser Himmel. Unsere Tour ist im unteren Teil je nach Spaltensituation verzwickt und in manchen schneearmen Jahren praktisch unpassierbar – es lohnt sich, den Hüttenwart um detaillierte Auskunft über die Verhältnisse zu bitten. Oder man schaut sich die Situation vom Gipfel des Blanc de Moming (Tour 35) selbst in Ruhe an!

Bei guten Verhältnissen ist das Trifthorn eine ausgesprochen lohnende Tour mit fantastischen Eindrücken in den wilden Eisbrüchen, der perfekten Harmonie im steilen Hochkar und einem knackigen alpinen Finish auf Steigeisen in der kurzen aber steilen Gipfelflanke.

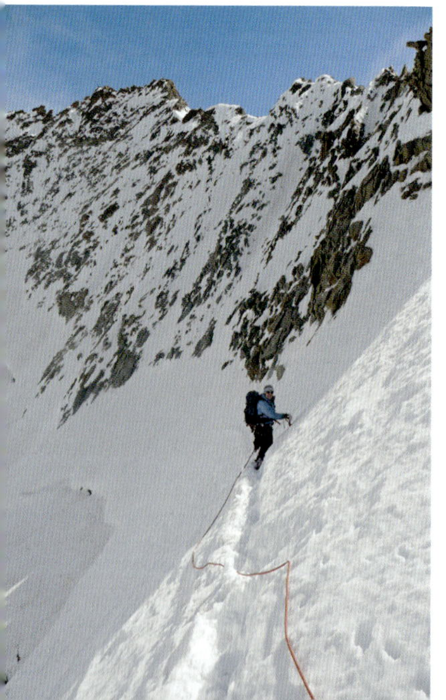

Ausgangspunkt: Zinal (1675 m), oberster Ort im Val d'Anniviers, Postautoverbindung mit Sierre im Rhonetal.

Aufstiegszeit: Hüttenzustieg 5–6 Std., 4 Std. Gipfelanstieg.

Höhenunterschied: 1250 Hm zur Hütte, Gipfelanstieg 900 Hm.

Anforderungen: ZS+, bis 30°, schwierige Routenfindung nach Neuschnee. Die Route verläuft durch ein wildes Spaltenlabyrinth und kann in schneearmen Jahren nicht empfohlen werden. Am Gipfelaufbau meist problemloser Bergschrund und kurze sehr steile Stelle (47°) im Firn, oft auch abgeblasen und vereist.

Hangrichtung: West und Südwest, Gipfelaufbau sehr steil und nordexponiert.

Lawinengefährdung: Nur bei sicheren Verhältnissen! Besonders der Gipfelaufbau kann durch Schneebretter gefährlich werden.

Günstige Zeit: April – Juni.

Unterkunft: Cab. du Grand Mountet,

Hochalpines Gelände in der steilen Gipfelflanke des Trifthorns.

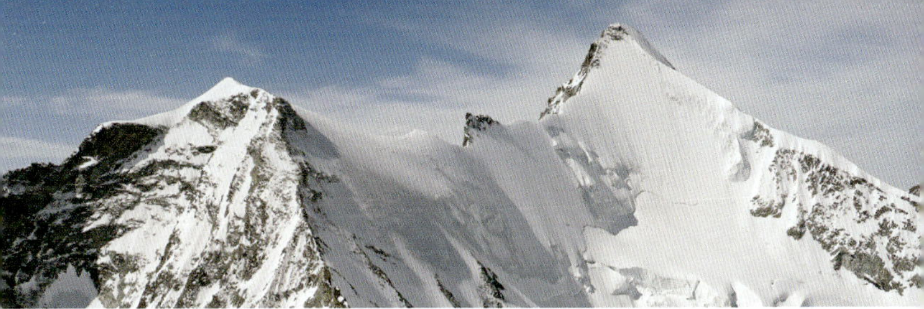

Schönheit, die sprachlos macht: Wellenkuppe (links) und Obergabelhorn.

2886 m, Tel. +41 27 4751431 (Hütte) oder +41 27 4753500 (Tal).
Hinweis: Unbedingt Seil, Pickel und Steigeisen mitführen, es empfiehlt sich dringend, zumindest im Aufstieg stets angeseilt zu gehen! Vorsicht vor Eisschlag in den Gletscherbrüchen!
Kombinationsmöglichkeit: Mit Touren 34 Zinalrothorn, 35 Blanc de Moming, 37 Arbenhorn.
Karten: 283 S Arolla, 1327 Evolène.
Tourenkarte: Siehe Tour 34.

Der **Zustieg** zur Cabane du Mountet erfolgt wie in Tour 34 beschrieben.
Die **Mountethütte** verlässt man in östlicher Richtung und folgt der Moräne, auf die man bald stößt, in nordöstlicher Richtung bis auf etwa 3000 m. Man überschreitet die Moräne je nach Schneelage an einer geeigneten Stelle, um auf den deutlich tiefer liegenden **Glacier du Mountet** zu gelangen. Auf dem Gletscher angelangt, wendet man sich nach Ostsüdost und gewinnt zwischen zwei Eisbrüchen hindurch ansteigend eine etwas flachere Gletscherzone auf ca. 3200 m. Der weitere Weg kann durch die zahlreichen Spalten kompliziert sein und erfordert ein sorgfältiges Anlegen der Spur. In jedem Fall steigt die Route jetzt deutlich an und hält je nach Spaltensituation in grober Richtung auf die Basis des Felsspornes zu, der von der Pointe du Mountet (3877 m) herabzieht. Meistens ist es günstig, sich anfangs eher östlich zu halten und erst in der Nähe der Felsen nach Süden abzudrehen. So gewinnt man die etwas flachere und spaltenärmere **Karmulde**, aus deren Südrand der Gipfelbau des Trifthorns aufsteigt. Das Kar wird nach Süden gequert und man gelangt an den steilen Gipfelhang. Je nach Verhältnissen kann der Bergschrund etwas weiter westlich in Fallinie des Gipfels überwunden werden (flacher aber ausgesetzt) oder kurz und wenig ausgesetzt, aber sehr steil zum **Col du Mountet** (3658 m) und dann flacher weiter zum Gipfel aufgestiegen werden – in beiden Fällen meist auf Steigeisen, falls nicht perfekte Schneelage einen Anstieg bis zum Gipfel mit Skiern erlaubt. Das letzte Stück zum **Gipfel** ist in beiden Varianten wieder einfacher.
Die **Abfahrt** erfolgt entlang der Aufstiegsroute, bei entsprechender Skibeherrschung und idealem Schnee auch vom Gipfel aus. Weiter unten lasse man sich nicht vom »weißen Rausch« von der sorgfältigen Wahl der Abfahrtsspur abbringen – die Spaltenzonen verlangen auch in der Abfahrt defensives und konzentriertes Fahren!

37 Arbenhorn (Mont Durand), 3713 m

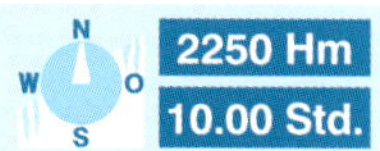

Interessanter Alternativeinstieg oder -austieg aus dem Mountetkessel

Das Arbenhorn ist schon von der Mountethütte aus eine lohnende Skitour, noch eindrucksvoller, aber auch deutlich länger ist der Aufstieg von Zermatt bzw. der Station Schwarzsee. Idealerweise benutzt man die Überschreitung des Arbenhorns als eleganten Einstieg in den Mountetkessel von Zermatt aus. Eine Zwischenübernachtung auf dem luxuriös ausgestatteten Arbenbiwak (3224 m) teilt die Überschreitung in zwei kleinere Etappen auf und man wird die himmlische Ruhe auf dem Biwak nach dem hektischen und lauten Treiben im Zermatter Skizirkus umso mehr genießen. Der direkte Übergang vom Col de Durand auf den oberen Durandgletscher ist aufgrund des Gletscherrückganges nicht mehr gangbar und man weicht daher kurz in die steile Nordwestflanke des Arbenhorns aus.

Ausgangspunkt: Zinal (1675 m) im Val d'Anniviers, Postautoverbindung mit Sierre im Rhonetal (s. a. Tour 34).
Endpunkt: : Zinal/Cab. du Grand Mountet (2886 m) bzw. Zermatt (1605 m).
Aufstiegszeit: Hüttenzustieg 5–6 Std., 4–5 Std. von der Cab. du Mountet.
Höhenunterschied: Ab Zinal 1250 Hm zur Hütte, Gipfelanstieg 1000 Hm.
Anforderungen: ZS (kurze Stelle unter dem Col 45°).
Hangrichtung: Von der Cab. du Mountet zum Col Durand: Nord, Nordwest, Nordost; von Zermatt zum Col Durand: Süd, Ost, West; vom Col zum Gipfel: West.
Lawinengefährdung: Gering bei geschickter Spuranlage, aber schneebrettgefährdet an der Steilstufe unterhalb des Col Durand. Die Abfahrt nach Zermatt darf nur bei sehr sicheren Verhältissen gewagt werden!
Günstige Zeit: März – Juni.
Unterkunft: Cab. du Grand Mountet, 2886 m, Tel. +41 27 4751431 (Hütte) oder +41 27 4753500 (Tal); Arbenbiwak (3224 m), 15 Plätze, unbewartetes Biwak, stets geöffnet, luxuriös ausgestattet mit Gaskocher und Küchenutensilien, Matratzen und Decken.
Varianten: Der alternative Aufstieg von Zermatt/Station Schwarzsee (2583 m) zum Col Durand ist etwas leichter, WS+/ZS–, aber sehr lang (7 Std., 1400 m) und kann mit einer Übernachtung im Arbenbiwak vorteilhaft in zwei Etappen aufgeteilt werden.
Tipp: Der direkte Zugang vom Glacier Durand in den tiefsten Punkt des Col Durand ist aufgrund des Gletscherrückgangs unpassierbar geworden. Man weicht etwas östlich über die steile Firnflanke aus, wobei die Skier normalerweise aufgeschnallt werden müssen. Bei Blankeis sind ein oder zwei Eisschrauben evtl. angenehm.
Kombinationsmöglichkeit: Mit Touren 34–36: Zinalrothorn, Blanc de Moming, Trifthorn.
Karten: 283 S Arolla, 1327 Evolène, für die Variante von/nach Zermatt auch 284 S Mischabel, 1347 Matterhorn und 1348 Zermatt.

Von Zinal: Hüttenzustieg vgl. Tour 34. Von der **Mountethütte (Cabane du Grand Mountet)** aus überquert man die Moräne in östlicher Richtung und steigt am günstigsten Punkt auf das flache Gletscherplateau des **Glacier du**

Mountet ab (ca. 2800 m). Man hält sich nun nach Süden und steigt nahe des östlichen Ufers auf dem **Glacier du Durand** auf. Nach ca. zwei, ziemlich flachen Kilometern steilt sich der Gletscher etwas auf und man quert unterhalb des Gletscherbruchs in die Nähe des westlichen Ufers und steigt an den oberen felsigen Ausläufern des Roc Noir vorbei die zunehmend steilere Flanke empor, bis man das Plateau auf etwa 3200 m erreicht. In respektvoller Entfernung von der Nordflanke der Pointe de Zinal wendet man sich nach Osten und quert unter dem Col Durand hindurch zur steilen **Nordwestflanke** des Arbenhorns. Am Bergschrund werden die Skier deponiert (2½ Std.), falls man nicht auf die Zermatter Seite abfahren will. Die kurze aber steile **Eisflanke** kann bei Blankeis heikel sein, ein oder zwei Eisschrauben sind dann kein Luxus. Man erreicht etwa 40 m oberhalb des Cols wieder flacheres Gelände und verfolgt den Schneegrat über den überfirnten **Vorgipfel P. 3611** zum meist felsigen **Hauptgipfel**.

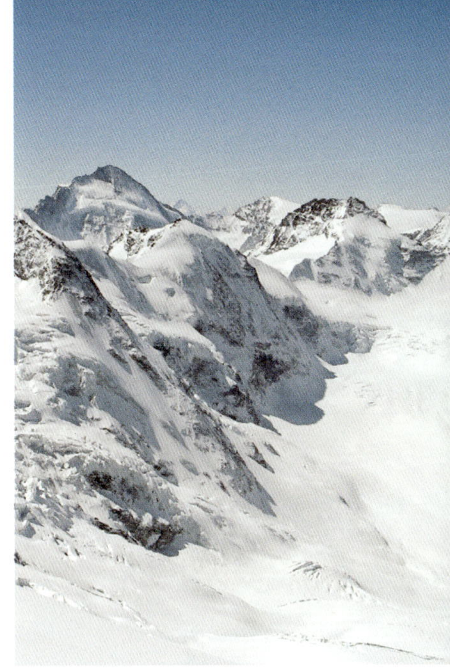

Das Arbenhorn, überragt vom Dent d'Hérens; rechts unten die Anstiegsroute von Norden.

Von Zermatt: Von **Zermatt** steigt man über die Häusergruppe »Zum See« immer auf dem Südufer des Zmuttbaches zum **P. 2220** (2 Std.) oder man fährt kurz von der **Station Schwarzsee** (2583 m) des Pistengebietes zum P. 2220 ab. Am P. 2220 verlässt man den Hüttenweg zur Schönbielhütte, wendet sich nach Norden, gewinnt die Moräne und überquert den Zmuttbach. Man verfolgt das Tälchen, das vom Obergabelhorn herunterzieht, bleibt aber nicht wie im Sommer auf der steilen Hauptmoräne (Arbengand–egge), sondern hält sich östlich davon in der flacheren **Rinne**. Wo sich die Rinne am Schluss aufsteilt, steigt man immer noch in nördlicher Richtung über eine Steilstufe (30°), bevor man sich unter dem abschließenden Felsriegel auf etwa 2900 m einen Weg in nordwestlicher Richtung sucht. Das **Arbenbiwak**, das ganz oben auf einem Sporn steht, wird in einer westlich

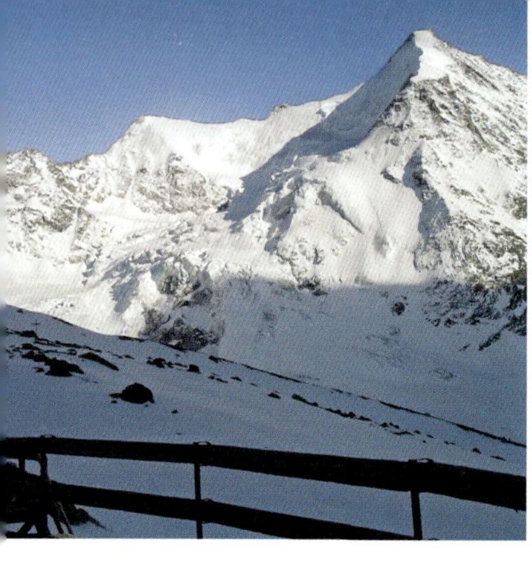

Das Obergabelhorn von der Mountethütte.

ausholenden Schleife über den Gletscher erreicht oder bei starker Ausaperung im Frühjahr direkt über den Sporn mittels anstrengender Leitern und Ketten. Ab P. 2220 4 Std.
Vom Arbenbiwak hält man leicht fallend nach Südwesten auf den **Arbengletscher** und steigt ab etwa 3160 m dann in der Mitte des Gletschers in Richtung des **Joches P. 3408** weiter. Das breite Joch wird überschritten und man fährt jenseitig etwa 150 Hm hinab auf eine fast ebene Terrasse des **Hohwänggletschers**. Diese wird weiterhin in westlicher Richtung gequert, bis man kurz vor den Begrenzungsfelsen nach Norden abdreht und die Steilstufe des Gletschers an ihrer schwächsten Stelle in der Nähe von P. 3318 hinaufsteigt. Die nun folgende Verflachung wird bis zum **Col Durant** (3438 m) überquert und anschließend in nordöstlicher Richtung am Grat zum **Gipfel** aufgestiegen wie oben beschrieben.
Die **Abfahrten** zur **Mountethütte/Zinal** bzw. nach **Zermatt** erfolgen jeweils entlang der Aufstiegsrouten.

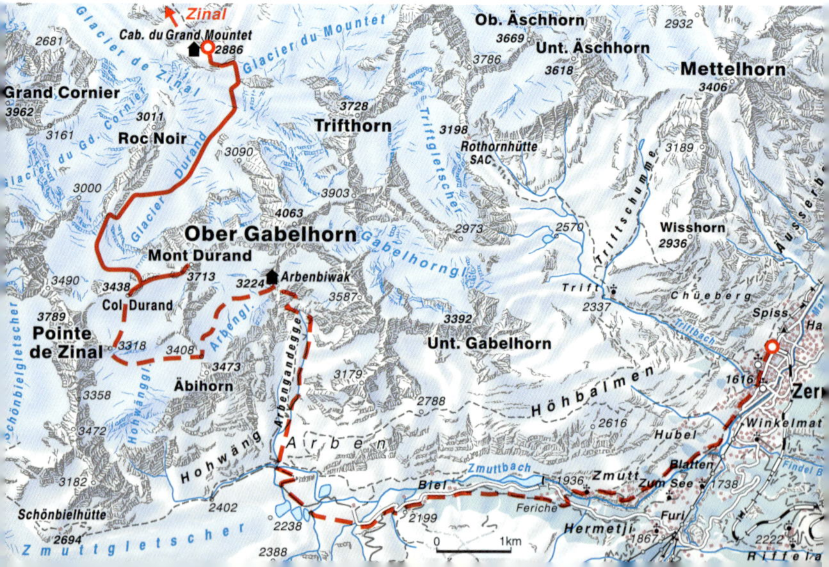

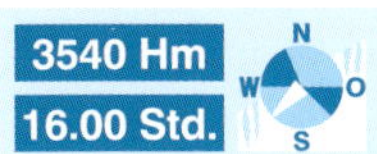

Dent d'Hérens, 4171 m

38

Anspruchsvolle, wilde Tour auf den rassigen, einsamen Viertausender auf der italienischen Seite des Wallis

Der Dent d'Hérens ist nicht so bekannt wie sein unmittelbarer Nachbar, das Matterhorn. Aber wer ihn einmal aus der Nähe gesehen hat, kann sich seinem Zauber nur mehr schwer entziehen. 1300 m zieht seine wilde, mit Hängegletschern gespickte Nordwand zum mächtigen Gipfelgrat. Hier haben Welzenbach und Allwein 1925 Alpingeschichte geschrieben. Und auch der $2\frac{1}{2}$ km lange, sehr schwierige Ostgrat zählt zu den ganz großen Sommertouren im Wallis. Aber auch im Winter lockt dieser steile Zahn ganz ungemein! Lang, komplex und anspruchsvoll ist der Anstieg und vollständig aus eigener Kraft muss man ihn zurücklegen. Da der beste Ausgangspunkt, das Rifugio Aosta, nur aufwendig (Italien) oder schwierig (Schweiz) zu erreichen ist, bleibt dieser herrliche Gipfel ein ziemlich exklusives Skiziel – Massenauflauf wird man dort nicht vorfinden! Bei guten Bedingungen wird die ausgesetzte Kletterei am herrlich festen Gipfelgrat mit spektakulärem Blick auf das nur 5 km entfernte Matterhorn zum unvergesslichen Leckerbissen für jeden Skialpinisten, der dieser Tour gewachsen ist!

Über den spaltigen Glacier des Grandes Murailles führt unsere Route.

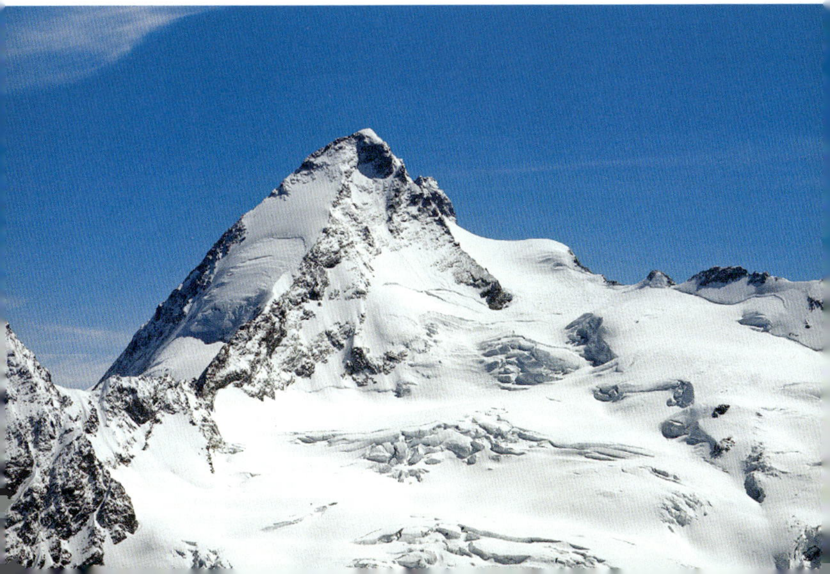

Ausgangspunkt: Zermatt (1605 m) bzw. Aosta (581 m), Hauptstadt der autonomen Region Aostatal (Italien). Bahnlinie von Turin und Mailand; Busverbindung in die Schweiz nach Martigny über den großen St. Bernhard. Bionaz (1606 m), mehrmals täglich Busverbindung.
Endpunkt: Zermatt oder Aosta/Bionaz.
Aufstiegszeit: Hüttenanstieg: Zermatt–Schönbielhütte 4–5 Std., ab dort bis zum Rif. Aosta 5½–6 Std.; 7–8 Std. von Bionaz; Gipfelanstieg 6 Std.
Höhenunterschied: Hüttenanstieg 2150 m von Zermatt, 1200 m von Bionaz; Gipfelanstieg 1390 m.
Anforderungen: S (37° auf 100 Hm unter dem Col de la Division, die sehr steile Gipfelflanke mit 42° wird meist zu Fuß begangen), Stelle III am Gipfelgrat.
Hangrichtung: Hüttenaufstieg aus der Schweiz meist Nord, von Italien Südost; Gipfelanstieg Südwest.
Lawinengefährdung: Nur bei ganz sicheren Verhältnissen, schneebrettgefährdet sind der Hang unter dem Col de la Division bis zur Hütte, die beiden Eisbrüche und besonders die sehr steile Gipfelflanke.
Günstige Zeit: April – Mai.
Unterkunft: Rifugio Aosta (2781 m), herrlich gelegene Hütte, aus der Schweiz umständlich zu erreichen, kürzerer, aber schwieriger (S) Übergang über den Col de la Division von der Schönbielhütte aus, CAI Sektion Aosta, Tel. +39 0165 730006 (Hütte), +39 0165 767971 (Tal), 30 Plätze, gelegentlich bewartet, ansonsten Winterraum mit 14 Lagern offen, Matratzen und Decken, aber kein Herd, kein Ofen! www.rifugioaosta.it.
Evtl. auch Rifugio Prarayer (2005 m), privat, 50 Lager und Zimmer, Tel. +39 0165 730040 (Hütte), +39 0165 730922 (Tal) 50 Plätze, gelegentlich bewartet, Winterraum mit 5 Plätzen. Bivacco Perelli (3831 m), Società Guide Cervino, 9 Plätze, immer offen). Schönbielhütte (2694 m), SAC Sektion Monte Rosa, Tel. +41 27 9671354 (Hütte), +41 27 9674057 bzw. +41 79 6394128 (Tal), 80 Plätze, Winterraum 12 Plätze, zur Skitourenzeit meist bewartet, www.section-monte-rosa.ch.
Varianten: Der Zugang zum Col de la Division kann auch von der Cabane des Vignettes bzw. dem Refuge des Bouquetins über den Col du Mont Brulé erfolgen. Natürlich kann das Rifugio Aosta auch im Aufstieg von Bionaz erreicht werden (7–8 Std.). Der lange Aufstieg lässt sich mit Zwischenstation im Ref. Prarayer in zwei Tagesetappen aufteilen, da man sonst erst spät nachmittags das Rifugio Aosta erreicht. Oder man fährt mit dem Auto/Taxi bis unter die Staumauer (Parkplatz), dann verkürzt sich der Hüttenaufstieg um 2 Std. (erst im späten Frühjahr).
Hinweis: Diese anspruchsvolle Tour sollte nur bei wirklich guten Verhältnissen angegangen werden, d.h. gut eingeschneite Eisbrüche und trockene, nicht vereiste Felsen. Es lohnt sich, den Hüttenwirt der Aostahütte nach den Verhältnissen zu fragen.
Kombinationsmöglichkeit: Diese Tour lässt sich als krönender Abschluss an die Arolla-Runde anhängen (Tour 41–45). Wer sich die Zeit nimmt, ins Valpelline hinabzufahren bzw. zu tragen, wird nicht nur ein eindrucksvolles italienisches Hochtal mit freundlichen Menschen kennenlernen, man kann von Aosta auch mit Bahn und Bus innerhalb von 2 Std. z.B. in Gressoney-la-Trinité sein und die Signalkuppe angehen (Tour 26). Auch Bourg St. Pierre, der Talort für den Mont Vélan (Tour 50, 1½ Std. von Aosta), oder Martigny (Touren 47–49, 2¼ Std. von Aosta) sind relativ schnell zu erreichen, allerdings sollte man im Voraus die aktuellen Busverbindungen und Abfahrtszeiten ermitteln – in Italien werden viele Strecken nur zweimal täglich bedient. Solch eine große Schleife erweitert das Erleben der Region »Wallis« doch beträchtlich, und oft sind es die »kleinen Entdeckungen« im Tal, die den »großen Abenteuern« am Berg erst die letzte Würze geben.
Karten: 283 S Arolla (auf der Rückseite Ausschnitt von Blatt 293!), 1347 Matterhorn.

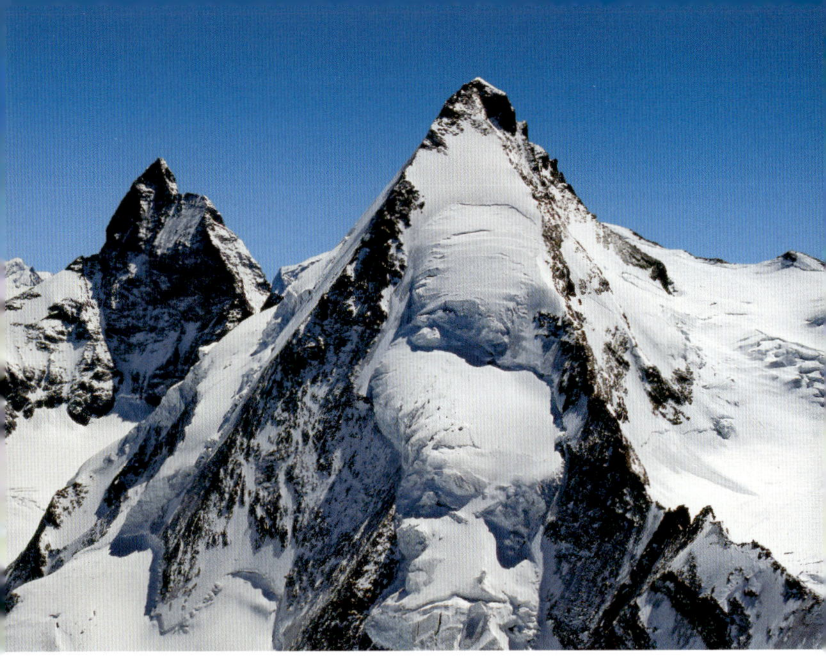

Eindrückliche Hängegletscher in der NW-Flanke, die erst ganz oben betreten wird.

Aufstieg zur Schönbielhütte: Von **Zermatt** steigt man über die Häusergruppe »Zum See« immer auf dem Südufer des Zmuttbaches zum **P. 2220** (2 Std.) oder man fährt kurz von der **Station Schwarzsee** (2583 m) des Pistengebietes zum P. 2220 ab. An den kleinen Seen vorbei betritt man den **Zmuttgletscher** und hält sich in der Nähe seines orografisch linken Ufers, bis man auf 2520 m nach Norden biegen kann und an dem Felssockel, auf dem die Hütte steht, westlich vorbei quert. Auf 2650 m wendet man sich nach Ost und gelangt so zur **Hütte** (2694 m) mit herrlicher Aussicht auf das Matterhorn (4–5 Std., WS). Bei sehr sicheren Verhältnissen kann die Hütte auch etwas schneller, aber steiler durch Direktaufstieg vom Zmuttgletscher erreicht werden.
Aufstieg zum Rifugio Aosta über den Col de la Division: Von der **Schönbielhütte** fährt man auf den **Zmuttgletscher** hinab und wendet sich erst nach Südwest, dann nach West, um im Bogen die große Felsinsel des **Stockji** (3092 m) zu umgehen. Sich nochmals Richtung Südwest orientierend, erreicht man über eine Spaltenzone einen flachen Absatz auf knapp 3000 m. Ziemlich steil (32°) nach Nord auf den **Stockjigletscher** aufsteigen – Achtung von Westen droht Eisschlag, nicht zu weit links ansteigen! Man hält auf das Glet-

scherbecken unter dem Col d'Hérens zu und steigt dann in einer spaltenarmen Mulde nach Südwest bis in den **Col de Valpelline** (3557 m, 4 Std., ZS–). Vom Col hält man sich zunächst nach Westen, immer in der Nähe der Südabstürze des Tête Blanche, bis man auf etwa 3400 m in eine, sich nach Südwesten öffnende große **Mulde** einfährt, die zu beiden Seiten von großen Spalten flankiert wird. In der Mulde bis auf fast 3300 m abfahren und kurz vor einer deutlichen Verflachung zum **Col de la Division** (3314 m) nach Süden queren. Auf der Südseite des Cols führt ein steiles **Couloir** auf den etwas tiefer liegenden, steilen, eingelagerten Gletscher, der zum **Rifugio Aosta** hinabzieht. Man steigt das Couloir zu Fuß ab (anfangs Fixseil, bei Vereisung heikel, S) und gelangt so auf den steilen Hang (37°), der je nach Schneeauflage nochmals eine kurze Unterbrechungsstelle durch ein Felsband aufweist. Entweder zu Fuß oder auf Skiern abfahrend darüber hinweg und zum Rifugio Aosta (2781 m, 6 Std.).
Gipfelaufstieg: Vom **Rifugio Aosta** kurz nach Süden absteigen und dann in östlicher Richtung queren, bis man die große Seitenmoräne des **Glacier des Grandes Murailles** erreicht. Dort, wo die Moräne sich aufsteilt, wird sie nach Osten überschritten, und man betritt die nördliche Zunge des Gletschers. Im weiteren Aufstieg hält man sich immer in der Nähe der steilen Südwände der Tête de Valpelline. Auch der erste Eisbruch zwischen 3200 und 3350 m wird in der Nähe der Begrenzungsfelsen steil überwunden (35°). Man steigt auf dem nun wieder flacheren Gletscher am **Tiefmattenjoch** vorbei weiter Richtung Osten an, bis die nächste **Bruchzone** auf 3600 m sich aufsteilt (38°). Auch hier

Ausstieg auf den Westgrat des Dent d'Hérens.

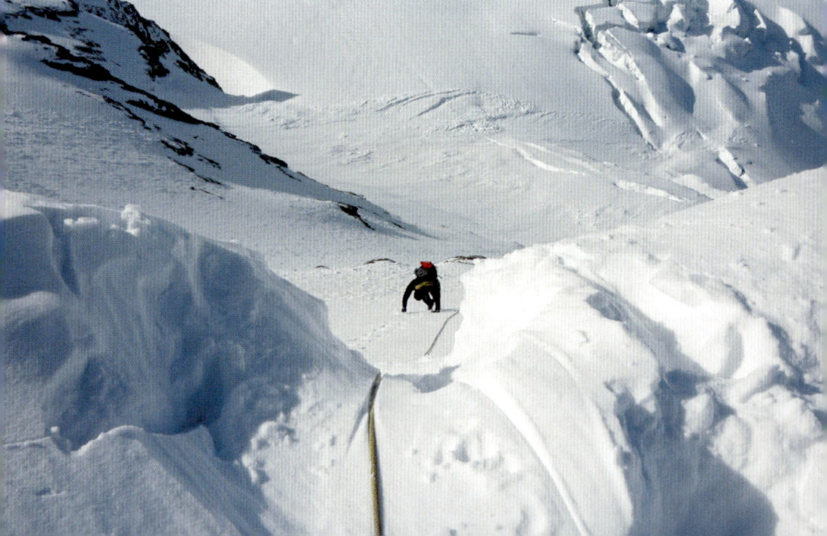

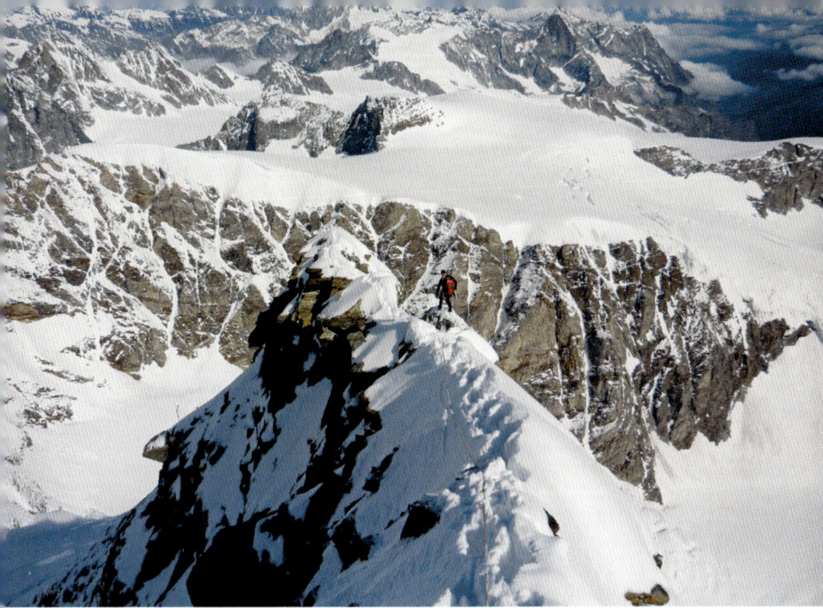

Der exponierte Gipfelgrat kann bei viel Schnee heikel sein.

eher am orografisch rechten Gletscherrand bleiben, um dann die steile **Südwest-Gipfelflanke** anzugehen. So hoch wie möglich mit Skiern, dann auf ca. 3750 m Skidepot und mit Steigeisen die steile und mehr heikle als schwierige Flanke in Richtung des **Westgrates** aufsteigen. Nach Erreichen des Grates findet man einige Sicherungsstangen, die im Abstieg zum Abseilen dienen können. Man steigt noch ein Stück auf dem Gletscher der **Nordwestflanke** auf, bis man über einige plattige Felsen (III) den Vereinigungspunkt mit dem Westnordwestgrat erklettert. Nun auf dem flachen **Gipfelgrat** in leichter, aber herrlich luftiger Blockkletterei zum höchsten Punkt. **Alternativ** kann der zweite Eisbruch auch südseitig umgangen werden und in die steile Mulde darüber aufgestiegen werden. Am **Bivacco Perelli** vorbei erreicht man in leichtem Bogen nach Norden die Ostschulter (4075 m, Wintergipfel) auf Ski.
Die spektakuläre **Abfahrt** erfolgt entlang der Aufstiegsroute bis zum **Rifugio Aosta**. Von dort wie im Aufstieg zurück nach **Zermatt**.
Alternativ **Abfahrt nach Süden** durch das schnurgerade Tal des Buthierbaches bis zum **Rifugio Prarayer** (2010 m). Von dort eben am Nordufer des Stausees **Lago des Places de Moulin** entlang bis zur Staumauer und je nach Schnee so weit wie möglich Richtung **Bionaz** (1606 m, 6 km von der Staumauerkrone) abfahren.

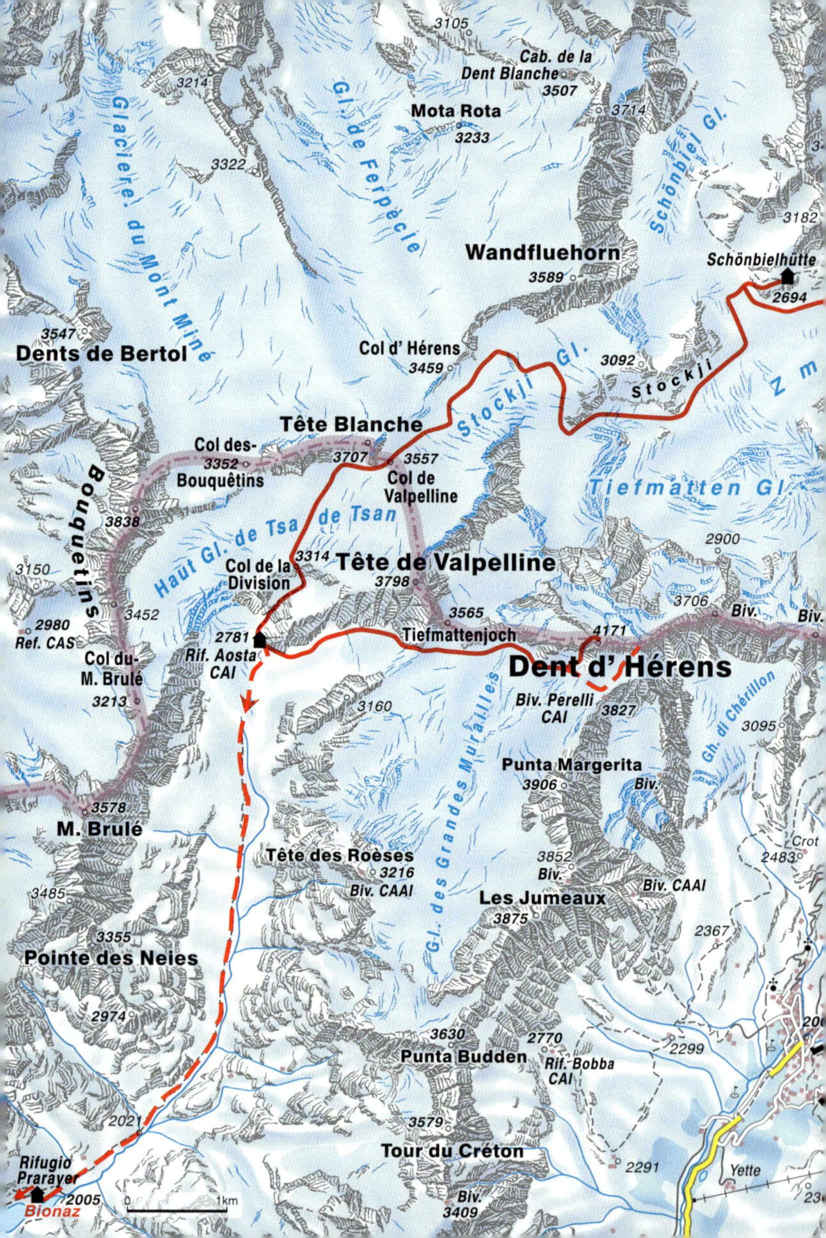
3105
Cab. de la
Dent Blanche
3507
Mota Rota
3233
3714
3214
Gl. de Ferpècle
Glaciere. du Mont Miné
Schönbiel Gl.
3322
3182
Wandfluehorn
3589
Schönbielhütte
2694
3547
Dents de Bertol
Col d' Hérens
3459
3092
Stockji Gl.
Stockji
Tête Blanche
Col des-
3352
Bouquêtins
3707
3557
Col de
Valpelline
Tiefmatten Gl.
Bouquetins
3838
Haut Gl. de Tsa de Tsan
3314
Col de la
Division
Tête de Valpelline
3798
2900
3150
3452
3565
3706
Biv.
2980
Ref. CAS
2781
Rif. Aosta
CAI
Tiefmattenjoch
4171
Dent d' Hérens
Col du-
M. Brulé
3213
3160
Biv. Perelli
CAI
3827
Gh. di Chérillon
3095
Gl. des Grandes Murailles
Punta Margerita
3906
Biv.
3578
M. Brulé
Crot
2483
Tête des Roèses
3216
Biv. CAAI
3852
Biv.
Biv. CAAI
3485
Les Jumeaux
3875
3355
2367
Pointe des Neies
2974
3630
2770
Punta Budden
Rif. Bobba
CAI
2299
2021
3579
Tour du Créton
Rifugio
Prarayer
2005
Bionaz
0
1km
Biv.
3409
2291
Yette

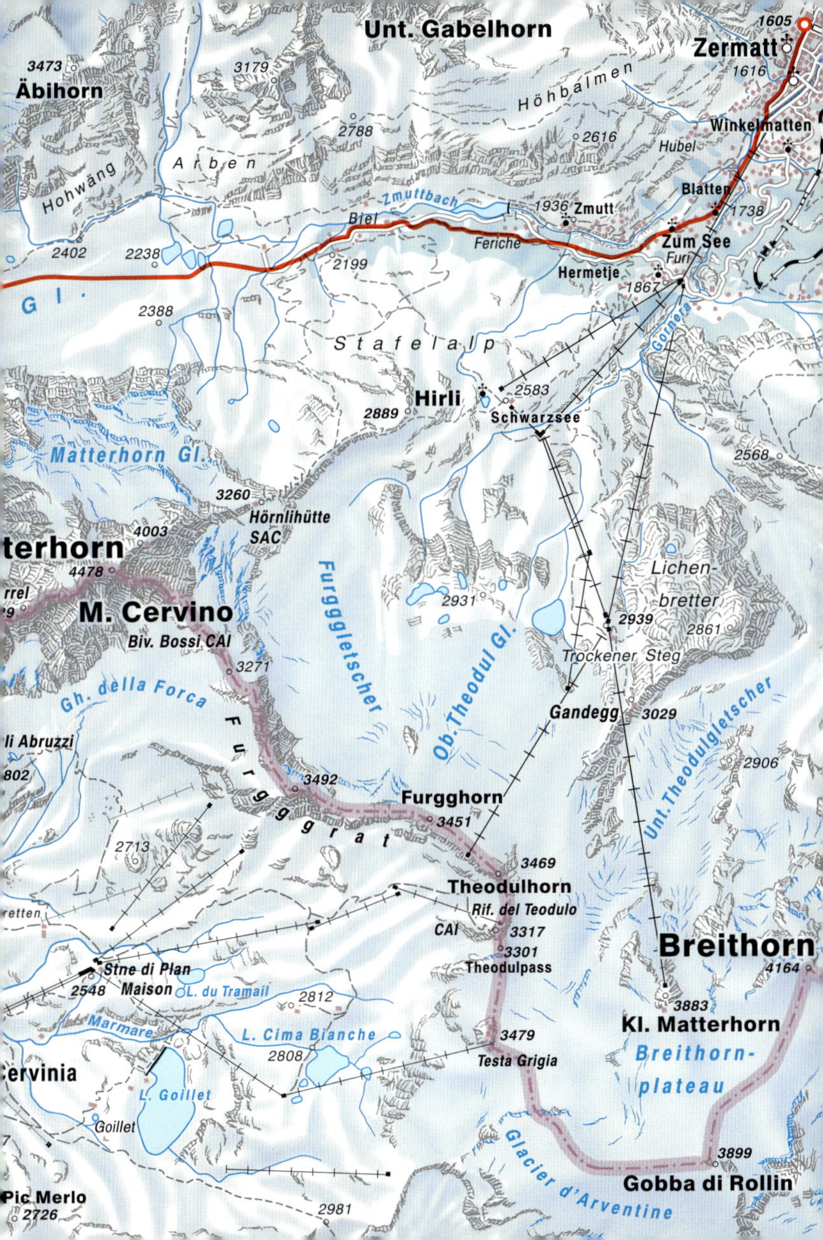
Unt. Gabelhorn
1605
Zermatt
1616
3473
Äbihorn
3179
Höhbalmen
2788
2616
Winkelmatten
Hubel
Arben
Hohwäng
Zmuttbach
Blatten
1936
Zmutt
1738
Biel
Zum See
Feriche
2402
2238
2199
Furi
Hermetje
1867
Gl.
2388
Gornera
Stafelalp
Hirli
2583
2889
Schwarzsee
Matterhorn Gl.
2568
3260
Hörnlihütte SAC
4003
terhorn
4478
Furggletscher
Lichenbretter
M. Cervino
2931
2939
2861
Biv. Bossi CAI
Ob. Theodul Gl.
Trockener Steg
3271
Gh. della Forca
Gandegg
3029
Unt. Theodulgletscher
li Abruzzi
Furggrat
2906
3492
Furgghorn
3451
2713
3469
Theodulhorn
Rif. del Teodulo CAI
3317
3301
Theodulpass
Breithorn
4164
Stne di Plan Maison
2548
L. du Tramail
2812
3883
Kl. Matterhorn
Marmore
L. Cima Bianche
3479
2808
Testa Grigia
Breithorn-plateau
ervinia
L. Goillet
Goillet
Glacier d'Arventine
3899
Gobba di Rollin
Pic Merlo
2726
2981

39 Grand Cornier (Vorgipfel), 3845 m

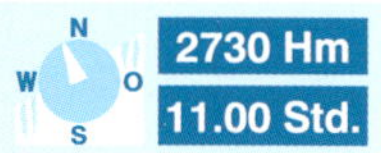

Großartige und einsame Traumtour in wilder Umgebung

Nur wenige Skitourengeher steuern die Moiryhütte als Ziel an und noch weniger nehmen den Aufstieg zum Grand Cornier unter die Felle. Das mag daran liegen, das der Glacier de Moiry als sehr spaltig verschrieen ist. Vielen ist vielleicht der Aufstieg einfach zu lang, dabei bietet diese Tour alles, was man sich nur wünschen kann – grandiose, einsame Landschaft, wilde Gletscher, traumhafte Abfahrten von mäßig steil bis extrem steil! Die Querung von drei Tälern bedeutet jede Menge Abwechslung und im Moirykessel ist man von der Zivilisation gefühlsmäßig genau so weit entfernt wie in Alaska. Auf 20 Quadratkilometern gibt es ein einziges Zeichen dafür, dass schon vor uns Menschen dieses Tal betreten haben – und das ist die ausgesprochen reizende und im Winter unbewartete Moiryhütte, die im Jahr 2010 erweitert wurde. Natürlich muss man sich sicher im Gelände zurechtfinden, und der Rucksack ist durch das Essen etwas schwerer, aber das Erlebnis ist dafür umso intensiver. Die Tour ist nur bei reichlichem und gesetztem Schnee zu empfehlen, also erst im Frühjahr – bei Pulverschnee im Tal ist diese Ecke einfach zu riskant!

Ausgangspunkt: La Forclaz (1731 m), Postauto von Les Haudères bzw. Sion, am besten steigt man an der Haltestelle »Col de la Forclaz« aus, das ist eine Station vor der Endhaltestelle »Forclaz«.
Endpunkt: Zinal (1675 m) oder La Forclaz (1727 m)/Les Haudères (1436 m).
Aufstiegszeit: Hüttenaufstieg 6 Std., Gipfel 5 Std.
Höhenunterschied: Hüttenaufstieg 1600 m, Gipfelaufstieg 1050 m; Abfahrt 1820 m mit 80 m Zwischenanstieg.
Anforderungen: Hüttenzustieg ZS+, Gipfelaufstieg ZS–, Abfahrt nach Zinal kurze Stelle am Col du Pigne S (45° auf 50 m).
Hangrichtung: Alle Hangrichtungen.
Lawinengefährdung: Nur bei sicheren Verhältnissen und Frühjahrsschnee.
Günstige Zeit: April – Juni.
Unterkunft: Cabane de Moiry (2825 m, Winterraum 30 Plätze, Holzherd und Brennholz vorhanden, im Winter unbewartet), Tel. +41 27 4754534 und +41 27 2831018 (Hütte) oder +41 79 2211542 (Tal), www.cabane-de-moiry.ch.

Varianten: Der Aufstieg ist im Prinzip auch von der Staumauer des Lac de Moiry möglich, allerdings wird die Fahrstraße von Grimentz (1564 m) zur Staumauer üblicherweise erst im Juni vom Lawinenschnee geräumt. Weitere Zustiegsvarianten zur Hütte gibt es aus den Skigebieten von Corne de Sorebois oder Becs de Bosson. Diese Zugangsmöglichkeiten sind jedoch, wie auch der Direktaufstieg von Grimentz, deutlich stärker von Nassschneelawinen und Schneebrettern bedroht als der vorgeschlagene Zustieg über den Col du Tsaté.
Hinweis: Im Hochwinter ist das unbewohnte obere Moirytal ein ausgesprochen ungastlicher Ort, der häufig von Lawinen heimgesucht wird. Erst im späteren Frühjahr, wenn der Schnee sich gesetzt hat, kann man ohne Gefahr dieses wilde und zur Skitourensaison sehr einsame Tal besuchen. Bei Anstieg der Lawinengefahr, z. B. durch Schlechtwetter, wird die Moiryhütte leicht zur Mausefalle – am ehesten gelingt eine Flucht noch über den Col de Tsaté. Ansonsten

heißt es abwarten und auf der gemütlichen Hütte Tee trinken, bis die Situation sich wieder entspannt hat. Weil man meist spät im Jahr unterwegs ist, gilt es, besonders kritisch auf die Zeitplanung zu achten, die Abfahrt nach Zinal wird bei warmem Wetter ab Mittag gefährlich!
Evtl. läßt sich der Hüttenzustieg von La Forclaz durch den Schlepplift auf die Alp La Tsaté (2210 m) noch um 450 Hm verkürzen – aber wer die 1100 Hm zum Col de Tsaté nicht aus eigener Kraft bewältigen kann, sollte sich diese Tour eher nicht vornehmen. Zudem sind die Betriebszeiten des Lifts im Frühjahr sehr unregelmäßig – man sollte sich also bei der Zeitplanung nicht auf den Lift verlassen!
Kombinationsmöglichkeit: Tour 40 Pigne de la Lé.
Karten: 283 S Arolla, 1327 Evolène.

Hüttenanstieg: Von der Postautohaltestelle »**Col la Forclaz**« (1731 m, nicht zu verwechseln mit dem viel bedeutenderen Straßenpass gleichen Namens zwischen Martigny und Chamonix) steigt man in nordöstlicher Richtung in der großen Schneise auf, bis man kurz vor den Häusern von Motau (1924 m) nach Osten umbiegt. Zwischen dem Weiler Tsaté und der Bergstation des kleinen Schlepplifts hindurch, aber immer südlich des Bachlaufs bleibend gewinnt man schließlich eine flachere Stufe auf etwa 2460 m (2½ Std.). Allmählich nach Nord eindrehend geht man zwischen dem winzigen See im Westen und einer kleinen Felsstufe im Osten hindurch weiter zu einem weiteren Aufschwung, der wieder in Richtung Nordost überwunden wird. Nun befindet

Das oberste Moirytal mit dem gewaltigen Eisbruch – links davon steht die Hütte.

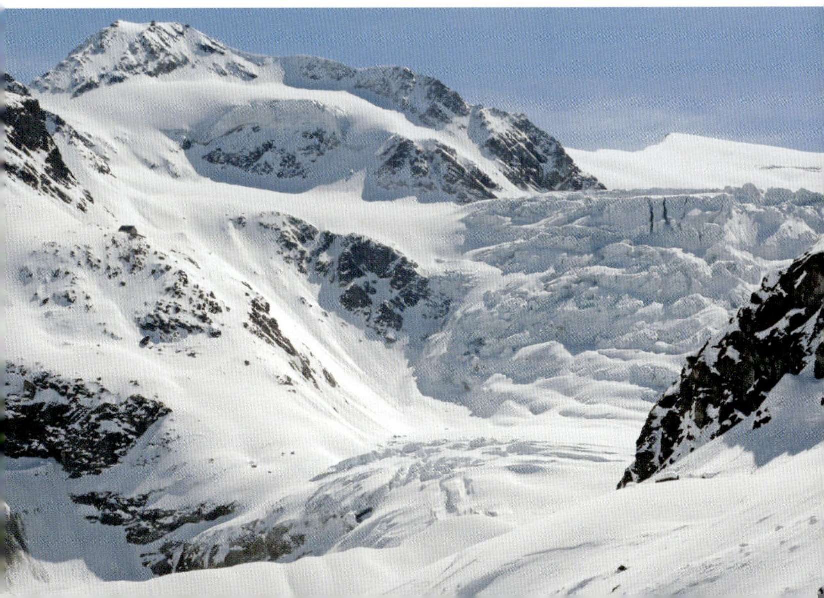

man sich bereits in Sichtweite des **Col de Tsaté** (2868 m) der in einem leichten Linksbogen über einen immer steiler werdenden Hang in einem zauberhaften Hochtal erreicht wird (3½ Std.). Vom Col auf der anderen Seite ins **Val Moiry** abfahren, dabei aber respektvollen Abstand vor möglichen Lawinen aus der Nordostflanke des Couronne de Bréona halten. Eine flachere Terrasse führt in sudöstlicher Richtung bis fast hinab zur linken Seitenmoräne des **Glacier de Moiry**, nur das letzte Stück ist wieder etwas steiler. Hat man die **Moräne** erreicht (ca. 2450 m), wird wieder angefellt und das Tälchen im Westen der Moräne zum Aufstieg benutzt – nicht auf den Gletscher absteigen, wie es noch in der Landeskarte gezeigt ist! Man bleibt westlich der Moräne, bis man auf 2700 m leicht auf den deutlich abgeschmolzenen **Gletscher** hinabfahren kann (5 Std.). Man quert den flachen und hier fast spaltenfreien Gletscher an sein gegenüberliegendes Ufer nach Osten und wendet sich jetzt nach Norden. Der letzte, sehr steile **Aufschwung** zur Hütte wird zwischen einigen Felsen hindurch überwunden und endet direkt an der **Hütte**.

Gipfelanstieg: Von der **Hütte** nach Südost halten und die steilen und bei Vereisung heiklen Hänge aufsteigend queren, die in Richtung Pigne de la Lé hochziehen. Auf etwa 3000 m wird der **Glacier du Moiry** betreten, der sich bald zurücklegt und angenehmeres Steigen erlaubt. Unter der markanten, mit Seracs verzierten Felsstufe in der Westflanke der Pigne dreht man nach Süden ein und hält respektvollen Abstand vor dem Gletscherabbruch, der mit Eisschlag droht. Man hat jetzt den **großen Eisbruch** überwunden, der gestern neben der Hütte zu bewundern war, und hält weiter südwestlich auf die flache Mitte des Gletschers zu. Von der großen, flachen **Mulde** auf etwa

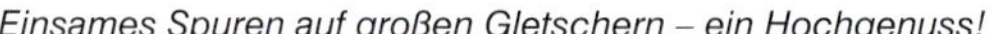

Einsames Spuren auf großen Gletschern – ein Hochgenuss!

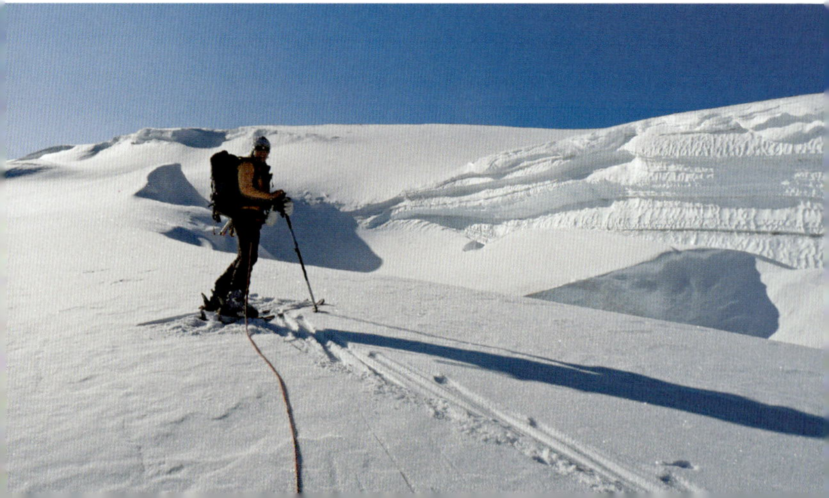

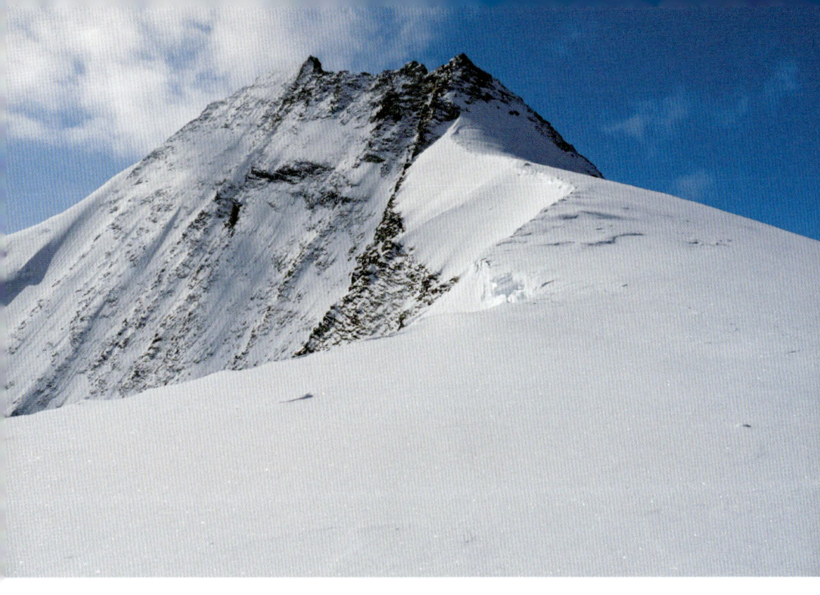

Eine elegante Firnflanke – das letzte Stück zum Grand Cornier Wintergipfel.

3200 m steigt man in der Mitte des Gletschers Richtung Südost etwa auf den **P. 3626** im Kamm der Bouquetins zu und lässt die ausgedehnte Bruchzone des Gletschers westlich liegen. Kurz unter dem P. 3626 leitet eine Mulde wieder mehr nach Südwest und man erreicht das fast ebene **Gletscherplateau** auf 3580 m. Hier muss man sich für einen der beiden Gipfel entscheiden: Entweder hält man auf das immer steiler werdende Firndreieck des **Grand Cornier** zu, bis es geraten scheint, Skidepot zu beziehen und auf die Steigeisen umzusteigen. Man hält auf die westlichen Begrenzungsfelsen des Firndreiecks zu (orografisch links) und steigt in die leichten aber ausgesetzten Felsen dort ein, wo es günstig erscheint. Der kurze **Felsgrat**, der zum wenig ausgeprägten **Vorgipfel** (3845 m) führt, verlangt sorgfältiges Steigen, da die meist verschneiten Felsen etwas brüchig sind. Der weitere Gratverlauf zum Hauptgipfel des Grand Cornier (3962 m) ist klettertechnisch schwierig und wird im Sommer mit III bewertet – im verschneiten Zustand ist er sehr anspruchsvoll, zeitraubend und wird dann praktisch nicht begangen. Wer stattdessen lieber mit der **Pointe de Bricola** einen »richtigen Gipfel« besteigen will, dreht am Beginn des oben erwähnten Plateaus auf 3580 m nach Südwest ab und erreicht rasch den kleinen **Col de Bricola** (3622 m, Skidepot). Auf dem unschwierigen Firngrat ist man in wenigen Minuten am Gipfel angelangt (3658 m, Steinmann).

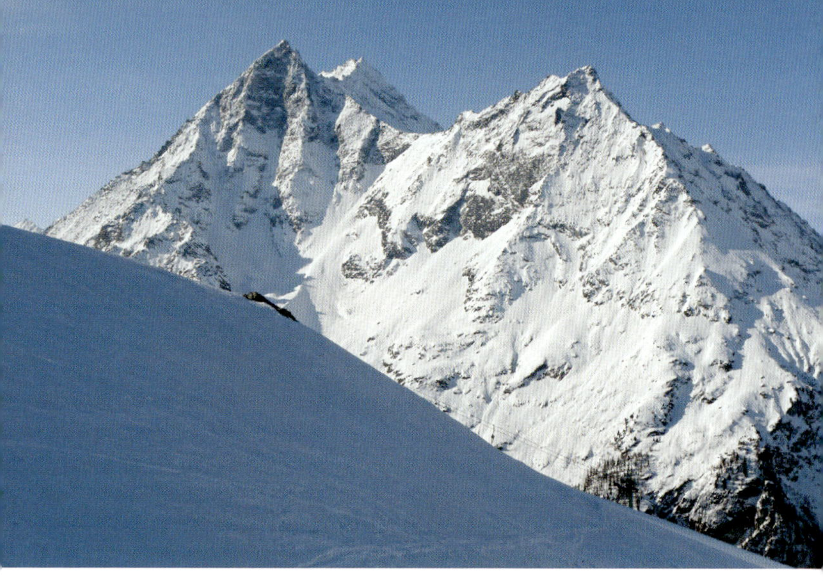

Die Dents di Veisivi sind eine Augenweide beim Aufstieg zum Col de Tsaté.

Von beiden Gipfeln folgt man vom Skidepot in der **Abfahrt** der Aufstiegsroute. Wenn man die ausgesprochen lohnende, aber anfangs steile **Überschreitung nach Zinal** machen will, fährt man wieder bis unter die Seracs der Pigne de la Lé ab und steigt von hier nochmals 100 Hm nach Nordosten zum **Col du Pigne** auf. Auf der anderen Seite des Cols geht es anfangs (50 Hm) sehr steil kurz nach rechts, dann gleich wieder nach links haltend hinab – bei hartem Schnee oder Vereisung besser zu Fuß mit Steigeisen absteigen. Der folgende Hang ist der reine Genuss – man hält sich ziemlich genau nach Norden und erreicht, auf ca. 2650 m einige Felsen umfahrend, etwas flacheres Gelände und dreht dann langsam in Richtung Osten ein. Zwischen 2200 und 2000 m muss man je nach Schneelage den besten Durchschlupf suchen, unterhalb 2000 m beginnt bereits eine Zone mit höherem Bewuchs, der besonders bei aufgeweichtem Schnee sehr hinderlich werden kann. Man behält die östliche Richtung bei, bis man auf die flache **Bachebene** auf 1900 m gelangt, wo meistens eine ausgetretene Spur (Langlaufloipe!) von der Cabane du Petit Mountet (2142 m) nach Norden aus dem engen Tal herausführt. Vorsicht: Dieser Weg ist sehr von Nassschneelawinen bedroht! Über die **Alp Le Vichiesso** fährt man auf einem Forststräßchen weiter talauswärts und gelangt auf die große Schwemmebene der Navisence, überquert am Ende der Ebene den Bach auf einer Brücke und erreicht so **Zinal**.

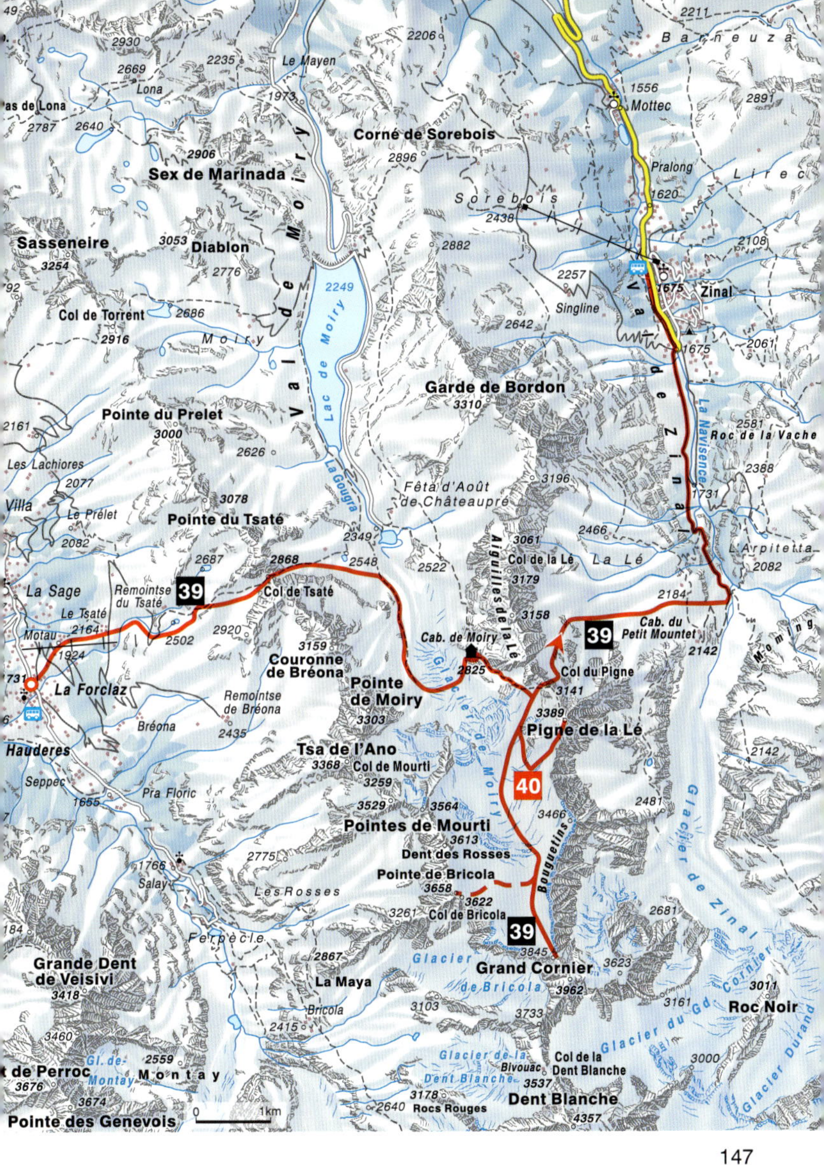

Corné de Sorebois
Sex de Marinada
Sasseneire
Diablon
Col de Torrent
Val de Moiry
Lac de Moiry
Moiry
Pointe du Prelet
Garde de Bordon
Zinal
Mottec
Pralong
Sorebois
Barneuza
Lirec
Singline
Val de Zinal
La Navisence
Roc de la Vache
Fêta d'Août de Châteaupré
La Gougra
Pointe du Tsaté
Col de la Lé
La Lé
Aiguilles de la Lé
L'Arpitetta
La Sage
Le Tsaté
Remointse du Tsaté
Col de Tsaté
Cab. du Petit Mountet
Cab. de Moiry
Moming
Motau
La Forclaz
Remointse de Bréona
Couronne de Bréona
Pointe de Moiry
Col du Pigne
Glacier de Moiry
Pigne de la Lé
Bréona
Hauderes
Tsa de l'Ano
Col de Mourti
Seppec
Pra Floric
Pointes de Mourti
Dent des Rosses
Pointe de Bricola
Bouquetins
Glacier de Zinal
Salay
Les Rosses
Col de Bricola
Ferpècle
Grande Dent de Veisivi
La Maya
Glacier de Bricola
Grand Cornier
Bricola
Roc Noir
Glacier du Gd. Cornier
Glacier de la Dent Blanche
Bivouac
Col de la Dent Blanche
Gl. de Montay
Montay
Dent de Perroc
Dent Blanche
Rocs Rouges
Pointe des Genevois
Glacier Durand
Les Lachiores
Le Prélet
Villa
Lona
Le Mayen
39
40
0
1km

40 Pigne de la Lé, 3396 m

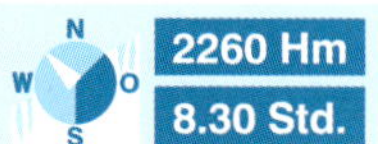

Unschwieriger Aussichtsgipfel mit einer Riesenabfahrt nach Zinal

Im Sommer ist der Pigne de la Lé ein ungemein dankbares und rasch erreichbares Gipfelziel, denn nicht nur der Hütten-, sondern auch der Gipfelweg ist nicht besonders lang und die Aussicht in den Gletscherkessel von Zinal einfach großartig. Im Winter ist allerdings der Hüttenzustieg erheblich aufwendiger und eigentlich nur im Rahmen eines Überganges vom Val d'Hérens ins Val de Zinal empfehlenswert – dann kann man die relativ lawinensichere Route über den Col du Tsaté als Einstieg benutzen und dabei die Verhältnisse studieren und hat nach dem Gipfel eine fantastische Steilabfahrt direkt ins Tal vor sich. Der direkte Hüttenzustieg von Grimentz ist lang und oft lawinengefährdet, reichlich mühsam und nicht zu empfehlen – die den Aufstieg erheblich verkürzende Straße zum Stausee wird meist erst Anfang Juni geräumt. Auch wer von Sorebois, der Bergstation der Zinal-Bahnen startet, hat einen weiten Weg mit langem Flachstück am Stausee entlang zur Hütte vor sich; außerdem stellt die Bahn eigentlich zu früh im Jahr für die geplante Abfahrt nach Zinal den Betrieb ein. Wer aber diese hier vorgestellte »kleine« Durchquerung unternimmt, wird ein Skierlebnis der besonderen Art mit nach Hause nehmen, denn meist wird er ganz alleine seine Spuren in dieser hochalpinen Region ziehen! Besonders empfiehlt sich dabei eine Kombination mit der Tour zum Grand Cornier (Tour 39): 1. Tag Hüttenzustieg von La Forclaz, 2. Tag Grand Cornier, 3. Tag Pigne de la Lé und Talabfahrt nach Zinal.
Die beschriebene Talabfahrt nach Zinal verlangt absolut sichere Schneeverhältnisse, die sich oft erst im späteren Frühjahr nach längerer Schönwetterperiode einstellen. Dass dazu auch nur technisch sehr sichere Skifahrer in diesen Riesensteilhang einfahren dürfen, versteht sich von selbst.

Ausgangs-/Endpunkt: Siehe Tour 39.
Aufstiegszeit: Hüttenanstieg 6 Std., Gipfel 2¼ Std., Wegstrecke 2,8 km.
Höhenunterschied: Hüttenaufstieg 1600 m, Gipfelaufstieg 580 m; Abfahrt 1820 m mit 80 m Zwischenanstieg.
Anforderungen: WS (Gipfelaufstieg), ZS+ für Talabfahrt nach Zinal (oberste 50 Hm ca. 45°, evtl. Wechte, dann weite Strecken 40–35° steil).
Hangrichtung: Aufstieg NW und S, Abfahrt S, NW und NO.
Lawinengefährdung: Nur bei sicheren Verhältnissen (Gefahr von Neuschnee- oder nachmittäglichen Nassschneelawinen in der Flanke gleich über der Hütte); die Zinal-Abfahrt darf nur bei absolut sicheren Verhältnissen gewagt werden.
Günstige Zeit: April – Ende Mai.
Unterkunft: Cab. de Moiry, 2825 m, siehe Tour 39 (Grand Cornier). 6 Std. von La Forclaz, 7,7 km mit 1500 Hm.
Hinweis: Die Spalten des Moiry-Gletschers sollten nicht unterschätzt werden, insbesondere in schneearmen Wintern ist Anseilen angesagt!
Kombinationsmöglichkeit: Weitere Gipfeltour Grand Cornier sehr zu empfehlen!
Karten: 283 S Arolla, 1327 Evolène.
Tourenkarte: Siehe Tour 39.

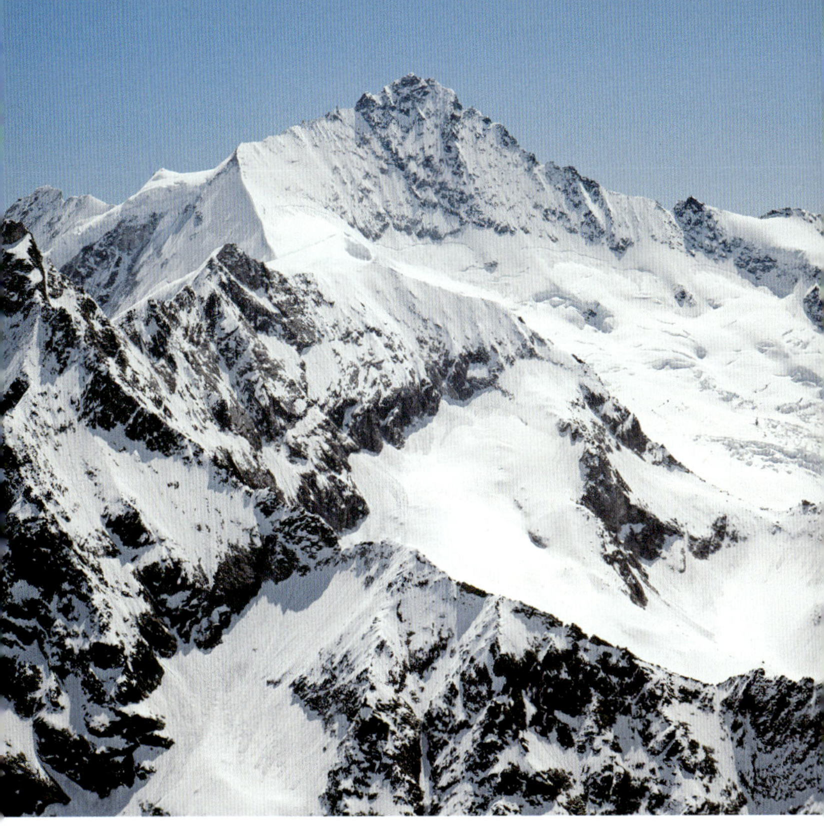

Ausblick vom Pigne de la Lé auf die Westseite des Zinalrothorn mit dem Grat zur Schulter (L'Epaule, Tour 34), davor Blanc de Moming (Tour 35).

Hüttenzustieg siehe Tour 39.
Gipfelaufstieg: Von der **Moiryhütte** quert man ansteigend die steilen Hänge auf den Pigne zu, auf etwas 3000 m erreicht man den Rand des **Moirygletschers** (Lawinen!). Man biegt nun in südliche Richtung ein, quert direkt unter dem westlichen Felssockel des Pigne de la Lé vorbei, bis man auf etwa 3150 m Höhe hinter den Felsen links umbiegen kann und schließlich über den obersten Südwesthang die **Gipfelkuppe** erreicht.
Abfahrt entlang der Aufstiegsroute. Für sehr gute Skifahrer bei allersichersten Verhältnissen siehe Variante Tour 39 (Grand Cornier) nach **Zinal**.

41 Mont Blanc de Cheilon, 3827 m

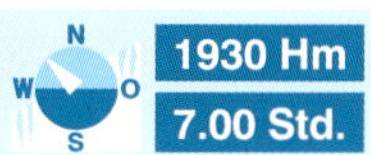

Hoher Skigipfel und Auftakt unserer Arolla-Runde

Der Talschluss von Arolla bietet ein unglaublich reichhaltiges Skitourenrevier mit großartigen Gipfelmöglichkeiten. Da ist es eigentlich zu schade, nach einem Gipfeltag schon wieder ins Tal abzufahren, und so stellen die folgenden Vorschläge eine große Gipfelrundtour vor, die den ganzen Kessel um Arolla umrundet. Bei Schlechtwetter oder Zeitmangel lässt sich das Ganze nach jeder Etappe unproblematisch mit einer Talabfahrt nach Arolla beenden oder unterbrechen. Die Lifte von Arolla werden häufig benutzt, um den Hüttenaufstieg zu verkürzen – einmal oben angelangt können wir uns fast beliebig von einem Gipfel zum nächsten bewegen: Mont Blanc de Cheilon – Pigne d'Arolla – L'Evêque – Mont Brulé – Tête de Valpelline. Alles große Berge über der 3500-Meter-Marke! Wem dies auf einmal zu viel ist, teilt das Ganze eben auf mehrere Besuche auf – und manchmal soll es ja (selbst im Wallis) auch Schlechtwetter geben, was zum Abbruch der Unternehmung führt; dann stehen die Ziele für den nächsten Urlaub schon fest!

Ausgangspunkt: Arolla (2007 m), Postauto von Sion durch das Val d'Hérens (Evolène – Les Haudères).
Aufstiegszeit: Zur Cabane des Dix etwa 2 Std. mit Liftbenutzung von Arolla; ohne Liftbenutzung ca. 3½ Std. Gipfelanstieg 3–3½ Std.
Höhenunterschied: Zur Dixhütte: mit Liftbenutzung von Arolla 540 Hm mit 80 m Zwischenabstieg am Pas du Chèvres, 3,6 km Wegstrecke; ohne Liftbenutzung zusätzliche 480 Hm Anstieg. Gipfelanstieg 910 m, Wegstrecke 4,9 km.
Anforderungen: ZS, 30°.
Hangrichtung: Ost bis West.
Lawinengefährdung: Nur bei sicheren Verhältnissen. Die Gletscherrampe zum Vorgipfel kann lawinengefährdet sein.
Günstige Zeit: März – Mai.
Unterkunft: Cabane des Dix (2928 m), SAC Sektion Monte Rosa, 146 Plätze, bewirtschaftet von Mitte/Ende März bis Mitte/Ende Mai, in der übrigen Zeit ist die Hütte offen. Tel. +41 27 2811523; www.cabanedesdix.ch.
Hinweis: Reservierung unbedingt erforderlich. Rückkehr von der Dixhütte ins Tal nur über den Pas de Chèvres (nicht zum Dix-Stausee, da das untere Dixtal im Winter nicht begehbar ist).
Kombinationsmöglichkeit: Diese Tour lässt sich mit den Touren 42–45 hervorragend als Start zu einer großen Gipfelrundtour um das Arollatal verbinden.
Karten: 283 S Arolla, 1346 Chanrion, 1347 Matterhorn.

Hüttenanstieg: Das Liftgebiet von **Arolla** benutzt man normalerweise bis »Fontanesses 1« etwa 2450 m (ohne Lifte auf der Piste hierher in ca. 1½ Std.), man geht dann in westlicher Richtung zum Pas de Chèvres (2855 m) – würde man die obere Lift-Sektion auch noch benutzen (»Fontanesses 3«, bis 2633 m), müsste man in einer Schrägfahrt unter den Petit Mont Rouge mit möglichst wenig Höhenverlust auf die Anstiegsroute queren, was nur einen kleinen Zeitgewinn bringt.

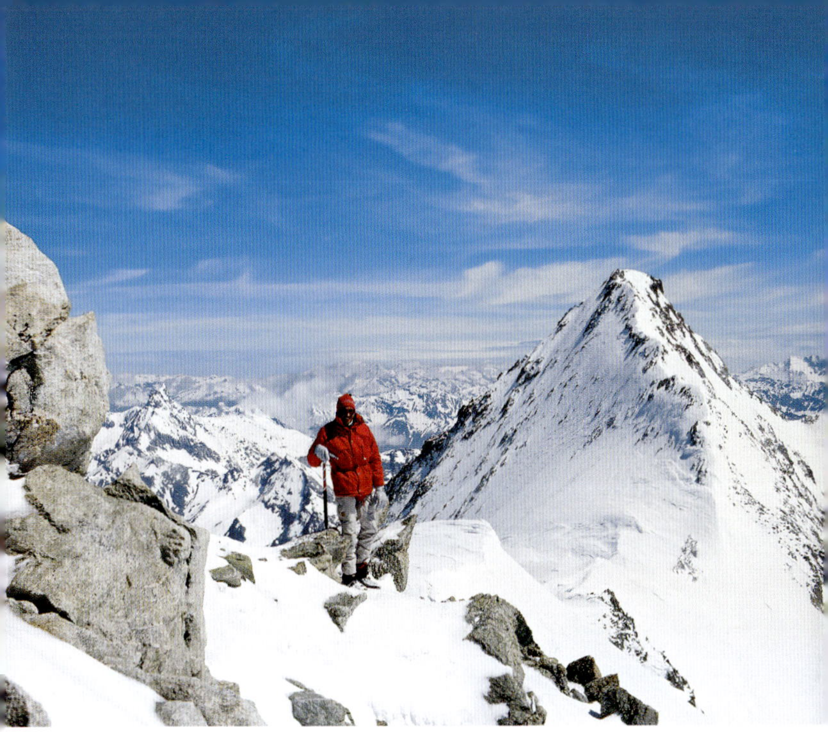

Blick vom Vorgipfel auf den Hauptgipfel des Mont Blanc de Cheilon.

Vom **Pas de Chèvres** klettert man auf den Eisenleitern etwa 30 m über die westseitige Felsflanke ab und quert dann zum Glacier de Cheilon. Der Gletscher wird nach Südwest gerade auf die gegenüber auf einem kleinen Buckel gelegene **Dixhütte** gequert und die wenigen Meter dorthin aufgestiegen.

Gipfelanstieg: Von der Hütte geht man in südwestlicher Richtung gerade zum **Col de Cheilon** (3237 m), anfangs auf der westlichen Seitenmoräne, am letzten Drittel dann auf dem **Cheilongletscher** selbst. Gleich hinter dem flachen Col geht man in südlicher Richtung auf die **Ruinette** zu und erreicht direkt an deren Nordfuß eine Gletscherrampe, die in gleichbleibender Steilheit nach Osten, im oberen Bereich nach Nordost direkt zum **Vorgipfel des Mont Blanc de Cheilon** (3827 m) führt. Der Übergang zum Hauptgipfel (3870 m) erfordert einige Kletterei (bis II) und ist im Frühjahr oft noch verschneit, daher ist üblicherweise der Vorgipfel auch der »Wintergipfel«.

Abfahrt entlang der Aufstiegsroute.

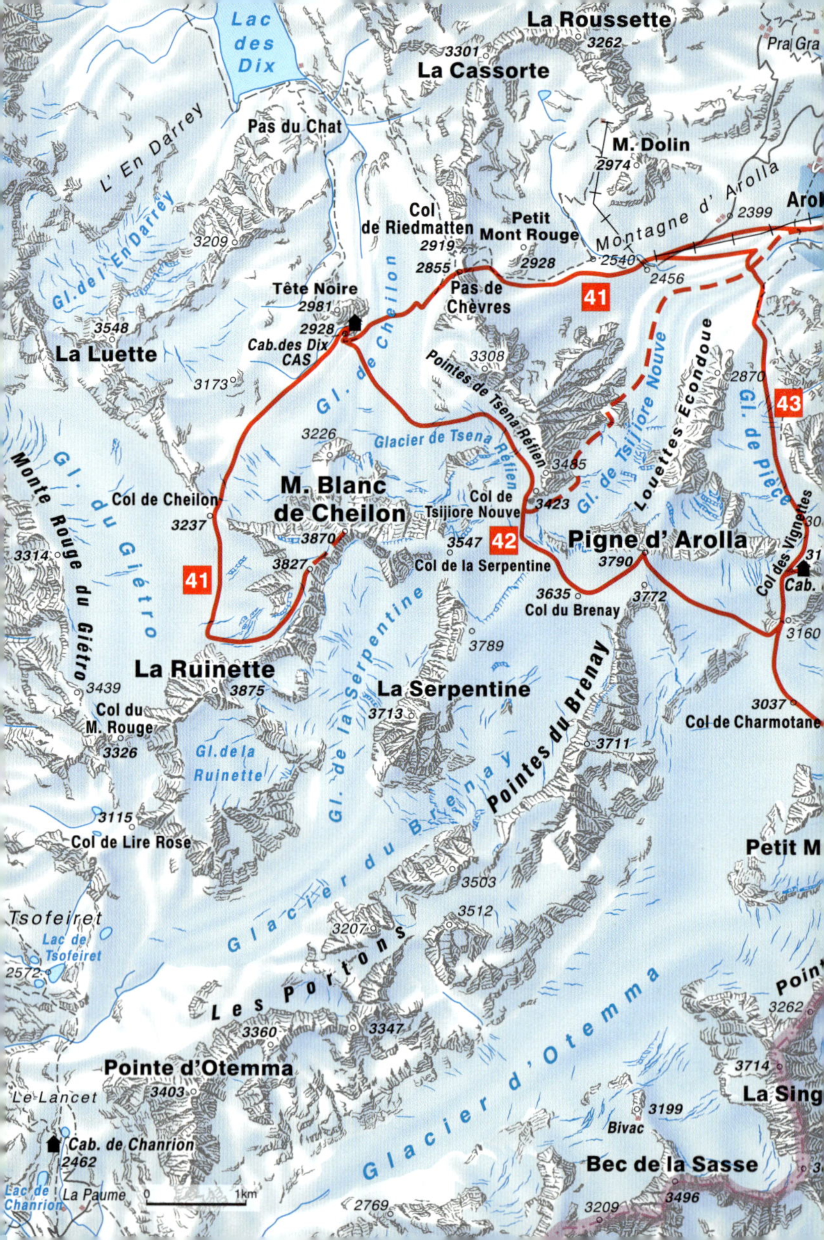

Lac des Dix
La Roussette
3262
Pra Gra
3301
La Cassorte
Pas du Chat
L' En Darrey
M. Dolin
2974
Montagne d' Arolla
Arol
2399
Col de Riedmatten
2919
Petit Mont Rouge
2928
2540
2456
2855
3209
Gl. de l' En Darrey
Tête Noire
2981
Pas de Chèvres
41
2928
Cab. des Dix CAS
3548
La Luette
3173
Gl. de Cheilon
3308
Pointes de Tsena Réfien
Louettes Econdoue
2870
Gl. de Tsijiore Nouve
43
Gl. de Pièce
3226
Glacier de Tsena Réfien
3485
Monte Rouge du Giétro
Gl. du Giétro
Col de Cheilon
3237
M. Blanc de Cheilon
Col de Tsijiore Nouve
3423
Col des Vignettes
3314
3870
42
3547
Pigne d' Arolla
3790
Cab.
3827
41
Col de la Serpentine
3635
Col du Brenay
3772
3160
3789
La Ruinette
3875
La Serpentine
Gl. de la Serpentine
Pointes du Brenay
3439
Col du M. Rouge
3326
3713
3037
Col de Charmotane
Gl. de la Ruinette
3711
Gl. de Brenay
3115
Col de Lire Rose
Petit M
Glacier du Brenay
3503
3512
Tsofeiret
Lac de Tsofeiret
3207
Les Portons
2572
Point
3262
3360
3347
Glacier d'Otemma
Pointe d'Otemma
3714
3403
Le Lancet
La Sing
3199
Bivac
Cab. de Chanrion
2462
Bec de la Sasse
Lac de Chanrion
La Paume
0
1km
2769
3209
3496

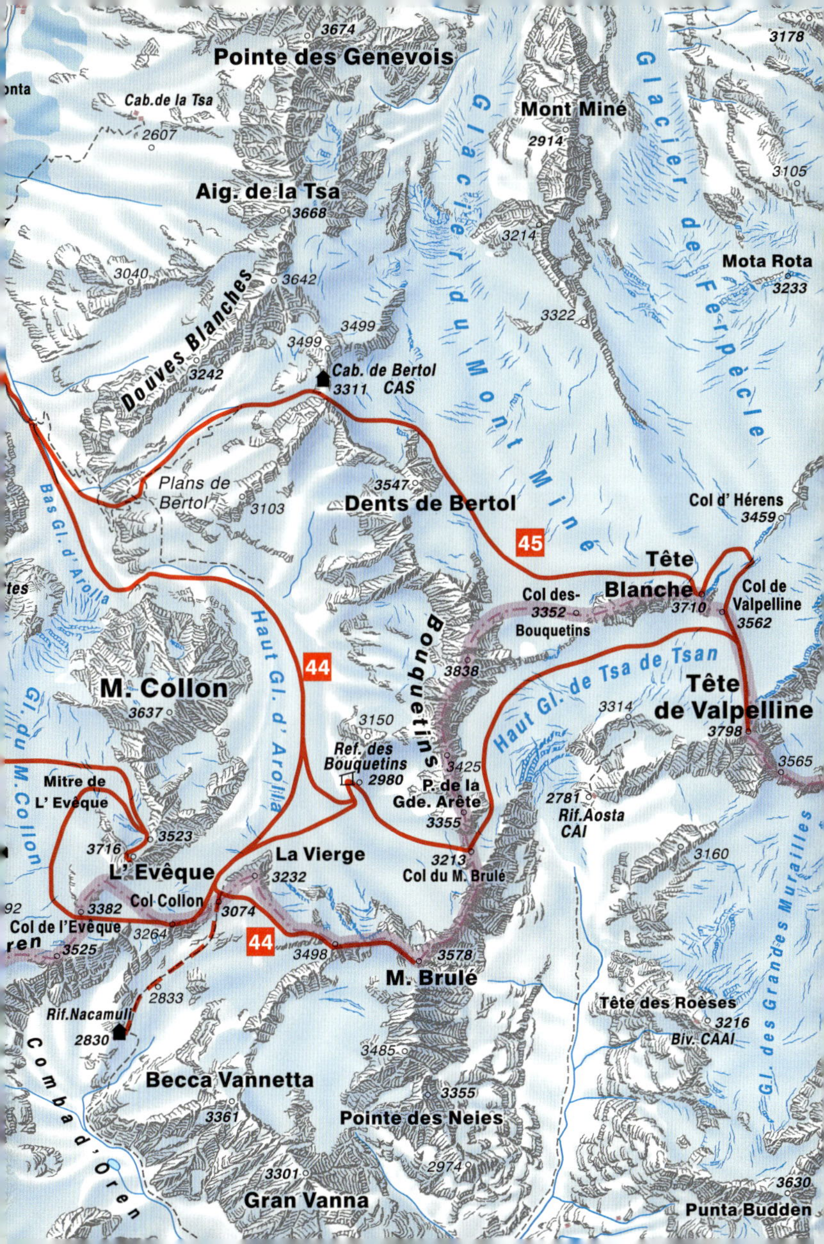
3674
Pointe des Genevois
3178
Cab.de la Tsa
2607
Mont Miné
2914
Glacier du Mont Miné
Glacier de Ferpècle
3105
Aig. de la Tsa
3668
3214
Mota Rota
3233
3040
3642
Douves Blanches
3322
3499
3499
Cab. de Bertol
3311
CAS
3242
Plans de
Bertol
3103
3547
Dents de Bertol
Col d' Hérens
3459
45
Tête
Blanche
3710
Col des-
3352
Bouquetins
Col de
Valpelline
3562
Bas Gl. d'Arolla
Haut Gl. d'Arolla
44
Bouquetins
3838
Haut Gl. de Tsa de Tsan
Tête
de Valpelline
3798
M. Collon
3637
3150
3314
3565
Ref. des
Bouquetins
2980
3425
P. de la
Gde. Arête
3355
2781
Rif.Aosta
CAI
Gl. du M. Collon
Mitre de
L' Evêque
3523
3716
L' Evêque
La Vierge
3232
3213
Col du M. Brulé
3160
3382
Col Collon
3074
Col de l'Evêque
3264
44
3525
3498
3578
M. Brulé
Gl. des Grandes Murailles
2833
Tête des Roèses
3216
Biv. CAAI
Rif.Nacamuli
2830
3485
Comba d'Oren
Becca Vannetta
3355
3361
Pointe des Neies
2974
3301
Gran Vanna
3630
Punta Budden

42 *Pigne d'Arolla, 3790 m*

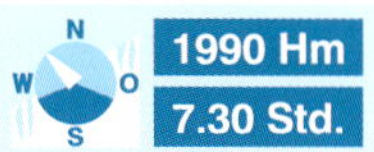

Zu Recht einer der beliebtesten Walliser Skigipfel als Überschreitung

Ein einsamer Geheimtipp ist der Pigne d'Arolla gewiss nicht: Dazu liegt er zum einen an der viel begangenen Haute Route, zum anderen ist er für einen hohen 3000er sehr rasch von der Vignetteshütte zu erreichen und dazu eben ein idealer Skigipfel mit großen Gletscheranstiegen bis zum höchsten Punkt. Für unseren Vorschlag wollen wir diesen Berg von West nach Ost überschreiten und wechseln damit von der Dix- zur Vignetteshütte, also eine der Mitteletappen unserer großen Arolla-Gipfelrunde (siehe auch Einführung bei Tour 41 (Mont Blanc de Cheilon). Wer weniger Zeit hat, kann natürlich über die Vignetteshütte auch gleich wieder ins Tal abfahren und sich dabei über die 1800 Hm hoffentlich besten Schnees freuen. Alle anderen bleiben die Nacht auf dieser exponiert gelegenen Hütte (bitte vorher reservieren, da sehr stark besucht!) und können am nächsten Tag einen weiteren Ski-Höhepunkt anhängen. Durch die große Beliebtheit dieser Touren wird man hier fast immer Spuren vorfinden, die Routenfindung ist damit normalerweise kein Thema – wenn aber das Wetter kippt, sind auf dieser exponierten Höhe bei Schneefall, Wind und Nebel blitzartig alle Spuren weg, und dann kann es richtig ernst werden! Also trotz aller Verlockungen auch solche (Mode-)Berge nicht ohne die nötige Auswertung und Erfahrung angehen.

Ausgangspunkt: Arolla (2007 m), Postauto von Sion durch das Val d'Hérens (Evolène – Les Haudères).

Aufstiegszeit: Cabane des Dix (2928 m), ca. 3½ Std. von Arolla, mit Liftbenutzung ca. 2 Std.; siehe Tour 41 (Mont Blanc de Cheillon). Gipfelanstieg Pigne d'Arolla 3½–4 Std., Wegstrecke 4,9 km (Aufstieg).

Höhenunterschied: Zur Dixhütte: mit Liftbenutzung von Arolla 540 Hm mit 80 m Zwischenabstieg am Pas du Chèvres, 3,6 km Wegstrecke; ohne Liftbenutzung zusätzliche 480 Hm Anstieg. Zur Pigne d'Arolla 970 m im Aufstieg, nach 70 m Abfahrt zum Gletscher; 740 m Abfahrt zur Vignetteshütte.

Anforderungen: ZS, bis 35°.

Hangrichtung: Aufstieg Nord und West, Abfahrt Ost und Nord.

Lawinengefährdung: Nach größeren Neuschneefällen am Tsena-Refien-Gletscher, gelegentlich schneebrettgefährdet in der Steilstufe unter La Serpentine.

Günstige Zeit: März – Juni.

Unterkunft: Cabane des Dix (2928 m), siehe Tour 41.
Cabane des Vignettes (3160 m) am gleichnamigen Col im Osten der Pigne d'Arolla, in der Skitourenzeit (von Anfang/Mitte März bis Mitte/Ende Mai) bewirtschaftet, ca.130 Plätze, Winterraum immer offen. Tel. +41 27 2831322; www.section-monte-rosa.ch.

Hinweis: Reservierung auf beiden Hütten in der Saison unbedingt erforderlich.

Kombinationsmöglichkeit: Mit den Touren 41 und 43–45 zu einer großartigen Runde um das Arollatal kombinierbar (siehe Tour 41 Mont Blanc de Cheilon).

Karten: 283 S Arolla, 1346 Chanrion, 1347 Matterhorn.

Tourenkarte: Siehe Tour 41.

Hüttenanstieg siehe Tour 41 Mont Blanc de Cheilon.

Von der **Dixhütte** fährt man kurz auf den Cheilongletscher hinab und quert diesen in südöstlicher Richtung zum **Glacier de Tsena Réfien**. Dieser wird nun eher auf seiner orografisch rechten Seite haltend unterhalb der Westflanke der Pointes de Tsena Réfien zum flachen **Col de Tsijiore Nouve** (3423 m) erstiegen. Hier öffnet sich ein großartiger Blick auf die Nordseite des Pigne d'Arolla und den zerrissenen Tsijiore-Nouve-Gletscher. Man quert nun unter dem Nordabhang der Serpentine, zuletzt kurz steil (evtl. zu Fuß) zum breiten **Col du Breney** (3635 m). Weiter aufwärts nach Osten über die mittelsteile Westflanke des Pigne d'Arolla. Aus dem kleinen Sattel südlich unter dem Gipfel steigt man dann in wenigen Minuten nach Norden zum **Gipfel** an (3790 m).

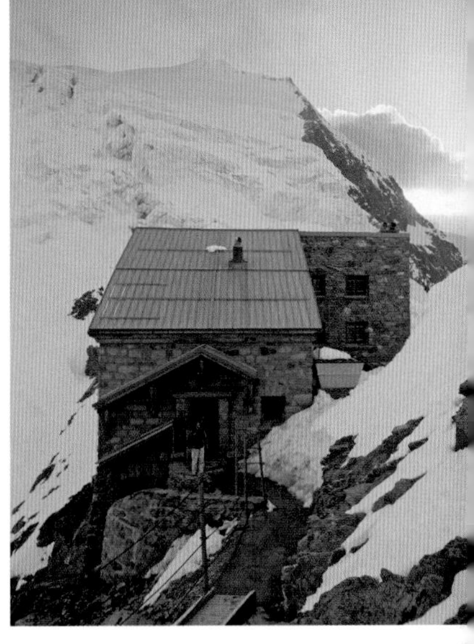

Die Vignetteshütte unter der Pigne d'Arolla.

Abfahrt: Zurück am Sattel fahren wir in die weite Ostflanke des Pigne d'Arolla ein, allerdings nicht direkt auf die Hütte genau im Osten zu, da dort ab 3500 m eine große Bruchzone das Durchkommen verhindert. Wir halten uns daher etwas in südöstlicher Richtung über die ideal steilen, allerdings dennoch mit einigen Spalten durchzogenen Hänge bis unterhalb der Felsen das Sockels der Pigne d'Arolla über dem weiten Col de Charmotane (ca. 3100 m). Von dort kurzer Gegenanstieg nach Norden zum **Col des Vignettes** und der **Vignetteshütte**. Nur bei besten Verhältnissen ist auch eine Querung zum Col schon knapp oberhalb des Felssockels möglich.

Variante: Wenn man vom Gipfel ohne Umweg über die Vignetteshütte direkt nach Arolla abfahren möchte, können exzellente Skifahrer auch ein enges und steiles Couloir benutzen, das am westl Ufer des **Glacier de Tsijiore Nouve** eine Umfahrung des riesigen Eisbruches ermöglicht, der diesen Gletscher sperrt. Dazu folgt man dem Weg zum Col de Tsijiore Nouve, fährt aber kurz davor nach Nordost auf den oberen, flachen Teil des Tsijiore Nouve-Gletschers hinunter. Das erste große Spaltensystem auf etwa 3200 m wird ganz am orogafisch linken Rand des Gletschers umfahren, und man hält sich weiter am Westufer, bis auf etwa 2900 m in ein steiles Couloir (40°) eingefahren werden kann, das auf dem flacheren und wenig spaltigen unteren Teil des Gletschers

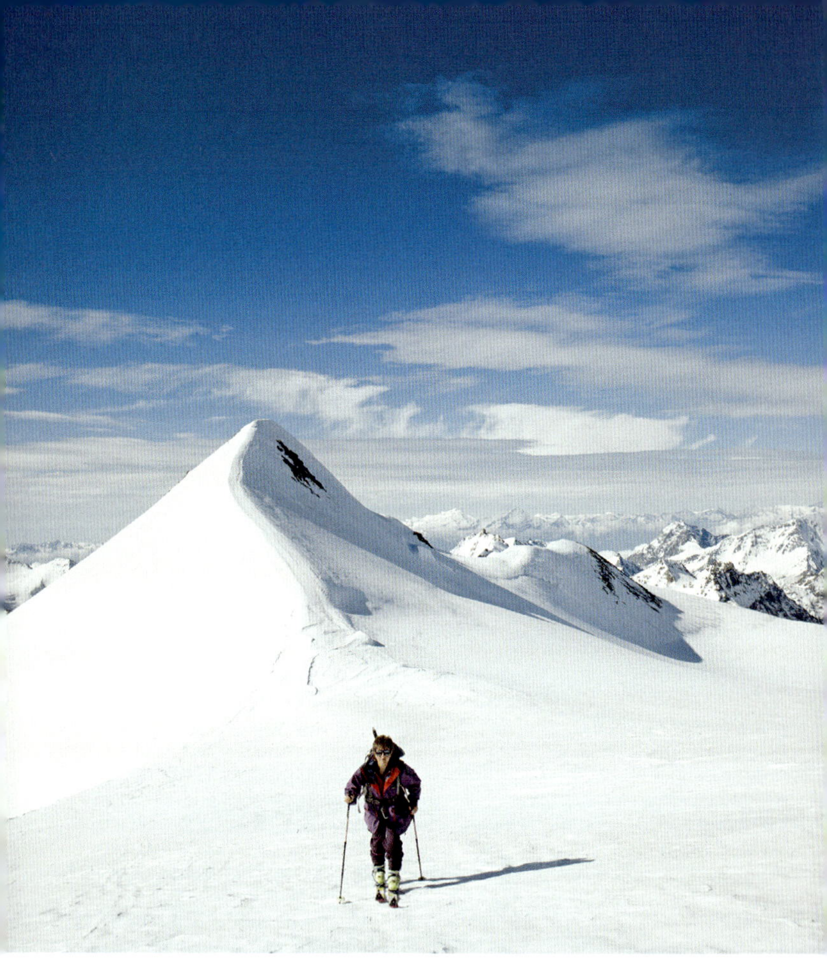

Die letzten Meter zum Gipfel: Rückblick zum Südgipfel der Pigne d'Arolla.

mündet. Das Couloir ist bei günstigen Schneeverhältnissen gut zu befahren, allerdings sollte man sich vor Nassschneerutschen aus der nach Ost exponierten Steilrinne in Acht nehmen (links halten!), die etwas südlich von P. 3391 zum Beginn des Couloirs herabzieht. Über den flachen Gletscher erreicht man dann unschwierig das Skigebiet von **Arolla**.

1880 Hm
8.00 Std.

N W O S

L'Evêque, 3716 m

43 TOP

Rassiger Skigipfel, der ideal in eine Rundtour eingebaut werden kann

L'Evêque (»Bischof«) hat seinen Namen von dem an eine Bischofsmütze erinnernden Doppelgipfel. Der Berg bietet von der Vignetteshütte über seine Nordflanke einen großartigen Skianstieg. Durch seine zentrale Lage im weiten Bereich der ungezählten 3000er zwischen Matterhorn und Combin, durch welchen die Haute Route zieht, hat man einen höchst informativen Überblick über dies ideale Skirevier. Da der untere Mont-Collon-Gletscher extrem zerrissen und damit nicht befahrbar ist, müsste nach der Nordflanken-Abfahrt wieder über den Col de Charmotane zur Vignetteshütte gequert werden, dann könnte über die Hüttenroute ins Tal abgefahren werden. Hier bietet sich nun mit einem nicht allzu großen Zusatzanstieg zum Col de l'Evêque eine interessante Runde an: Wir umrunden unseren Gipfel anschließend auf der Südseite in der Abfahrt vom Col Collon. Hier gilt es zu entscheiden: nach Süden kurz zum bereits in Italien gelegenen Rifugio Nacamuli abfahren, dann kann am anderen Tag dem Mont Brule (Tour 44) ein Besuch abgestattet werden. Oder zum Haut Glacier d'Arolla abfahren, um am Bouquetins-Biwak zu nächtigen – dann ist eine Kombination mit Tour 45 (Tête de Valpelline) sehr einfach zu realisieren. Wer keine Zeit mehr für diese Ziele hat, fährt am Gletscher ins Tal ab und erreicht damit Arolla.

Ausgangspunkt: Arolla (2007 m), Postauto von Sion durch das Val d'Hérens (Evolène – Les Haudères).
Endpunkt: Arolla bzw. Ref. des Bouquetins (2980 m) oder Rif. Nacamuli (2830 m).
Aufstiegszeit: Vignetteshütte von Arolla 4½ – 5 Std., 3 Std. bei Liftbenutzung, 4,8 km; Gipfel 3 Std., Wegstrecke 4,8 km.
Höhenunterschied: Arolla – Cab. des Vignettes 1200 Hm, mit Lift 890 m; Gipfel 680 m, nach 120 m Zwischenabfahrt.
Anforderungen: ZS- (35° im Schlussanstieg zum Gipfelgrat).
Hangrichtung: Aufstieg NW bis N, Abfahrt NW und O bis NO.
Lawinengefährdung: Nur bei sicheren Verhältnissen im Schlussanstieg zum Gipfelgrat begehen.
Günstige Zeit: März – Juni.
Unterkunft: Cabane des Vignettes (3160 m) am gleichnamigen Col im Osten der Pigne d'Arolla, in der Skitourenzeit (Anfang/Mitte März bis Mitte/Ende Mai) bewirtschaftet, ca. 130 Plätze, Winterraum immer offen. Tel. +41 27 2831322; www.section-monte-rosa.ch.
Ref. des Bouquetins und Rif. Nacamuli, siehe Tour 44.
Hinweis: Reservierung auf der Cab. des Vignettes in der Saison unbedingt erforderlich.
Kombinationsmöglichkeit: Mit den Touren 41, 42, 44 und 45 zu einer großartigen Runde um das Arollatal kombinierbar.
Karten: 283 S Arolla, 1347 Matterhorn.
Tourenkarte: Siehe Tour 41.

Folgende Seite: Die Nordflanke des Evêque mit der Anstiegslinie.

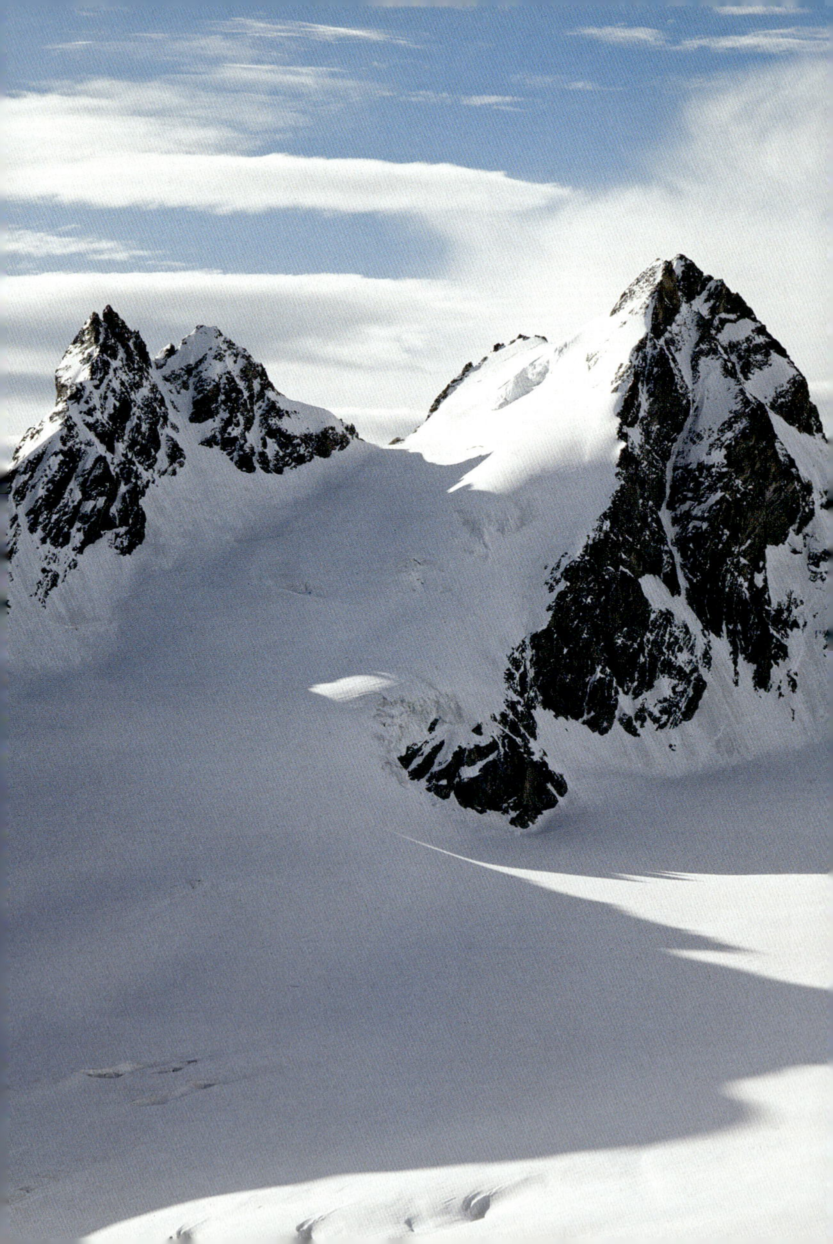

Zustieg zur Cabane des Vignettes von Arolla: Von **Arolla** nutzt man die Lifte bis zur Station Fontanesses 1 (ca. 2450 m). Am besten fährt man dann auf der Piste bis auf etwa 2300 m ab und quert von dort horizontal nach Süden zur markanten Seitenmoräne, die als Verlängerung des felsigen Kammes »Louettes Econdoue« den Tsijiore Nouve- und den Pièce-Gletscher trennt. Ohne Liftunterstützung erreicht man diesen Moränenkamm auf etwa 2200 m, in einer ansteigenden Querung von den obersten Chalets von Arolla. (Die Querungen vom oberen Bereich des Skigebiets über die Moränen und den untersten Abschnitt des Tsijiore-Nouve-Gletschers sind mühsam und nicht lohnend.) Auf dem Moränenkamm oder östlich davon steigt man etwa 300 Hm auf und dann weniger steil in das Becken des **Glacier de Pièce**. Diesen ersteigt man zunächst in südlicher Richtung, ab etwa 2750 m mehr in südöstlicher Richtung, um die Steilstufe mit einer Spaltenzone östlich zu umgehen. Dann geht es wieder geradewegs nach Süden direkt zum **Col des Vignettes** und dahinter scharf nach Osten zur nahen **Vignetteshütte** an den Felsen.

Gipfelanstieg: Man fährt von der **Hütte** zum **Col de Charmotane** ab und quert unter der Nordwand des Petit Mont Collon in östlicher Richtung auf den vom l'Evêque nordseitig herabziehenden Gletscherarm zu. Man ersteigt diesen zunächst ziemlich in seinem mittleren Bereich und dann zunehmend steiler links haltend in die **Scharte 3523 m** zwischen dem Gipfel und dem Mitre de l'Evêque (normal Skidepot; Vorsicht, oft große Wechte in der Scharte nach Osten). Unterhalb des Nordostgrates steigt man über den manchmal vereisten Hang in die Einsattelung zwischen den beiden Gipfeln und über die leichten Felsen in wenigen Minuten nach links zum höchsten Punkt.

Abfahrt entlang der Aufstiegsroute zur Hütte zurück (weite Querungen am Col de Charmotane).

Variante zum Ref. des Bouquetins: Sobald man bei der Abfahrt den Fußpunkt der Felsen der Westflanke erreicht hat, wendet man sich nach Süden und ersteigt das obere Becken des Gletschers unterhalb der Pointes d'Oren. Der **Col de l'Evêque** (3382 m) zeigt sich erst weit oben, er befindet sich direkt nordöstlich unter den Pointes d'Oren und darf nicht mit dem Sattel 3395 m direkt am Beginn des SW-Grates des l'Evêque verwechselt werden. Für die **Abfahrt** fährt man vom Col de l'Evêque ziemlich genau in östlicher Richtung auf den Col Collon (3074 m) zu. Die spaltenreiche Zone auf etwa 3200–3100 m wird südlich umfahren. Man hält dazu auf den schwach ausgeprägten Gratrücken ab P. 3264 zu und folgt diesem Rücken dann zum Col. Nun die nordöstlich ausgerichteten, herrlichen Hänge zum großen Becken des **Haut Glacier d'Arolla** abfahren, immer nahe den Felswänden von La Vierge haltend. Weiter diagonal nach Nordost an das gegenüberliegende Ufer und dort Anstieg leicht rechts ausholend etwa 100 Hm zur Hütte hinauf. Gesamt 1030 Hm Abfahrt bei 230 Hm Gegenanstiegen, 6,2 km; ohne Zwischenstopp nach **Arolla** 1960 Hm bei 13,1 km Wegstrecke.

44 Mont Brûlé, 3578 m

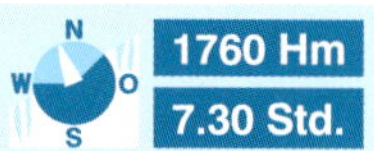

Feiner Skiberg mit eindrucksvoller Rundsicht fernab der Zivilisation

Dieser schöne Gipfel beherrscht mit seiner eisüberwallten Nordflanke das oberste Becken des Arolla-Gletschers, er ist damit das Schaustück vom Bouquetins-Biwak. Trotz seiner schönen Aussicht wird er – insbesondere als eigenständige Tour – recht selten besucht. Wir haben mit den Touren 41–43 ja schon eine hochalpine Rundtour begonnen, mit dem Mont Brûlé können wir da noch was drauflegen: Wer von l'Evêque kommend über den gleichnamigen Col zum Col Collon abgefahren ist, kann sehr rasch nach Süden zum Rif. Nacamuli gelangen. Von dort ist am folgenden Tag der Aufstieg zum Mont Brûlé keine besonders anstrengende Angelegenheit. Bei der Abfahrt kommen wir dazu nahe am Ref. des Bouquetins vorbei – wenn wir dort nächtigen, könnten wir mit dem Tête de Valpelline (Tour 45) diese großartige Arolla-Runde komplettieren. Direktaufsteiger werden natürlich eher auf der Schweizer Seite bleiben und von Arolla nur zum Bouquetins-Biwak gehen, um dann von dort über den Col Collon zum Mont Brûlé anzusteigen.

Ausgangspunkt: Arolla (2007 m), Postauto von Sion durch das Val d'Hérens (Evolène – Les Haudères).
Endpunkt: Arolla bzw. Ref. des Bouquetins.
Aufstiegszeit: Zur Bouquetinshütte 4½ Std., Wegstrecke 8,2 km; Gipfelanstieg 2½–3 Std., Wegstrecke 4,2 km.
Höhenunterschied: Zum Ref. des Bouquetins 1000 Hm; Gipfelanstieg 760 m.
Anforderungen: ZS– (bis 30° zum Vorgipfel).
Hangrichtung: Nord und West.
Lawinengefährdung: Gering bei geschickter Spuranlage.
Günstige Zeit: März – Juni.
Unterkunft: Refuge des Bouquetins (2980 m), SAC Sektion Val de Joux, 28 Plätze, unbewirtschaftet, Kochmöglichkeit, Herd und Decken vorhanden. Ggf. auch Rifugio Nacamuli (ehem. Rif. Col Collon, 2830 m), CAI Sektion Torino, 50 Plätze, bewirtschaftet von Mitte/Ende März bis Mitte/Ende Mai, sonst Winterraum mit 24 Plätzen. Tel. +39 0165 730 047; www.rifugionacamuli.it; ca. 30 Min. vom Col Collon.
Kombinationsmöglichkeit: Mit den Touren 41 bis 45 zu einer eindrucksvollen Rundtour kombinierbar; dabei diverse Übernachtungsalternativen: Von der Cabane des Vignettes/L'Evêque kommend wird man vom Col Collon besser zum Rif. Nacamuli zum Übernachten abfahren. Am Gipfeltag fährt man dann zum Ref. des Bouquetins ab, um dann am Folgetag die Runde mit der Tête de Valpelline (Tour 45) abzuschließen.
Karten: 283 S Arolla, 1347 Matterhorn.
Tourenkarte: Siehe Tour 41.

Von Arolla zum Bouquetins-Biwak: Von Arolla folgt man der Fahrstraße taleinwärts bis zur Brücke über den Gletscherabfluss. Weiter im Talgrund bis unter die Gletscherzunge des **Bas Glacier d'Arolla** und im östlichen Moränentälchen aufwärts bis zur Einmündung des **Haut Glacier d'Arolla** von Osten. Der weitere Anstieg folgt diesem Gletscher, zunächst nach Osten,

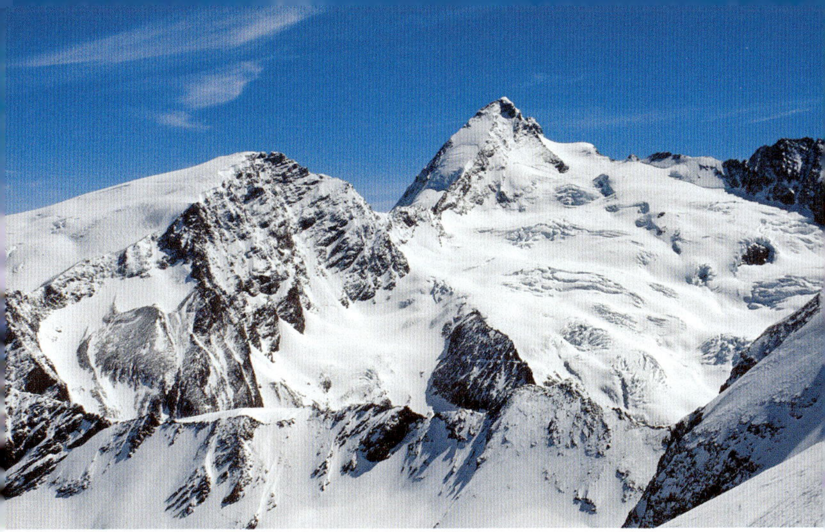

Vom Mont Brûlé hat man einen tollen Blick auf Tête de Valpelline und Dent d'Hérens.

dann um den Mont Collon nach Süden einschwenkend auf das breite Gletscherbecken zwischen l'Evêque (West), Mont Brûlé (Süd) und Bouquetins (Ost) zu. Das **Bouquetins-Biwak** befindet sich auf einer kleinen Anhöhe oberhalb der neuerlichen Ostabbiegung des Gletschers am untersten Sockel des Bouquetins-Südwestgratrückens und kann direkt oder mit einem kleinen Ausholen nach Osten erreicht werden.

Weiterweg zum Rif. Nacamuli: Von der **Biwakhütte** kurz zum Gletscher hinab, diesen flach nach Südwest queren und westlich um den Sockel der felsigen »Vierge« herum die Hänge zum breiten **Col Collon** aufsteigen. Nun gut 300 m nach Süden halten, wo die kurze felsige Stufe in das Talbecken einen Durchlass in südwestlicher Richtung aufweist. Weiter in dieser Richtung, oberhalb von P. 2833 vorbei zur **Hütte** hinüber.

Mont Brûlé: Von der Biwakhütte **Bouquetins** fährt man kurz zum Gletscher ab, überquert diesen nach Südwesten an den Fuß der Felsinsel »La Vierge« und steigt dann den Hang zum **Col Collon** auf (3074 m). Hier wendet man sich nach Osten und ersteigt den nach oben zu schmaler werdenden Hang und den folgenden kurzen Gratrücken zum **Vorgipfel** (3498 m). Nun zu Fuß in den **Sattel** (3419 m) absteigen und über den manchmal vereisten Grat zum **Hauptgipfel**.

Vom **Rif. Nacamuli** erreicht man die Route nach Wiederaufstieg zum **Col Collon**.

Die **Abfahrt** erfolgt auf der Aufstiegsroute.

45 Tête de Valpelline, 3799 m

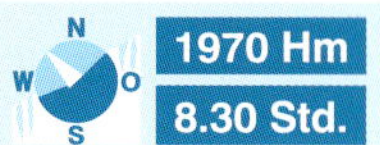

Grandioser Aussichtsbalkon gegenüber des Dent d'Hérens

Mit diesem großartigen Ski- und Aussichtsgipfel können wir unserer »großen Arollarunde« ein perfektes Finale anhängen. Wir folgen ein Stück der legendären Haute Route bis zum Col de Valpelline und machen dann einen recht kurzen Gipfelabstecher zum Tête de Valpelline mit atemberaubenden Blicken auf die wilden Westseiten von Dent d'Hérens und Matterhorn. Anschließend haben wir nach rascher Abfahrt einen nur kurzen Zwischenanstieg zum Col de la Tête Blanche und wegen der dann schöneren Abfahrt auch noch zum nahen Tête Blanche. Hier beginnt der erste großzügige Abfahrtsteil über weite Gletscherflächen zum Col de Bertol ab, den wir am Ende nach einer flachen Querung und einem ganz kurzen Gegenanstieg erreichen. Rechts oberhalb wie ein Adlernest befindet sich die Bertolhütte, in jedem Fall einen kurzen Nachmittagbesuch wert, wenn man nicht sowieso dort oben noch eine letzte, eindrucksvolle Hüttenübernachtung machen will. Dann folgt als Finale eine steile Westabfahrt hinab zum weit unten liegenden Arollagletscher und hinaus nach Arolla. Es ist bestimmt nicht übertrieben zu sagen, dass es in den Alpen nur wenige vergleichbare Rundtouren mit solch attraktiven Skigipfeln gibt. Das hat sich natürlich schon ein wenig unter den Tourengehern herumgesprochen und man wird in der Saison kaum allein unterwegs sein. An den neuralgischen Feiertagsterminen wie Ostern und 1. Mai kann es schon mal wirklich arg eng auf den Hütten werden – untertags gibt's dagegen auch bei größtem Andrang nirgends Probleme, denn das Gelände ist einfach weitläufig genug.

Die charakteristische schräge Gipfelfläche zum Tête de Valpelline (rechts), links Bouquetins und Dent Blanche.

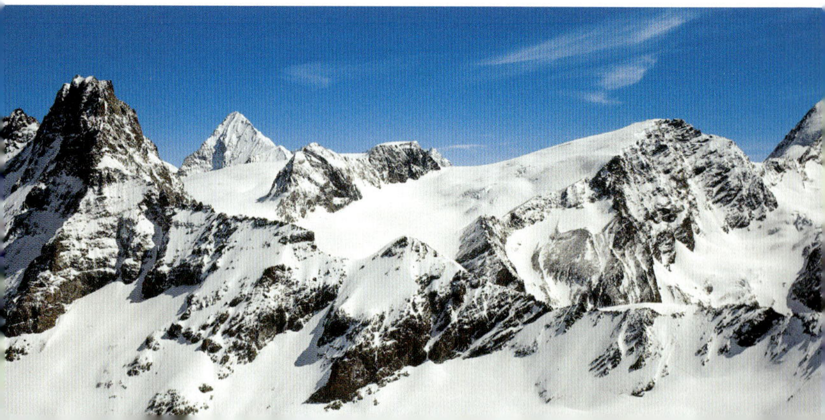

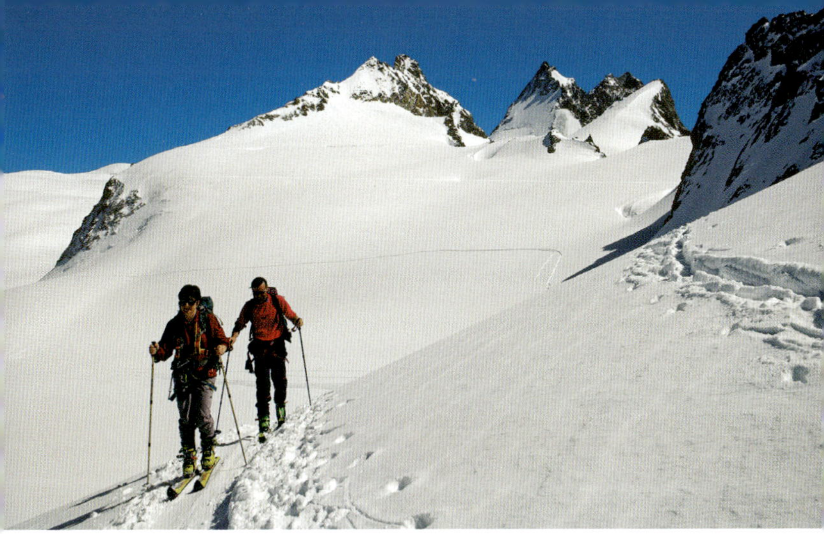

Wenige Meter vor dem Col de Bertol am Ende der langen Abfahrt von der Tête Blanche.

Ausgangspunkt: Arolla (2007 m), Postauto von Sion durch das Val d'Hérens (Evolène – Les Haudères).
Endpunkt: Arolla bzw. Cab. de Bertol.
Aufstiegszeit: Zur Bouquetinshütte 4½ Std., Gipfelanstieg 4 Std., Wegstrecke 6,4 km.
Höhenunterschied: Zum Ref. des Bouquetins 1000 Hm; zum Tête de Valpelline Aufstieg 970 Hm bei 2 Zwischenabfahrten mit gesamt 170 Hm. Beim Rückweg insgesamt 2040 Hm Abfahrt mit Gegenanstiegen von 170 und 60 Hm.
Anforderungen: ZS– (etwa 38° auf knapp 100 Hm).
Hangrichtung: West und Nord.
Lawinengefährdung: Gering bei geschickter Spuranlage, jedoch Vorsicht bei der Steilabfahrt von der Bertolhütte zum Arollagletscher nach größeren Neuschneefällen bzw. bei starker Erwärmung durch die Sonne am Nachmittag.
Günstige Zeit: März – Juni.
Unterkunft: Ref. des Bouquetins (2980 m), siehe Tour 44. Ggf. auch Cab. de Bertol (3311 m), SAC Sektion Neuchâtel, 80 Plätze, bewirtschaftet von Anfang/Mitte März bis Mitte/Ende Mai, sonst Winterraum mit 30 Plätzen offen. Tel. +41 27 2831929; www.bertol.ch.
Kombinationsmöglichkeit: Mit den Routen 41 bis 44 kann man sich seine individuelle »große Arollarunde« zusammenstellen. Ganz wilde Seilschaften ziehen dann über den Col de la Division weiter zur Dent d'Hérens (Tour 38).
Karten: 283 S Arolla, 1347 Matterhorn.
Tourenkarte: Siehe Tour 41.

Aufstieg zum Ref. des Bouquetins siehe Tour 44.
Vom **Biwak** fährt man kurz zum Gletscher hinab, dann geht man in geringer Steigung bis unter den Col du Mont Brulé (3213 m) heran; erst auf den letzten 100 Höhenmetern wird es richtig steil und fast immer wird man hier zu Fuß aufsteigen müssen, oft sind auch Steigeisen nötig.

Achtung: Der **Col du Mont Brulé** ist nicht der erste deutliche Einschnitt unterhalb des Nordostgrates des Mont Brulé, sondern befindet sich einen knappen Kilometer weiter nördlich, kurz bevor der Grat wieder ansteigt zur Pointe de la Grande Arête, dem südlichen Vorgipfel zum Kamm der Bouquetins!
Die Ostseite des Passes wird von einem breiten Schneefeld gebildet, in nur mäßiger Neigung führt dieses in nordöstlicher Richtung unter der Pointe de la Grande Arête entlang zum weiten Gletscherbecken des Haut Glacier de Tsa de Tsan – natürlich lohnt es sich, die Felle abzunehmen, um mit etwas Schwung möglichst weit auf dem Gletscherfeld voranzukommen. Dann müssen die Felle wieder montiert werden und man geht sehr flach in einem weiten Bogen unterhalb der Felskante zwischen den Bouquetins und dem Tête Blanche entlang und steigt dann direkt nach Osten in den weiten Sattel des **Col de Valpelline** (3557 m) hinauf, immer nahe der felsigen Südflanke des Tête Blanche. Vom Col (oder schon ein Stück davor) wendet man sich südwärts und ersteigt den **Gipfelhang** in gerader Richtung zum höchsten Punkt.
Die Abfahrt erfolgt bis zum **Col de Valpelline** der Aufstiegsroute, dann wenden wir uns rechts und queren nach Nordost zum nahen **Col de Tête Blanche** hinüber. Gleich vom Col weg steigen wir dann den breiten Rücken die gut 120 Hm zum **Tête Blanche** (3710 m) hinauf, was nicht nur eine schöne Aussicht, sondern vor allem eine viel bessere Abfahrt als eine alternative Querung nördlich unter dem Gipfelaufbau hindurch ermöglicht.
Über schöne Gletscherfelder fahren wir vom Gipfel nach Westen in das weite Becken unter dem Col des Bouquetins im Süden und biegen dann mehr in nördliche Richtung ab, um unter den Felsen der Bouquetins vorbei nahe an den Fuß der Felsen der Dents de Bertol abzufahren. Hier heißt es wieder die Felle aufziehen und in geringer Steigung knapp unter dem Fußpunkt des Dent-de-Bertol-Nordsporns vorbei in nordwestlicher Richtung zum nahen **Col de Bertol** zu queren. Knapp 50 Hm nördlich, oberhalb des Cols in den Felsen befindet sich die **Bertolhütte**, zu der man zu Fuß über Leitern, Treppen und mit Drahtseilsicherungen in wenigen Minuten aufsteigen kann.
Für die **Talabfahrt** fährt man westseitig in den sehr steilen Gletscherhang ein, nach etwa 350 Hm nimmt die Steilheit ab und man erreicht den Boden der Plans de Bertol. Je nach Schneelage wird man hier vorteilhaft nach Süden abbiegen und die weniger steilen Hänge zum Arollagletscher abfahren und dann dem breiten Gletscher talwärts folgen. Alternativ wäre auch die Linie des Sommeranstiegs möglich, die am Südrand der Plans de Bertol steil nach Westen zum untersten Abschnitt des Arollagletschers hinabführt (ggf. bei Ausaperung als »Zu-Fuß-Abstieg«). Nun gemeinsam im Talgrund zur Brücke abfahren und dann auf der Fahrstraße nach **Arolla** hinaus. Gesamt 2050 Hm Abfahrt bei 230 Hm Gegenanstiegen, 13,4 km Wegstrecke.

Wie ein Adlerhorst: die Bertolhütte über dem gleichnamigen Col.

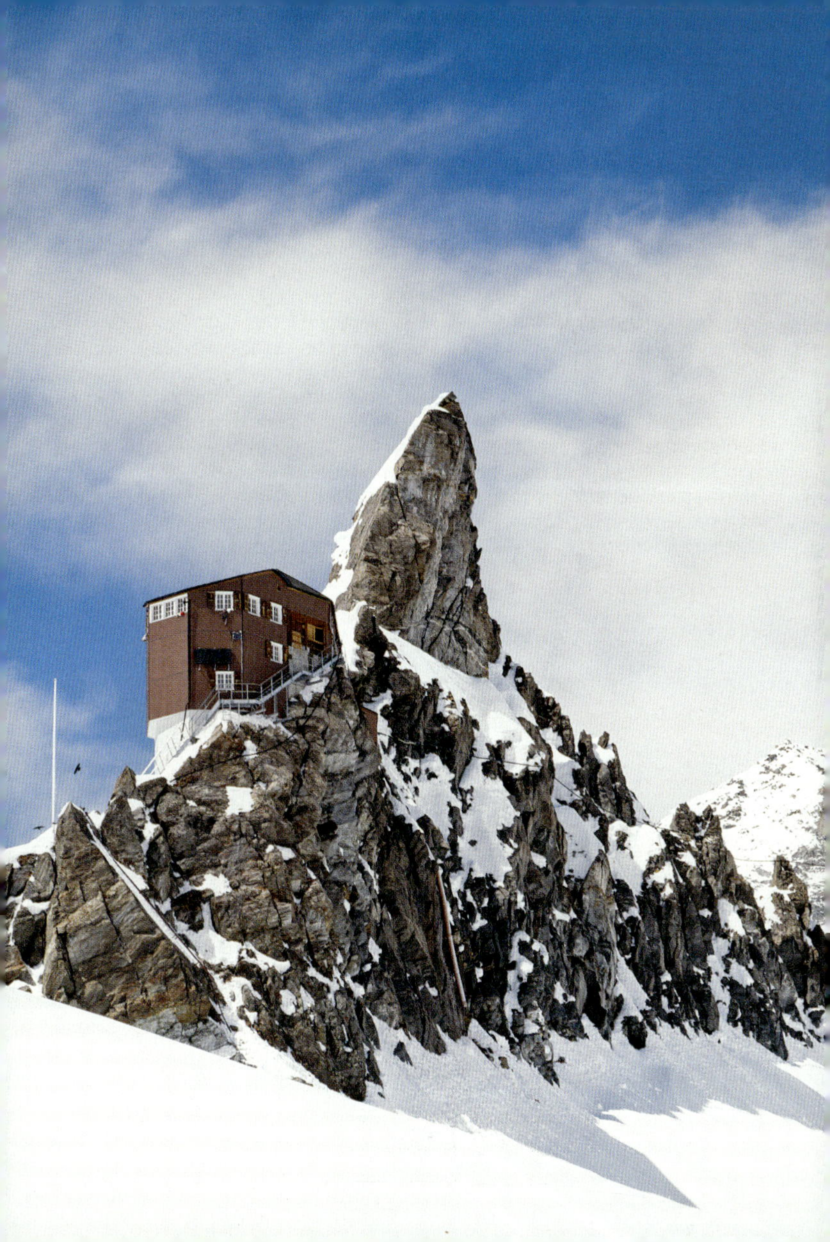

46 Rosablanche, 3336 m

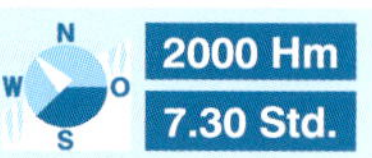

Klassischer Skigipfel mit großartigen Blicken auf den Combin

Die Rosablanche ist zwar ein recht bekannter Skiberg und das Verbier-Pistenrevier erleichtert auch die Anstiege erheblich, doch sie verlangt dennoch einigen persönlichen Einsatz, da im Aufstieg eine kurze, steile Abfahrt und dann bei der Rückkehr natürlich wieder ein ebensolcher Zwischenaufstieg anstehen. Alle zwei Jahre zieht hier die Patrouille des Glaciers vorbei, ein gewaltiger Teamwettkampf von Skibergsteigern auf diesem Teilstück der Haute Route. Die heute erreichten Leistungen erscheinen für den Normal-Bergsteiger schlicht unglaublich – aber wir haben es dabei auch eher mit Profisportlern zu tun. Wenn gegen Ende der Pistensaison dies Spektakel stattfindet, sollte man entweder als Zuschauer dabei sein oder besser diese Zeit aussparen, denn dann sind hier Tausende unterwegs! Leute, die dem Pistenrummel lieber aus dem Weg gehen, werden nach Einstellen des Seilbahnbetriebes wieder Verhältnisse wie an den nicht erschlossenen, großen Bergen finden und so das echte Erlebnis Skitour voll genießen können.

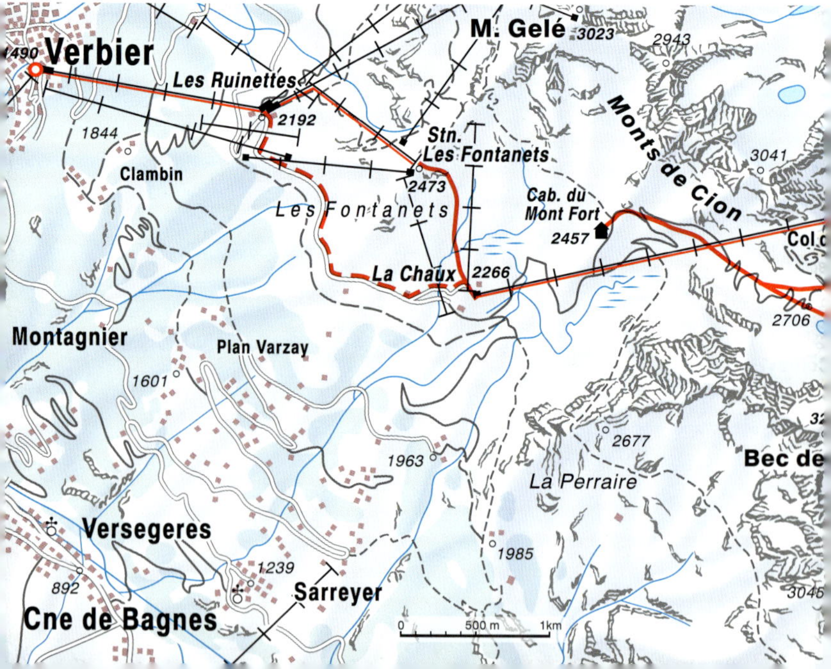

Ausgangspunkt: Verbier (1522 m), sehr gut mit öffentlichen Verkehrsmitteln erreichbar (Saint-Bernard-Express Martigny–La Châble), dann Seilbahn oder Bus.
Aufstiegszeit: Cabane du Mont Fort per Seilbahn 1 Std. ab Stn. Fontanet, Pistenabfahrt vom Mont Fort über den Col des Gentianes (Zwischenstation), vom Mont Gelé Tourenabfahrt direkt zur Hütte, zu Fuß ca. 3½ Std.; Gipfelbesteigung 4–4½ Std., Strecke 7,1 km.
Höhenunterschied: Zur Mont-Fort-Hütte 935 Hm; Gipfelbesteigung 1060 m bei 160 m Zwischenabfahrt.
Anforderungen: WS.
Hangrichtung: Nordwest, kurze Stelle Ost und Süd-West.
Lawinengefährdung: Gering bei geschickter Spuranlage.
Günstige Zeit: Februar – Mai.
Unterkunft: Cabane du Mont Fort (2457 m), SAC Sektion Jaman, 66 Plätze, bewirtschaftet von Mitte/Ende März bis Mitte/Ende Mai, in der übrigen Zeit Winterraum mit 12 Plätzen immer offen. Von der Bergstation Col des Gentianes (2894 m) der Mont-Fort-Bahnen erreichbar. Tel. +41 27 77813 84, www.cabanemontfort.ch.
Karten: 273 S Arolla, 1326 Rosablanche.

Aus dem Skigebiet von **Verbier** hat man verschiedene Möglichkeiten, über die Pisten zur Hütte zu gelangen – die schönste Übersicht über die ganze Region bekommt man, wenn man sich die Auffahrt zum Mont Gelé oder Mont Fort leistet; die Pisten von Letzterem führen dann direkt an der **Cabane du Mont Fort** vorbei. Nach Einstellung des Seilbahnbetriebes steigt man

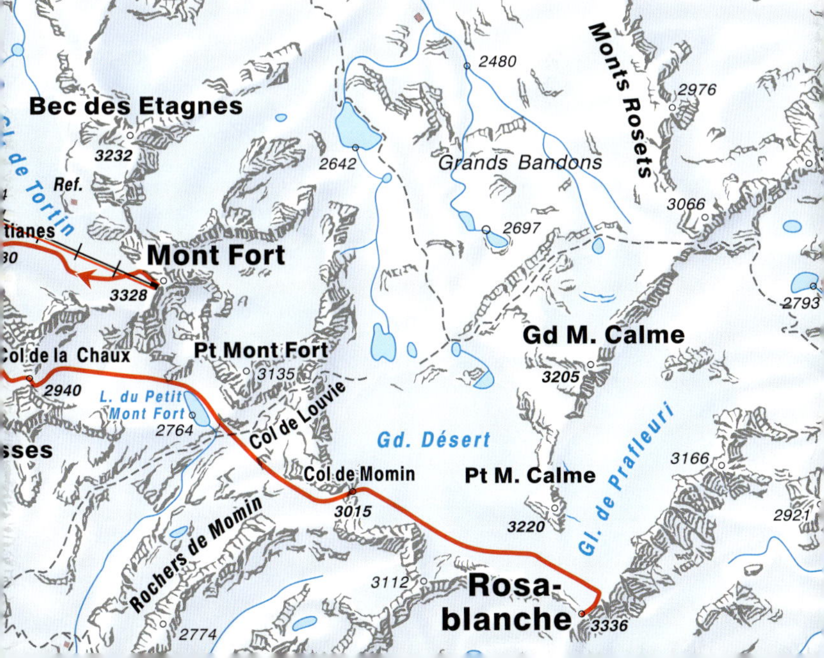

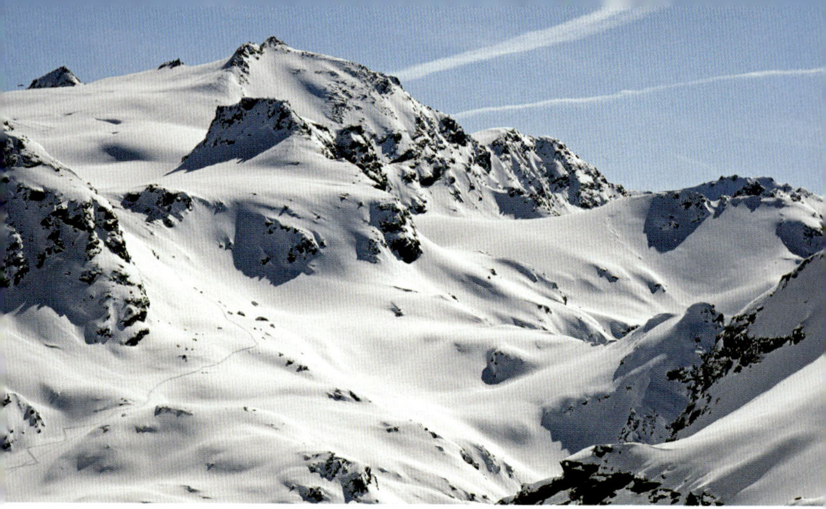

Rosablanche von Nordwesten; die Spuren zeigen die Route über den Col de Moming an.

entlang der Pisten zur Station Les Ruinettes, sofern noch genug Schnee liegt (später in der Saison ggf. mit Taxi auf dem Zufahrtsweg dorthin, falls möglich weiter bis zur Station Les Chaux, 40 Min. unterhalb der Hütte). Entweder bei wenig Schnee auf dem die Hänge Fontanets querenden Fahrweg oder Aufstieg zur Station Fontanet (2473 m), dann die Hänge zur Hütte leicht abwärts queren (940 Hm, 3½ Std. von Verbier zu Fuß; ca. 1½ Std. von Les Ruinettes).
Von der **Mont-Fort-Hütte** quert man die wenigen Meter zur Abfahrtspiste und folgt dieser im Tal aufwärts, bis die Piste nach links (Nord) in die Hänge des Col des Gentianes/Mont Fort einbiegt. Wir bleiben in der alten Richtung im Talgrund, kommen an einem kleinen See vorbei und ersteigen dann die Hänge zum **Col de la Chaux** (2940 m).
Auf der Ostseite der Scharte kurz sehr steil (ggf. etwas nach rechts ausholend) hinab in das Talbecken um den **Lac du Petit Mont Fort** (2764 m). In allgemein östlicher Richtung fährt man bis nahe des Sees ab, unterquert noch eine felsige Zone unter dem Petit Mont Fort, um dann wieder anzufellen und die mäßig geneigten Hänge unter dem Col des Louvie linker Hand hindurch zum nahen **Col de Momin** (3015 m) ansteigen.
Auf der anderen Seite dieses Sattels quert man möglichst ohne großen Höhenverlust in südöstlicher Richtung unter den Felsen des Gratverlaufes zur Rosablanche hinweg und steigt dann in östlicher Richtung das Gletscherbecken aufwärts, noch eben nördlich unter dem Gipfel hindurch an den obersten Ostgratrücken, über den man dann kurz zu Fuß die **Rosablanche** (3336 m) erreicht. **Abfahrt** entlang der Aufstiegsroute.

2030 Hm
6.30 Std.

Mont Rogneux, 3084 m 47

Beliebte Winter-Tagestour – auch als Einstieg für den Grand Combin

Der Mont Rogneux ist der perfekte Skiberg für den Hochwinter. Die Tourengeher aus dem Unterwallis ziehen oft schon im November ihre Spuren bis auf seinen Gipfel. Obwohl doch einiges los ist, hier im hinteren Val de Bagnes, ist das Gelände so weitläufig und dabei dennoch kleinräumig, dass man sich immer noch ungestört fühlt. Leichte und skifreundliche Anstiege zur Hütte und auf den Gipfel machen die Tour zur idealen Anfängertour – die Nordabfahrt ist allerdings schon etwas anspruchsvoller. Die Aussicht vom Gipfel ist sehr instruktiv und meist verraten die frischen Spuren in der Nordflanke, ob es sich heute um Pulver oder um Bruchharsch handelt! Falls ein Trupp Läufer in Rennanzügen an einem vorbeirast, darf man sich nicht aus der Ruhe bringen lassen – hier trainieren viele Einheimische für die Skitourenrennsaison ...

Ausgangspunkt: Lourtier (1074 m), Postauto von Le Châble (820 m) im Val de Bagnes, Bahnlinie von Martigny.
Endpunkt: Champsec (901 m) bzw. Lourtier.
Aufstiegszeit: 3–4 Std. zur Hütte, 3 Std. zum Gipfel
Höhenunterschied: 1030 m zur Hütte, Gipfelanstieg 1000 m.
Anforderungen: WS–, N-Abfahrt WS+.
Hangrichtung: Nordost.
Lawinengefährdung: Gering bei geschickter Spuranlage; für die Nordflanke (bis 30°) sollten aber günstige Lawinenverhältnisse herrschen.
Günstige Zeit: November – April.
Unterkunft: Cabane Brunet (2103 m), Bürgergemeinde Val de Bagnes, fast immer geöffnet und bewartet, 65 Plätze, Tel. +41 27 7781810 oder +41 79 6284916 (Hütte) +41 27 7781185 (Tal).
Tipp: Wer zurück zur Brunethütte will, muss nicht auf die steile Nordflanke verzichten. Auf etwa 2600 m gelangt man durch wenige Höhenmeter Aufstieg in östlicher Richtung auf einen Grat und nach kurzer Abfahrt zu dem kleinen See Goli des Otanes und damit wieder auf die Aufstiegsroute.
Kombinationsmöglichkeit: Combin de Corbassière (Tour 48) und Grand Combin (Tour 49) können im Frühjahr zu einer wilden Tour kombiniert werden.
Karten: 282 S Martigny, 283 S Arolla, 1325 Sembrancher, 1326 Rosablanche, 1345 Orsières, 1346 Chanrion.

Hüttenzustieg: Vom Postautohalt »**Lourtier village**« geht man nach Süden über die große Straßenbrücke, bis man gegenüber der Käserei auf einem kleinen Weg zum Flüsschen Dranse hinuntersteigen kann. Über eine Brücke und auf einem Wirtschaftsweg nach Westen zu den wenigen Häusern des Weilers »**La Tinte**« aufsteigen. Nun in südlicher Richtung in einem Bogen über offenes Gelände ansteigen, dann auf einem Waldweg nach **Le Tongne** (1632 m, 2 Std.). Weiter in südöstlicher Richtung halten, bis man auf die Wirtschaftsstraße zur Hütte stößt. Erst auf der Straße weitergehen, dann zwei weit ausholende Serpentinen durch steilen Anstieg abkürzen – so gelangt man rasch zur **Cabane Brunet**.

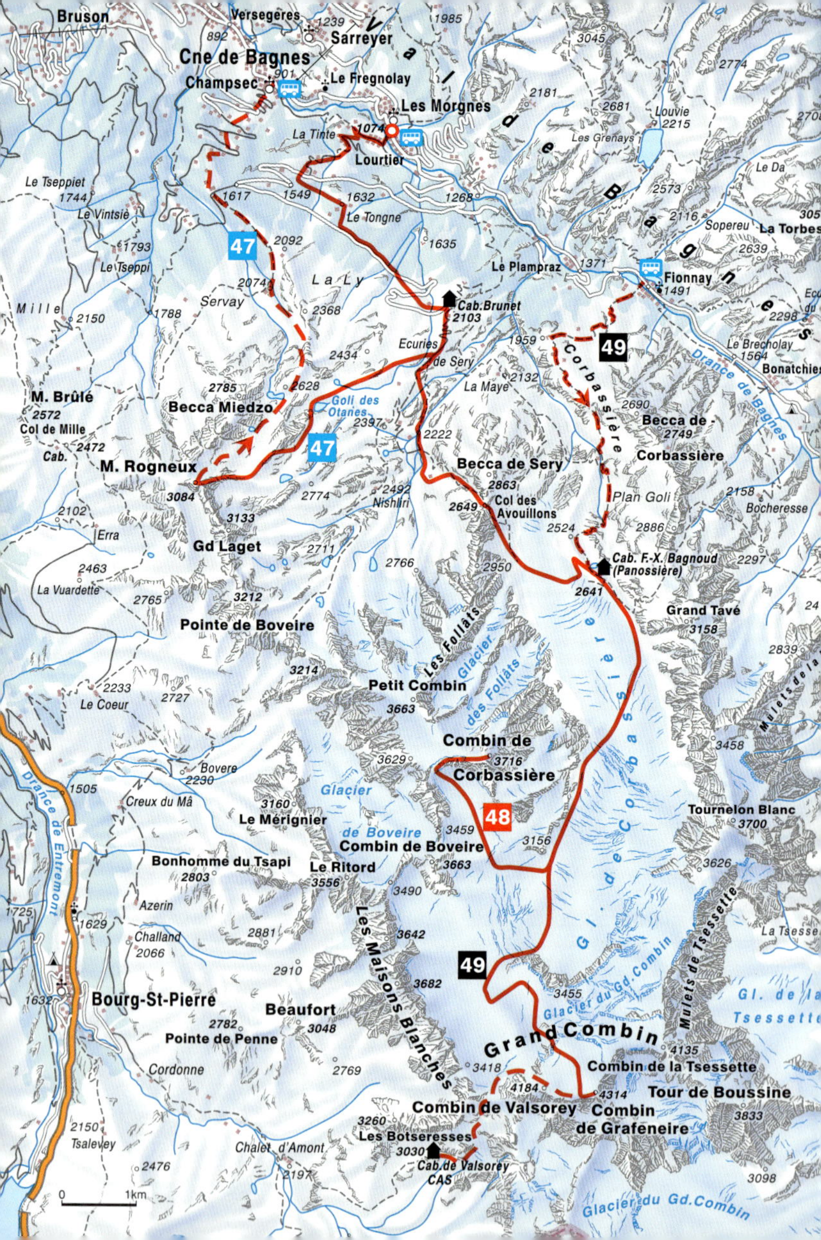

Bruson
Versegeres
Sarreyer
Val de Bagnes
Cne de Bagnes
Champsec
Le Fregnolay
Les Morgnes
La Tinte
Lourtier
Louvie
Les Grenays
Le Tseppiet
Le Vintsie
Le Tseppi
Le Tongne
Le Plampraz
Fionnay
Sopereu
La Torbes
La Ly
Servay
Mille
Cab. Brunet
Ecuries de Sery
La Maye
Corbassière
Le Brecholay
Bonatchiesse
Drance de Bagnes
M. Brûlé
Col de Mille
Cab.
M. Rogneux
Becca Miedzo
Goli des Otanes
Becca de Corbassière
Becca de Sery
Col des Avouillons
Nishliri
Plan Goli
Bocheresse
Erra
Gd Laget
La Vuardette
Cab. F.-X. Bagnoud (Panossière)
Grand Tavé
Pointe de Boveire
Les Follâts
Glacier des Follâts
Petit Combin
Le Coeur
Mulets de la Liaz
Combin de Corbassière
Bovere
Glacier de Boveire
Drance de Entremont
Creux du Mâ
Le Mérignier
Combin de Boveire
Tournelon Blanc
Bonhomme du Tsapi
Le Ritord
Azerin
Challand
Les Maisons Blanches
Gl. de Corbassière
Glacier du Gd.Combin
Mulets de Tsessette
Gl. de la Tsessette
Bourg-St-Pierre
Beaufort
Pointe de Penne
Grand Combin
Combin de la Tsessette
Tour de Boussine
Cordonne
Combin de Valsorey
Combin de Grafeneire
Les Botseresses
Tsalevey
Chalet d'Amont
Cab. de Valsorey CAS
Glacier du Gd.Combin
0 1km
47
48
49

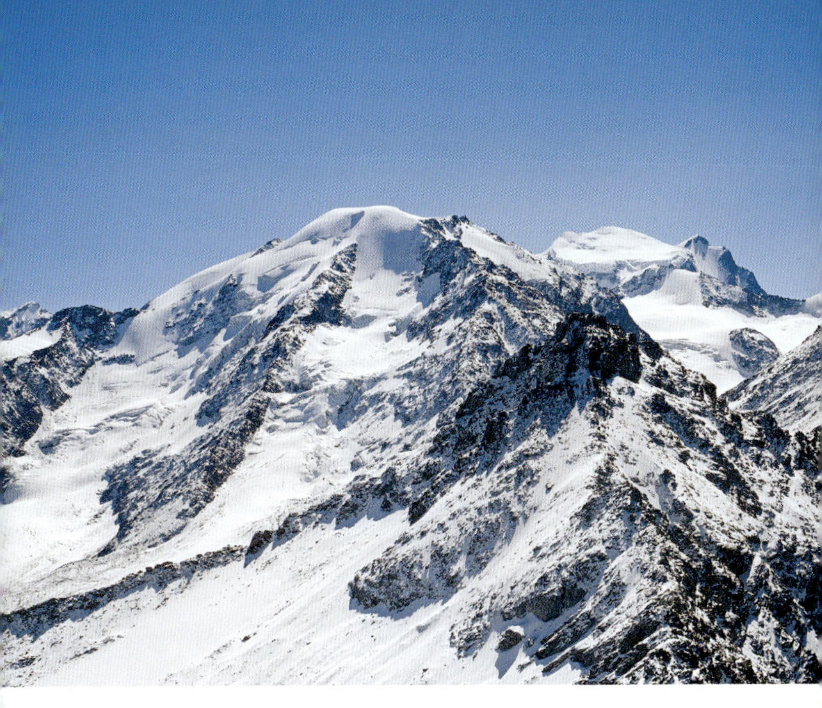

Blick vom Mont Rogneux zum Petit Combin und Grand Combin (rechts).

Gipfelanstieg: Von der Hütte in südlicher Richtung auf einer Art Rücken ansteigend, gewinnt man die Verflachung »**Ecuries de Sery**«. Nun in südwestlicher Richtung haltend, steigt man hoch zur nächsten Terrasse auf 2480 m. An dem kleinen See »**Goli des Otanes**« westlich vorbeigehend, benutzt man dann ein ausgeprägtes Tälchen, um in Richtung Süden anzusteigen, bis man schließlich nach Westen steil auf den **Ostgrat** des Rogneux hinaufsteigen kann. Auf dem Grat ohne Schwierigkeiten zum **Gipfel**.
Abfahrt: entlang der Aufstiegsroute – oder bei sicheren Lawinenverhältnissen direkt hinunter nach **Champsec** (900 m). Dazu steigt man vom Gipfel wenige Meter nach Westen ab und befährt dann die steile Nordflanke hinunter in die Mulde östlich der Becca di Miedzo bis zur Alphütte von **Servay** (2074 m). Jetzt fast horizontal auf einem Band zum ausgeprägten, bewaldeten Rücken im Norden queren (»**Pro Michaud**«). Diesen Rücken nach Posodziet abfahren und durch eine Folge von Lichtungen nach Nordost hinunter nach **Champsec** abfahren (Postautohalt).

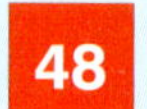

48 Combin de Corbassière, 3716 m

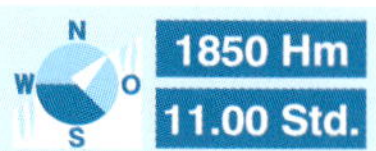

Die perfekte Eingehtour für den großen Bruder

Würde der Combin de Corbassière in den Ostalpen stehen, wäre dieser schöne Berg eine Attraktion allerersten Ranges – neben dem spektakulären großen Bruder aber geht er zu Unrecht ein bisschen unter. Der relativ einfache Normalweg ist eine lohnende Tour mit alpinem Abschluss und natürlich perfekt geeignet, um den Zustieg zum Grand Combin zu studieren. Hoch über dem Corbassièregletscher sitzt man auf einer herrlichen Aussichtskanzel! Der durch den Gletscherrückgang immer stärker zerrissene Follâtsgletscher bietet eine steile und alpine Abfahrtsvariante, die nur bei guter Schneelage unternommen werden sollte.

Ausgangspunkt: Lourtier (1074 m) oder Fionnay (1491 m), Postauto von Le Châble (820 m) im Val de Bagnes, dorthin Bahnlinie von Martigny.
Endpunkt: Champsec (901 m) bzw. Lourtier.
Aufstiegszeit: 7–8 Std. zur Cab. F.-X. Bagnoud, 3–4 Std. Gipfelaufstieg.
Höhenunterschied: 750 m zur Cab. F.-X. Bagnoud, 1100 m Gipfelaufstieg.
Anforderungen: ZS.
Hangrichtung: Vorwiegend Nordost, oben Südost und West.
Lawinengefährdung: Gering bei geschickter Spuranlage, der kurze steile Südosthang (bis 38°) unter dem Sattel P. 3563 und der Gipfelaufbau selbst können gelegentlich lawinenträchtig sein.
Günstige Zeit: März – Juni.
Unterkunft: Cabane Francois-Xavier Bagnoud (Panossière) (2641 m), siehe Tour 49.
Varianten: Bei tragfähig verschneiten Spalten auf dem Glacier des Follâts können gute Skifahrer diesen steilen (40° auf 100 m, 36° auf 500 m) und wild von Spalten zerrissenen Gletscher mit großem Genuss abfahren. Schwierigkeit je nach Verhältnissen ZS+ bis S. Ausführliches Studium der Route durch das Labyrinth der Spalten am Vortag von der Hütte aus wird empfohlen! Bei guten Verhältnissen ist diese schöne Route aber durch zahllose Heliskier leider oft pistenähnlich eingefahren.
Direktaufstieg bzw. -abfahrt nach Fionnay vgl. Tour 49.
Hinweis: Durch den Motorflugzeug- und Heliski-Landeplatz am benachbarten Petit Combin kann es zu Lärm- und anderen Belästigungen kommen.
Kombinationsmöglichkeit: Die Tour lässt sich mit Tour 47 und Tour 49 zu einer großartigen langen Tour kombinieren.
Karten: : 283 S Arolla, 1346 Chanrion.
Tourenkarte: Siehe Tour 47.

Hüttenzustieg siehe Tour 49.
Von der **Cabane F.-X. Bagnoud** zunächst knapp einen Kilometer nach Süden der Moräne folgen und dann den erst hinab auf den **Glacier de Corbassière**. Den Gletscher in südlicher Richtung ansteigend queren, sodass man den folgenden **Eisbruch** am Westufer des Gletschers überwinden kann. Nun in der Nähe des felsigen Ufers weiter hochsteigen, bis man etwas südlich von **P. 3156** nach Westen eine Mulde hochsteigen kann. Über zwei fla-

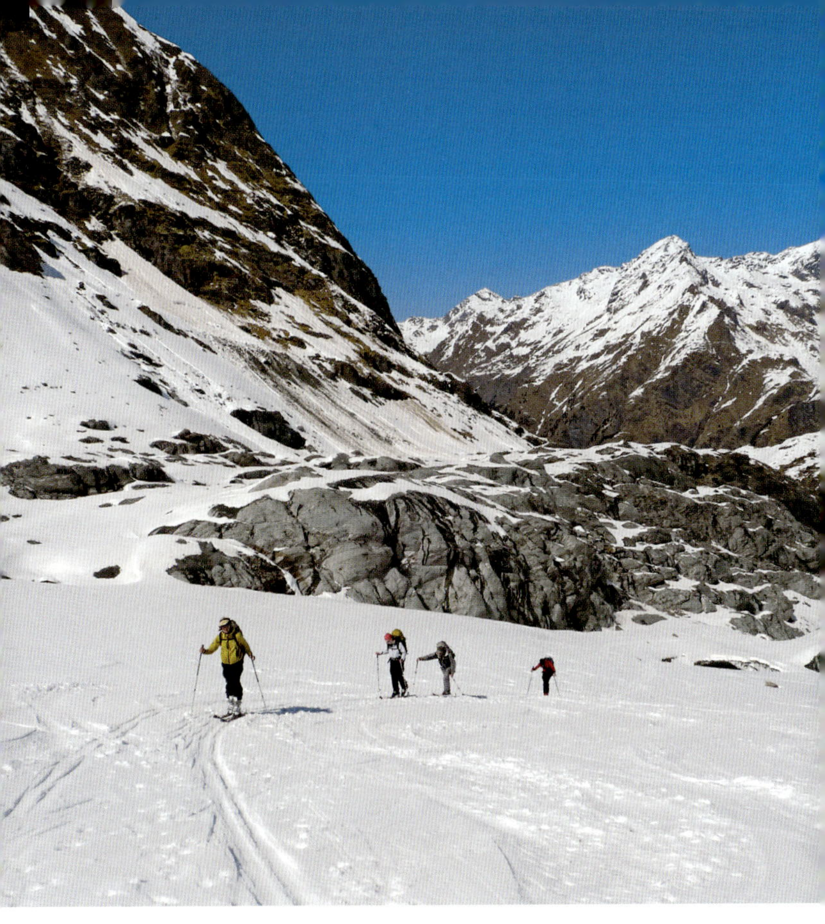

Am Beginn des riesigen Glacier de Corbassière.

chere Absätze geht man das Kar in nordwestlicher Richtung bis an sein Ende aus. Eine kurze Steilstufe wird manchmal zu Fuß überwunden, um in den Sattel **P. 3563** (nur in der LK 25.000 kotiert) zu gelangen. Nun scharf nach Osten abbiegend erst am Grat entlang (Skidepot), dann über eine kurze steile Schneeflanke zum **Gipfel**.
Abfahrt entlang der Aufstiegsroute, oder – schwieriger – vom Sattel P. 3563 nach Nordost den **Follâtsgletscher** hinunter zur Hütte.

49 Grand Combin, 4314 m

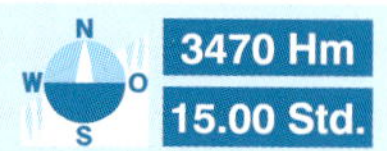

Schwieriger aber äußerst lohnender Anstieg auf einen Traumberg

Der Grand Combin ist eine der eigenwilligsten und eindrucksvollsten Berggestalten des Wallis. Besonders von der Nordseite verbreiten der fast 10 km lange, gewundene Corbassière-Gletscher und der steile, massige, eisüberwallte Gipfelaufbau eine fast arktische Atmosphäre. Die Hängegletscher die von seinem riesigen Gipfelplateau herabstürzen, sind zu Recht berüchtigt für häufigen Eisschlag. Dieses ernste Erscheinungsbild wird noch gesteigert durch die isolierte Lage – im Umkreis von 25 km erreicht kein Berg eine vergleichbare Höhe. Der Grand Combin flößt aber nicht nur Respekt ein, er ist auch ein besonders schöner und attraktiver Gipfel. Genau genommen gibt es vier Gipfel auf diesem Riesenberg – drei davon wurden in die offizielle UIAA-Liste der Viertausender aufgenommen, da sie recht eigenständig sind. Unsere Tour führt auf den höchsten Punkt, den Combin de Grafeneire. Die Anstiege auf den Grand Combin sind alle anspruchsvoll und lang – als Skitour wird nur die Nordwestflanke öfters begangen. Nach zahlreichen Unfällen auf der alten »Corridor«-Route ist diese zu Recht aufgegeben worden. Der Südanstieg vom Col du Meitin ist eigentlich eine Hochtour mit Skizustieg, wird aber gelegentlich von Haute-Route-Begehern von der Valsoreyhütte aus gemacht.

Ausgangspunkt: Lourtier (1074 m), Postauto von Le Châble (820 m) im Val de Bagnes, Bahnlinie von Martigny.
Endpunkt: Champsec (901 m) bzw. Lourtier oder Fionnay (1491 m).
Aufstiegszeit: 3–4 Std. zur Cab. Brunet, 4 Std. zur Cab. F.-X. Bagnoud, 6–8 Std. Gipfelaufstieg.
Höhenunterschied: 1050 m zur Cab. Brunet, 750 m zur Cab. F.-X. Bagnoud, 1670 m Gipfelaufstieg.
Anforderungen: S+, in der NW-Flanke 40° auf 250 m, Seracdurchstieg zu Fuß je nach Zustand 45–60°.
Hangrichtung: Vorwiegend Nord, am Col des Avouillons auch West und Ost.
Lawinengefährdung: Nur bei sicheren Verhältnissen! Der Col des Avouillons liegt im Einzugsbereich der Lawinen aus den steilen Hängen der Becca de Sery. Der steile Nordwesthang des Combin-Gipfels ist lawinengefährlich, ein kurzes Stück ist auch dem Eisschlag aus der Seraczone ausgesetzt.
Günstige Zeit: April – Juni.
Unterkunft: Cabane Brunet (2103 m), Bürgergemeinde Val de Bagnes, fast immer geöffnet und dann auch bewartet, 65 Plätze, Tel. +41 27 7781810 oder +41 79 6284916 (Hütte), +41 27 7781185 (Tal). Cabane Francois-Xavier Bagnoud (Panossière) (2641 m), Association F.-X. Bagnoud, Sion, zur Skitourenzeit meist bewartet, 100 Plätze, Winterraum, Tel. +41 27 7713322 (Hütte), +41 27 5652558 (Tal), www.fxb-panossiere.com. Bivouac B. Musso (3662 m), privat, 9 Plätze, immer offen, Matratzen und Decken vorhanden.
Varianten: Statt über die Cabane Brunet kann man auch von Fionnay im Val de Bagnes direkt zur Panossièrehütte aufsteigen, allerdings ist dieser Zugang wesentlich stärker durch Lawinen gefährdet. Der Gipfel kann auch von der meist stark frequentierten Cabane de Valsorey

(Haute Route) oder Bivacco Musso aus über die Südflanke erreicht werden.

Hinweis: Die früher oft benutzte, technisch leichtere Route über den »Corridor« ist ständig dem Eisschlag des Hängegletschers ausgesetzt, der Tag und Nacht, praktisch unabhängig von der Temperatur über die Abbruchkante schiebt. Von diesem »Russischen Roulette« wird ausdrücklich abgeraten!

Kombinationsmöglichkeit: Mont Rogneux (Tour 47) und Combin de Corbassière (Tour 48) können hervorragend zu einer wilden Gesamttour kombiniert werden.

Karten: 283 S Arolla, 1326 Rosablanche, 1346 Chanrion.

Ausrüstung: Für den Durchstieg durch die Seraczone sind ein Steileisgerät zusätzlich zum Pickel sowie 4–5 Eisschrauben pro Seilschaft oft sinnvoll. Man erkundige sich beim Hüttenwart nach den aktuellen Verhältnissen!

Tourenkarte: Siehe Tour 47.

Durch die Nordwestflanke des Grand Combin (rechts der Bildmitte) erfolgt der Aufstieg.

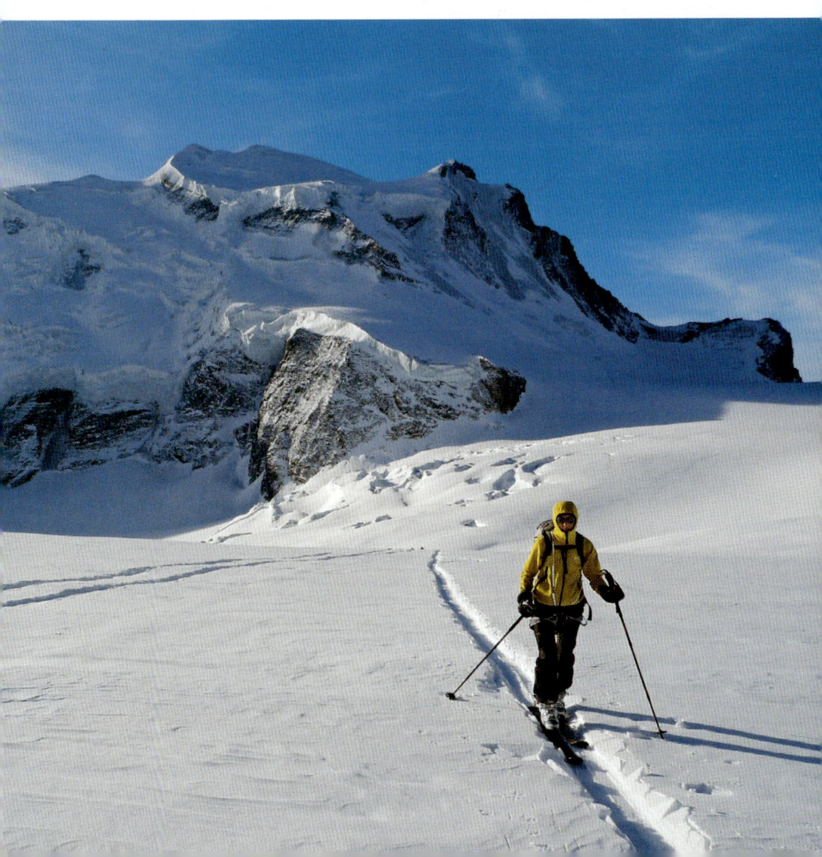

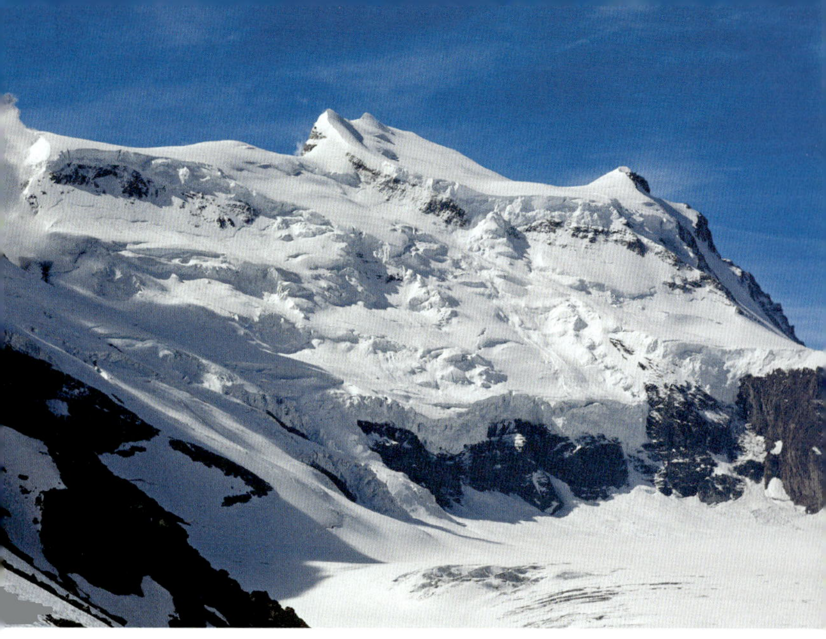

Die alte Corridorroute verlief genau unter der Abbruchkante des Gipfelplateaus.

Aufstieg zur Cabane F.-X. Bagnoud: Von Lourtier wie bei Tour 47 auf die **Cabane Brunet** (3–4 Std.). Von dieser Hütte in südlicher Richtung wie bei Tour 47 auf die Verflachung »Ecuries de Sery« (2233 m). Nun in einer langen flachen Querung, einen kleinen Bach überschreitend, in das markante Tal der Dyure de Sery und zum Übergang über diesen Bach (**P. 2222**). Nun dem Bach folgend weiter nach Süden bis zum P. 2336 und dann unter den steilen Hängen der Becca de Sery (2863 m) in südöstlicher Richtung ansteigend hinauf in den **Col des Avouillons** (2649 m, 2 Std.). Zunächst zu Fuß eine steile Rippe absteigen, bis man ohne Probleme auf Skiern zur Seitenmoräne des **Glacier de Corbassière** abfahren kann. Auf der Moräne weiter in Richtung Süden ansteigen, bis man auf etwa 2500 m den hier flachen Gletscher zur anderen Seitenmoräne queren kann, auf der die Hütte gut sichtbar steht.

Alternativzustieg von Fionnay: Bei sicheren Lawinenverhältnissen oder später im Jahr, wenn die Westflanke der Becca de Corbassière (2690 m) bereits weitgehend ausgeapert ist, kann mit einiger Zeitersparnis direkt aus dem Val de Bagnes aufgestiegen werden. Man startet vom Postautohalt **Le Mayen-du-Revers** (letzter Halt vor Fionnay) auf etwa 1410 m. Zunächst steil nach Süden in einer Waldschneise hoch, bis sich das Gelände auf 1900 m etwas

zurücklegt. Einem Rücken folgend bis auf ca. 2100 m ansteigen, bis eine Signalstange den Beginn des Abstiegs in das Bachtälchen der **Dyure** de Corbassière anzeigt. Über mehrere Felsstufen z. T. mit Ketten gesichert absteigen, bis man die flache **Talsohle** erreicht. Dem Bachlauf folgend unter der Westflanke der Becca Corbassière hindurch (Achtung auf Nassschneerutsche) über eine steilere Stufe und eine schluchtartige Verengung auf den **Glacier de Corbassière** hinauf und diesen ohne Schwierigkeiten bis zur Hütte begehen.
Gipfelaufstieg: Von der **Cabane F.-X. Bagnoud** zunächst knapp einen Kilometer nach Süden der Moräne folgen und dann erst hinab auf den **Glacier de Corbassière**. Den Gletscher in südlicher Richtung ansteigend queren, sodass man den folgenden **Eisbruch** am Westufer des Gletschers überwinden kann. Nun in der Nähe des felsigen Ufers weiter hochsteigen, bis man unterhalb von P. 3156 den Gletscher abermals quert, um den folgenden **zweiten Bruch** an seinem südlichen Rand zu überlisten und die riesige flache Terrasse der **»Maisons Blanches«** zu erreichen (3300 m, 2–3 Std.). Zwischen großen Spalten hindurch gewinnt man in einem Linksbogen die Verflachung des **»Plateau du Dejeuner«** (ca. 3500 m), über der sich die Nordwestflanke aufsteilt. Man steigt nun direkt auf den Felssporn zu, der vom P. 3987 nach Nordwest herabzieht, und nützt so den Felssporn als Schutz vor Eisschlag aus den Seracs weiter westlich.
Kurz vor dem Fußpunkt des Sporns wendet man sich etwas nach Süden, um nun im steilen Schnee südwestl. des Sporns anzusteigen – oft wird man hier auf die Steigeisen wechseln. Der **Steilhang** (40°) zwischen 3700 m und der Seraczone ist etwas dem Eisschlag ausgesetzt. Auf knapp unter 4000 m sucht man sich nun den günstigsten Weg durch die **Seraczone** – die Verhältnisse wechseln hier von Jahr zu Jahr sehr. Je nach Schneesituation kann es sich lohnen, die Skier bis zum **Gipfelgletscherfeld** hoch zu tragen, meist man macht schon beim Sporn auf 3700 m Skidepot. Das folgende flachere und unschwierige Gipfeleisfeld wird direkt nach Süden überquert, bis man auf den Westgrat stößt, dem man bis zum höchsten Punkt (**Combin de Grafeneire**, 4314 m) folgt.
Abfahrt entlang der Aufstiegsroute zur Cabane F.-X. Bagnoud. In jedem Fall zu Fuß durch die Seracs; bei gutem Schnee kann die steile Nordwestflanke unterhalb der Seracs von absolut sicheren Skifahrern in ihrer ganzen Länge abgefahren werden.
Abfahrt nach Fionnay: Der schnellste Rückweg ins Val de Bagnes ist die Direktabfahrt nach Fionnay. Von der Hütte den Gletscher in seiner ganzen Länge befahren und durch die im Aufstieg erwähnte Schlucht ins flache Bachtal. Wiederaufstieg mit Unterstützung durch Ketten auf den Rücken »Corbassière« und Abfahrt entlang der Aufstiegsroute bis auf ca. 1960 m. Hier zweigt ein Fahrweg scharf nach Osten ab, dem man quer durch die Nordflanke der Becca de Corbassière folgt, bis man durch lichtes Buschwerk hinab nach **Fionnay** fahren kann.

TOP **50**

Mont Vélan, 3727 m

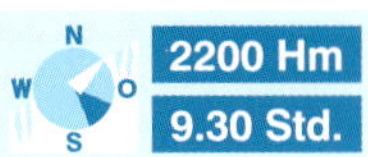

Firntour auf den südlichsten Hochgipfel der Schweiz

Weit im Süden steht er, der Mont Vélan, und ziemlich abgelegen, in einer ganz wilden Ecke des Wallis. Wer auf seinen weitläufigen Gletschern die Spuren durch den Schnee zieht, mag vielleicht gar nicht glauben, dass er sich deutlich weiter südlich befindet, als z. B. die Südspitze des Luganer Sees. Trotzdem ist der schöne Eisgipfel ein begehrtes Ziel für hochalpine Skitourengeher. 1200 Hm über großartige Gletscher hat diese Tour zu bieten, zwischendrin eine kleine Felsklettereinlage, damit es nicht zu eintönig wird. Auch die zahlreichen Spalten unterwegs sorgen dafür, dass keine Langeweile aufkommt! Am Gipfel hat man dann einen ungewöhnlich instruktiven Blick auf die Trabanten des Mont Blanc: Von der Aiguille du Tour (Tour 53) über Aiguille du Chardonnet, Mont Dolent, Grandes Jorasses, Dent du Géant bis zum Mont Blanc selbst – man sieht diese aufregende Gruppe aus großer Nähe. Aber auch die Grajischen Alpen mit Gran Paradiso, Grivola und Rutorgruppe sind sehr schön zu erkennen. Vielleicht macht ja auch der direkte Blick ins nächste Tal, das italienische Valpelline mit seinen unzähligen Biwakschachteln, schon wieder Lust auf eine einsame Abenteuerskitour auf noch abgelegenere Gipfel.

Talort: Martigny (467 m).
Ausgangspunkt: Bourg-St-Pierre (1632 m), Eisenbahn ab Martigny bis Orsières, dann Postautostrecke Richtung Großer St. Bernhard.
Endpunkt: Bourg-St-Pierre.
Aufstiegszeit: Hüttenzustieg 4 Std., Gipfelaufstieg 5–6 Std.
Höhenunterschied: 1000 m zur Hütte und anderntags 1200 m zum Gipfel.
Anforderungen: ZS– (33° auf 200 m kurz unter der Hütte), evtl. in der direkten Abfahrt S (42° auf 100 m im Couloir). Kurze, einfache Kletterei (II) am Col de la Gouille.
Hangrichtung: Hüttenaufstieg: West und Süd, am Ende Nord; Gipfelaufstieg: Nord und Ost.
Lawinengefährdung: Gering bei geschickter Spuranlage, etwas schneebrettgefährdet ist der Schlusshang beim Hüttenaufstieg.
Günstige Zeit: März – Juni.
Unterkunft: Cabane du Vélan (2642 m), SAC Section Genevoise, 60 Plätze, April – Juni bewirtschaftet, sonst ist die Hütte offen, Tel. +41 27 7871313 (Hütte), +41 27 2071453 oder +41 76 5480967 (Tal), www.velan.ch.
Varianten: In der Abfahrt kann bei guter Schneeauflage von der Gipfelkalotte direkt nach Nordost bis auf 3500 m abgefahren werden. Wenn man nicht zur Vélanhütte zurück muss, kann schneller und aufregender als der Aufstiegsweg der Glacier de Valsorey in seiner ganzen Länge befahren werden. Schlüsselstelle ist das Couloir, das östl. vom P. 2995 etwa 150 m sehr steil (42°) auf den unteren Teil des Gletschers führt.
Hinweis: Der Übergang über den Col de la Gouille (3150 m) erfolgt mit aufgeschnallten Skiern, eventuell ist eine Seilsicherung hilfreich, falls die Sicherungsketten unter dem Schnee begraben liegen.
Karten: 282 S Martigny, 283 S Arolla (auf der Rückseite Ausschnitt von Blatt 293!), 1345 Orsières, 1346 Chanrion, 1366 Mont Vélan.

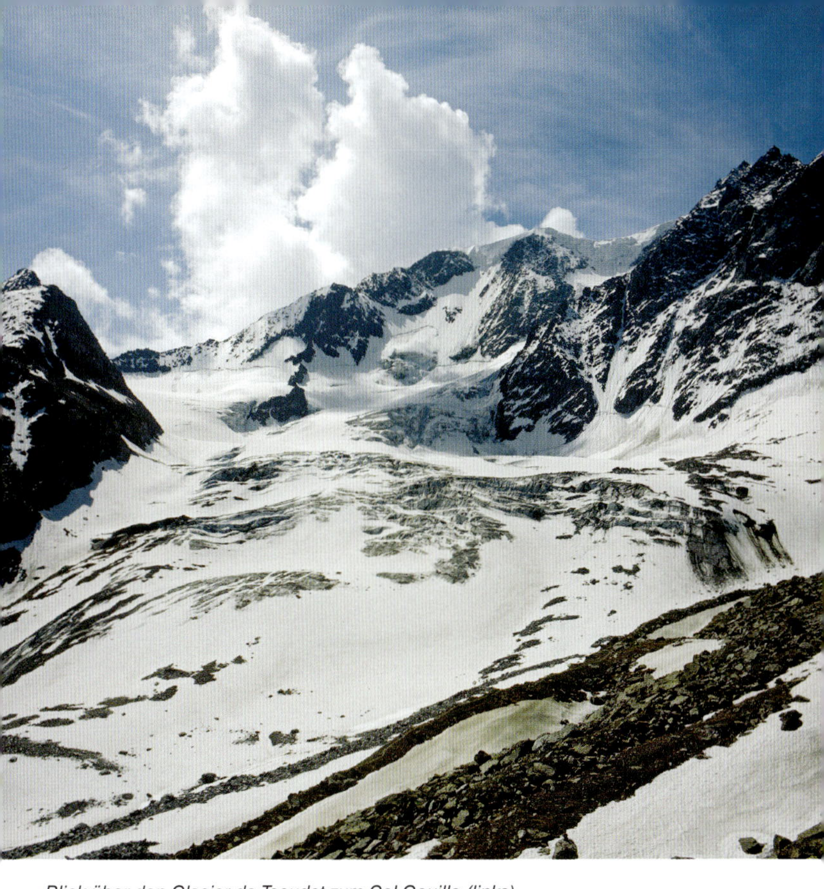

Blick über den Glacier de Tseudet zum Col Gouille (links).

Hüttenzustieg: Von der Postautohaltestelle in **Bourg-St-Pierre** geht man in südöstlicher Richtung aus dem Ort, überquert die große Passstraße und folgt einem Fahrsträßchen (Wegweiser) in das **Valsorey**. Man bleibt stets auf dem nördlichen Bachufer und kommt so an einigen Alpgebäuden vorbei. Kurz nachdem der Weg etwas mehr nach Süden abbiegt, wechselt man 50 Hm unterhalb des **Chalet d'Amont** (2197 m) die Bachseite und hält sich ab jetzt auf dem Westufer (2½ Std.). Über die flache Schwemmebene gelangt man an die etwas lawinengefährliche, steile (33°) **Nordflanke der Seitenmoräne** des Glacier de Tseudet, über die in Serpentinen die **Hütte** erreicht wird.

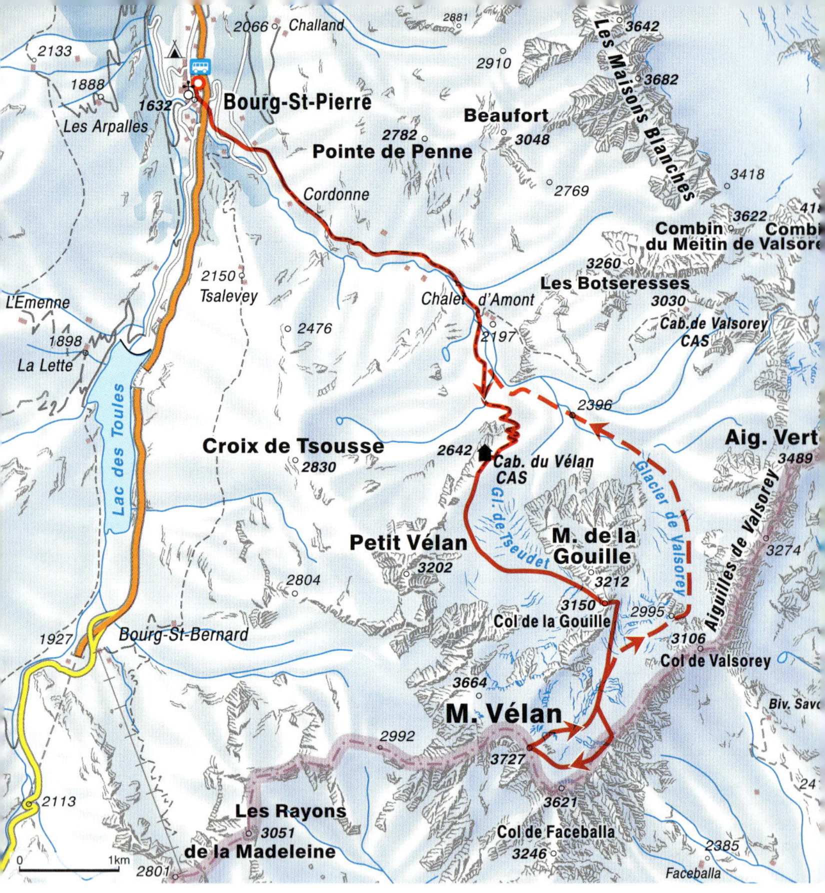

Gipfelanstieg: Zunächst steigt man von der **Vélanhütte** leicht nach Südwest auf der Seitenmoräne des **Tseudetgletschers** an. Auf etwa 2700 m wird der Gletscher betreten, man bleibt aber in der Nähe des Nordgrates des Petit Vélan, um die großen Spalten weiter östlich zu vermeiden. Auf etwa 2800 m legt sich der Gletscher etwas zurück und man steuert in weitem Bogen Richtung Osten auf den gegenüberliegenden Mont de la Gouille (3212 m) zu, ohne den Eisbrüchen, die vom Vélan herabziehen zu nahe zu kommen (Eisschlag!). Sobald der Gletscher wieder steiler wird, dreht man wieder leicht Richtung Südost und steigt bis unter den gut sichtbaren **Col de la Gouille** (3150 m) auf. Mit aufgeschnallten Skiern (Einstieg ca. 50 m nördlich der Falllinie des Col) klettert man die leichten (II), aber etwas brüchigen Felsen zum Col hoch (2 Std.). Sicherungsketten helfen über die Stelle hinweg, sie sind manchmal aber, besonders zu Beginn der Saison, unter dem Schnee begraben. Speziell bei Vereisung der Felsen können dann eine eigenständige Seilsicherung und Steigeisen sehr hilfreich sein. Auf der gegenüberliegenden Ostseite des Cols führen weitere Ketten wieder 100 Hm auf den Gletscher hinab. Man wendet sich fast genau nach Süden, hält anfangs noch näher am Felsen, um dann allmählich die Mitte des **Valsoreygletschers** zu gewinnen. Achtung auf Längsspaltung in Laufrichtung! Die Felsinsel auf 3240 m wird östlich umgangen und man erreicht den **großen Eisbruch**, der den Weiterweg sperrt. Je nach Verhältnissen östlich (spaltiger) oder westlich (steiler) an diesem Bruch vorbei gewinnt man die flache Terrasse auf 3500 m. In großem Bogen nach Nordwest eindrehend, erreicht man die **Gipfelkalotte** mit herrlicher Rundsicht (5–6 Std.).

Die **Abfahrt** kann entlang der Aufstiegsroute erfolgen. Sehr erfahrene Tourengeher können eine steile Variante zur Abfahrt genießen, die auch noch den Vorteil bietet, kürzer zu sein, da man nicht über den Col de la Gouille muss – allerdings kommt man dann nicht mehr an der Vélanhütte vorbei, sondern fährt direkt nach Bourg-St-Pierre ab. Dazu wird die Aufstiegsroute auf etwa 3200 m verlassen – ungefähr auf der Höhe, bei der der Nordwestsporn des Mont Cordine im Valsoreygletscher untergeht. Man wendet sich nach Nordost und gelangt zwischen zwei Spaltenzonen hindurchfahrend an eine steile Felsstufe. Unmittelbar südöstlich von **P. 2995** öffnet sich ein nicht allzu schmales Couloir, das steil (42° auf 150 m) auf den unteren **Valsoreygletscher** führt. Bei griffigem Schnee ist das unten sanft auslaufende Couloir sehr genussreich abzufahren! Die weitere Abfahrt erfolgt auf dem Valsoreygletscher bis zu seinem steilen Zungenende (Vorsicht bei Blankeis!) und weiter in seinem ehemaligen Bett bis zu einer Verflachung auf 2400 m. Vor der eng eingeschnittenen Schlucht, in der der Valsoreybach verschwindet, wendet man sich nach Westen und trifft auf etwa 2250 m wieder auf den Aufstiegsweg, dem man bis **Bourg-St-Pierre** folgt.

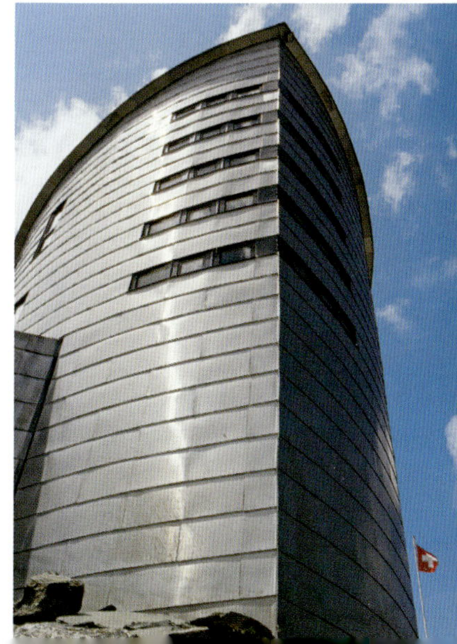

Von außen gewöhnungsbedürftig, innen sehr freundlich: die Vélanhütte.

51 *Monts Telliers, 2951 m*

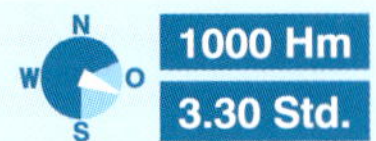

Beliebte Skitour in der schneesicheren Umgebung des Gd-St-Bernard

Die Straße zum Tunnel des Grand-St-Bernard erschließt ein wunderschönes Skitourengelände direkt vor der Einfahrt in den Tunnel bei Bourg St-Bernard. Die Ausgangshöhe von knapp 2000 m garantiert Schneesicherheit bis weit ins Frühjahr und die kleine Liftanlage »Super-St-Bernard« tangiert nur den östlichen Bereich. Den Tourengeher erwartet mit der Combe du Drône ein ideal geeignetes Hochtal für einen überraschend wenig schwierigen Anstieg zu einem Fast-Dreitausender. Die Aussichten auf die Westseite von Combin und Vélan sowie vom Gipfel dann nach Westen auf die Mont-Blanc-Gruppe sind absolut beeindruckend, vor allem auch, weil dies ja nicht die sonst so bekannten Ansichten sind!

Wo im Sommer Autos fahren: am unteren Teil des Anstiegs, hinten der Mont Mort am Gd-St-Bernard.

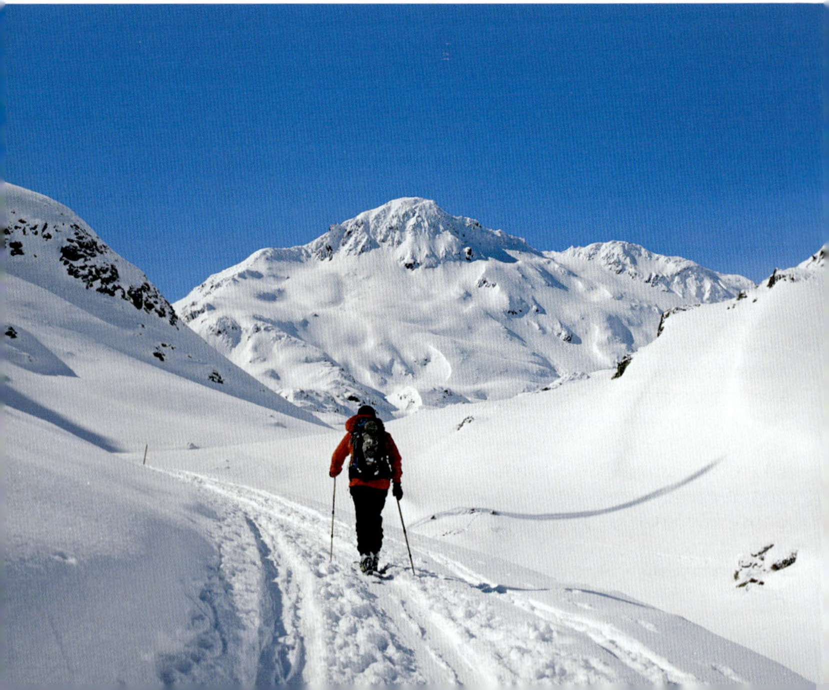

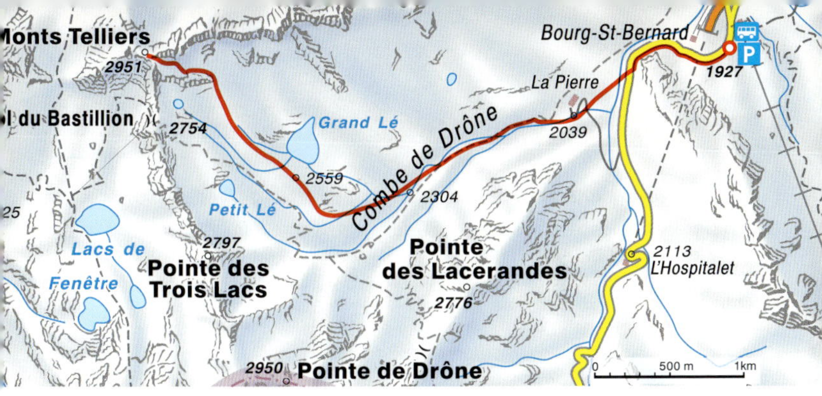

Talort: Bourg-St-Pierre (1632 m), von Martigny mit Bus bzw. mit Bahn bis Orsières und dann weiter mit Bus der TMRSA (Saint-Bernard Express) zu erreichen.
Ausgangspunkt: Nordportal des Gd-St-Bernard-Tunnels (1927 m, Bourg-St-Bernard), Bus von Martigny/Orsières (Verbindung mit Aosta).
Aufstiegszeit: 3–3½ Std., Wegstrecke 4,9 km.
Höhenunterschied: 1000 m.
Anforderungen: WS.
Hangrichtung: Ost und Süd.
Lawinengefährdung: Gering bei geschickter Spuranlage.
Günstige Zeit: Januar – Mai.
Einkehr/Unterkunft: Keine.
Varianten: Wer die Tour etwas verkürzen möchte, kann vor dem letzten Gipfelaufstieg zum nahen Col du Bastillon nach Süden (2754 m) abbiegen. Die gesamte Combe de Drône bietet noch zahlreiche Tourenmöglichkeiten, besonders später in der Saison und bei entsprechend sicheren Verhältnissen können auch die Pointe des Trois Lacs (2797 m, steiler Osthang) oder die Pointe de Drône (2961 m, sehr steile Hänge in der Nordostflanke) bestiegen werden.
Hinweis: Das ganzjährig bewirtschaftete St-Bernard-Hospiz auf der Passhöhe ist vom gleichen Ausgangspunkt in nur etwa 1½ Std. entlang der tief verschneiten Passstraße zu erreichen, www.gsbernard.ch. Vom Hospiz zum Einstieg der Tour in ca. 20 Min. Abfahrt.
Karten: 282 S Martigny (auf der Rückseite Ausschnitt von Blatt 292 S!), 1365 Gd-St.-Bernard.

Vom Parkplatz am **St-Bernard-Tunnelportal** folgt man zunächst gemütlich ansteigend der Trasse der St-Bernard-Straße knapp 1 km bis hinter die kleine Engstelle, wo diese nach Süden einschwenkt und das Tal wieder breiter wird. Hier nach rechts abbiegen und an den Hütten **La Pierre** vorbei in das Drône-Seitental einbiegen. Eine erste steilere Stufe bringt in den höheren Talboden, dem man bis auf etwa 2300 m folgt. Dann hält man sich zunehmend nach rechts in die mittelsteilen Hänge und ersteigt diese eher auf einer Art Rücken zum nächsthöheren Absatz (**P. 2559**). Nun geht man in dem nur leicht steigenden Gelände in nordwestlicher Richtung gerade auf den Gipfel der **Monts Telliers** zu. Ihre felsdurchsetzte steile Gipfelflanke ab 2730 m ersteigt man leicht rechts ausholend über die Ostflanke, zuletzt dann am Südostrücken.
Abfahrt entlang der Aufstiegsroute.

52 Pointe de la Terrasse, 2732 m

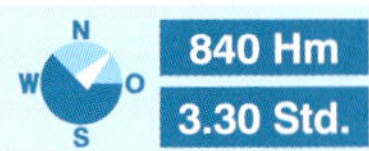

»Versteckte« Skitour zu einem klasse Aussichtsberg auf den Mont Blanc

Von der viel befahrenen Straße von Martigny nach Chamonix ist nicht zu ahnen, dass hinter den felsigen Flanken oberhalb von Finhaut einige nicht allzu anstrengende Skitouren möglich sind. Der Ausgangspunkt ist mit fast 2000 m auch ausreichend hoch, sodass die Aufstiegshöhe sich in Grenzen hält – aber es muss ja auch nicht immer eine Gewalttour sein. Wenn man mal das Flachstück über die Staumauern hinter sich gebracht hat, warten nordseitig der Felsgipfel von Les Perrons schneesichere Flanken und eine kleine Hochfläche, aus welcher die nahen Gipfel Aiguille du Charmo und unser Ziel Pointe de la Terrasse nicht mehr weit hinausragen. Erst ganz oben überrascht uns dann eine Aussicht der Superklasse auf das Mont-Blanc-Massiv – ein wunderschöner Platz für eine lange Gipfelrast! Die weitgehend nordausgerichteten Hänge versprechen auch noch spät im Frühjahr gute Skiverhältnisse.

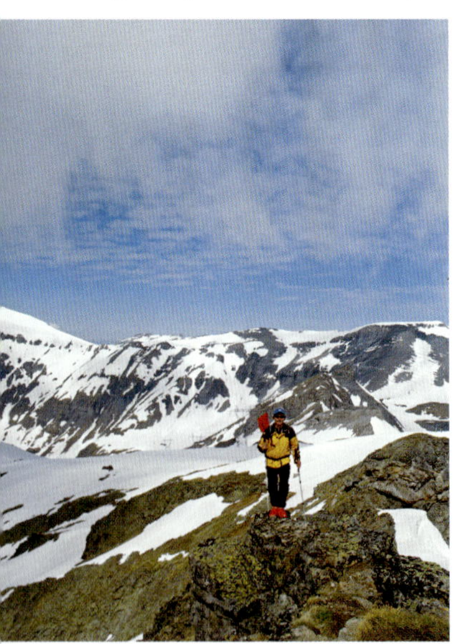

Auf den letzten Metern der Pointe de la Terrasse.

Talort: Le Châtelard (1123 m), Grenzbahnhof des Chamonix-Express Martigny – Chamonix. Finhaut (1224 m), Zufahrt von der Straße Martigny – Chamonix.
Ausgangspunkt: La Guéulaz (1965 m), Schrägaufzug/Bergbahn von Le Châtelard; wenn Straße geräumt mit Pkw von Finhaut erreichbar; großer Parkplatz.
Aufstiegszeit: 3 – 3½ Std.
Höhenunterschied: 840 m.
Anforderungen: WS.
Hangrichtung: Nord und Ost.
Lawinengefährdung: Nur bei sicheren Verhältnissen. Triebschnee im Gipfelhang der Aig. du Charmo möglich.
Günstige Zeit: Februar – Mai.
Einkehr: Restaurant auf La Guéulaz an der Staumauer des Emosson-Stausees (erst ab Mitte Mai geöffnet).
Hinweis: Wem diese Tour noch zu wenig gibt, der kann ohne Schwierigkeiten mit einer Querung unter den Cols (Terrasse, Corbeaux und Vieux) nach Westen an den Gipfelaufbau des Cheval Blanc gehen und diesen über seine steile Flanke besteigen – allerdings sollte man wegen der Südostausrichtung nicht zu spät am Tag unterwegs sein.
Karten: 282 S Martigny, 1324 Barberine.

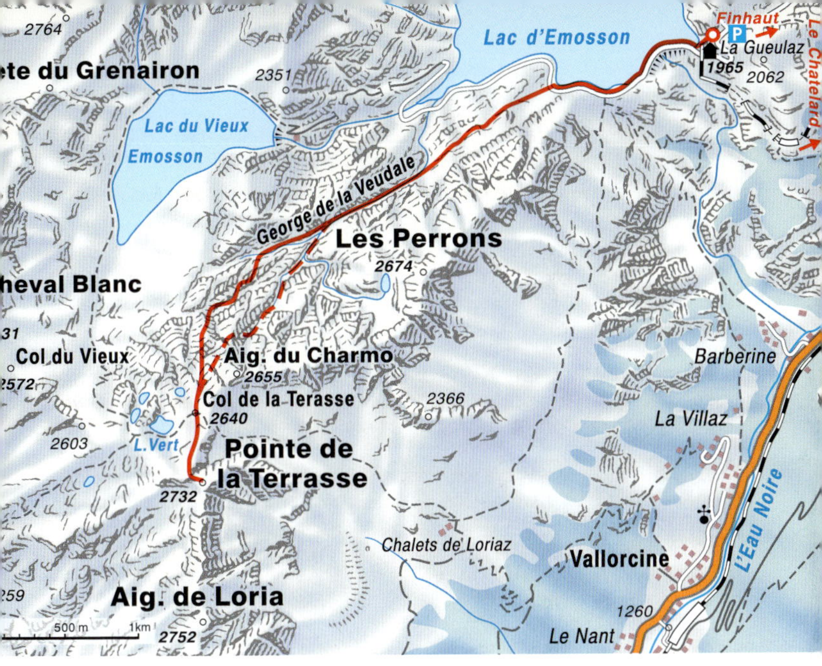

Von der Station bzw. dem Restaurant **Emosson** steigt man 30 Hm zur Staumauer ab und überquert diese nach Westen zu einem Zwischenhügel, dem noch eine kleinere Mauer folgt. Nun am Fahrweg nur noch um die folgende Ecke gehen, dann öffnet sich nach links (in westlicher Richtung) ein kleiner Graben, durch den wir ansteigen. Nach etwa 80 Hm geht der Graben in die Flanke unter den Felswänden der Perrons über. Auf einer Art Absatz zwischen den Felsen links und schrofigen Abbrüchen zur Rechten steigen wir immer in gleicher Richtung aufwärts. Auf etwa 2100 m kommt man an die **Gorge de la Veudale**, durch welche man nun wieder etwas steiler zu derem oberen Ende an der Hochfläche unterhalb der Aiguille du Charmo aufsteigt. In diesem abwechslungsreichen Gelände kann die exakte Route gut den aktuellen Verhältnissen angepasst werden. Nun schwenkt die Route in südliche Richtung ein, man quert ansteigend westlich unter der nahen Aiguille du Charmo vorbei zum **Col de la Terrasse** und erreicht dann direkt den Vorgipfel der **Pointe de la Terrasse**; mit wenigen Schritten zu Fuß dann zum Hauptgipfel.

Abfahrt entlang der Aufstiegsroute; bei sicheren Verhältnissen kann bereits gleich unter der Aig. du Charmo auf etwa 2600 m gequert und dann steil nach rechts abgefahren werden, um die Aufstiegsroute am Beginn des Gorge de la Veudale wieder zu erreichen.

53 *Aiguille du Tour, 3540 m*

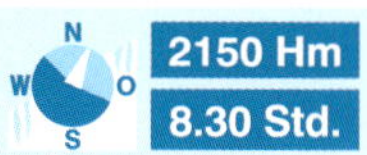

Felsiger Aussichtsgipfel im Mont-Blanc-Gebiet an der Haute Route

Der westlichste Teil des Wallis gehört bereits zur Mont-Blanc-Gruppe, er hat bei Tourenskifahrern seine besondere Bedeutung als Startetappe der Haute Route aus dem Tal von Chamonix in die Schweiz. Dabei durchqueren die Gruppen in möglichst direkter Linie die weiten Flächen des Trient-Gletschers, doch die wenigsten nehmen sich dabei die Zeit, um dem so nah am Weg liegenden Felshorn der Aiguille du Tour einen Besuch abzustatten. Eigentlich schade, denn dieser Gipfel ist gar nicht so schwierig zu besteigen, wie er aussieht, und er bietet beste Aussicht. Vielleicht ist das aber auch ein Glück für uns, sodass es dort oben wirklich ruhig zugeht (was allerdings für die Hütte nicht unbedingt gilt)! Wir stellen hier darüber hinaus eine weniger gebräuchliche Rundtour vor, die allerdings nur etwas für sehr erfahrene Bergsteiger bei guten Bedingungen ist: Statt nämlich auf der Anstiegsroute durch das Arpette- oder alternativ das benachbarte Orny-Tal abzufahren, nehmen wir eine Route nach Norden, über den Les-Grands-Gletscher mit einer rassigen Steilabfahrt nach Trient. Diese Abfahrt ist oft noch bis in den Juni gut möglich, wenn andernorts schon lange Skitragen angesagt ist. Selbstverständlich darf das nur bei ausreichender Sicht geschehen, denn wir können ja für die Abfahrt nicht auf unsere Aufstiegsspuren als Leitlinie vertrauen!

Ausgangspunkt: Champex (1466 m), Postautoverbindung von Orsières, dorthin mit dem St.-Bernard-Express von Martigny (467 m), IC-Bahnstation der Bahnlinie im Rhonetal.
Endpunkt: Trient (1300 m), Postauto nach Martigny.
Aufstiegszeit: Zur Hütte 6 Std., zum Gipfel 2½ Std. Wegstrecke 3,8 km.
Höhenunterschied: Zur Hütte 1710 m (mit 40 Hm Zwischenabfahrt), Gipfelanstieg 440 m nach 70 Hm Abfahrt; Gesamtabfahrt 2260 m.
Anforderungen: ZS; im Hüttenzustieg am Trientgletscher knapp 35° auf ca. 150 Hm, am Gipfelfels Kletterei I bis II. Die Alternativ-Abfahrt wird nicht sehr häufig befahren und erfordert den ausreichend erfahrenen Skibergsteiger, der sich auch ohne Vorgängerspuren auf weiten Gletscherflächen sicher zurechtfindet.
Hangrichtung: Ost und Nord.
Lawinengefährdung: Beim Hüttenzustieg im Val d'Arpette aus den Flanken bei starker Erwärmung, Schneebrettgefährdung am kurzen Steilhang am Trientgletscher. Der Gipfelweg ist allgemein kaum gefährdet. Die Abfahrt nach Trient darf nur bei sehr sicheren Verhältnissen unternommen werden, Schneebrettgefahr besonders nach Neuschneefällen in den Nordostflanken.
Günstige Zeit: März – Juni.
Unterkunft: Cabane du Trient, 3170 m, SAC Sektion Les Diablerets, Tel. +41 27 7831438, 124 Plätze, bewirtschaftet von März bis Anfang Mai, Winterraum 40 Plätze immer offen, www.cas-diablerets.ch.
Hinweis: Bei unsicheren Sichtverhältnissen besser wieder auf der Aufstiegsroute zurückfahren.
Karten: 282 S Martigny, 1324 Barberine, 1344 Col de Balme, 1345 Orsières.

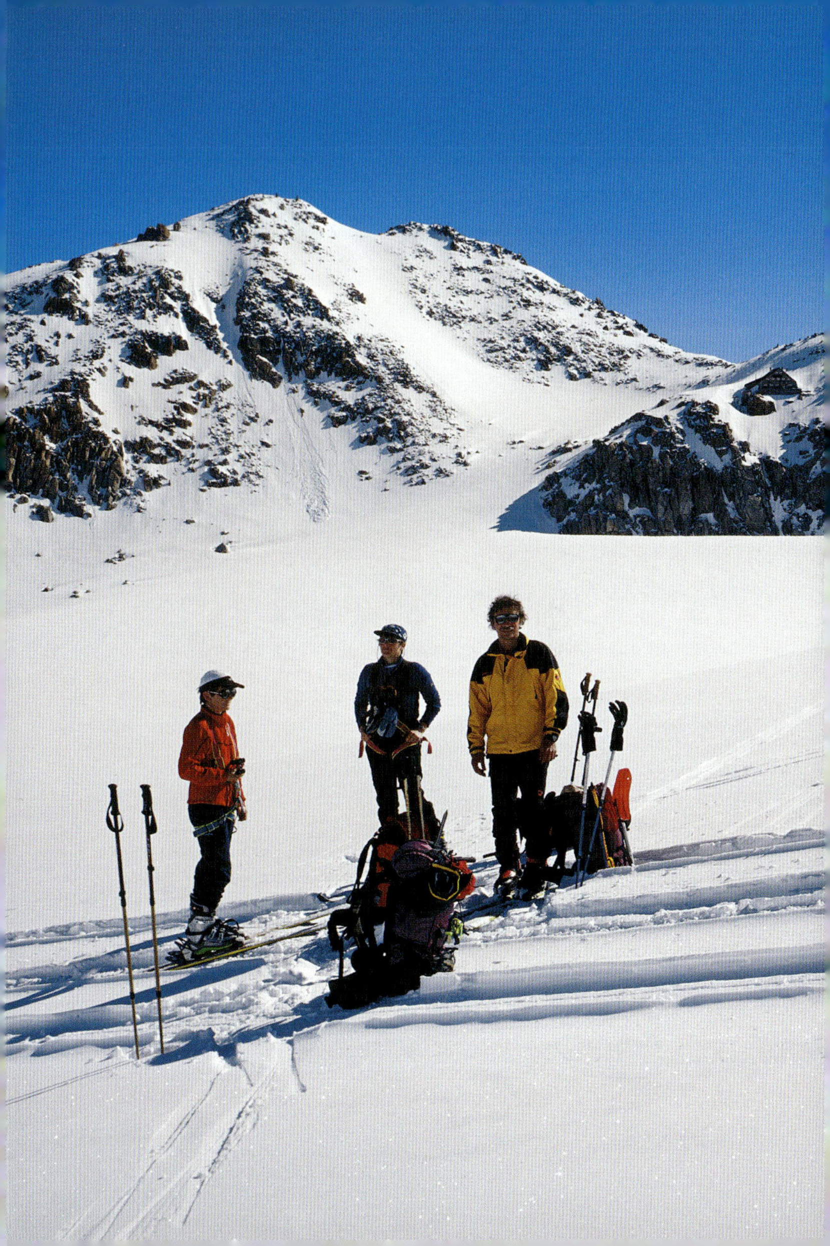

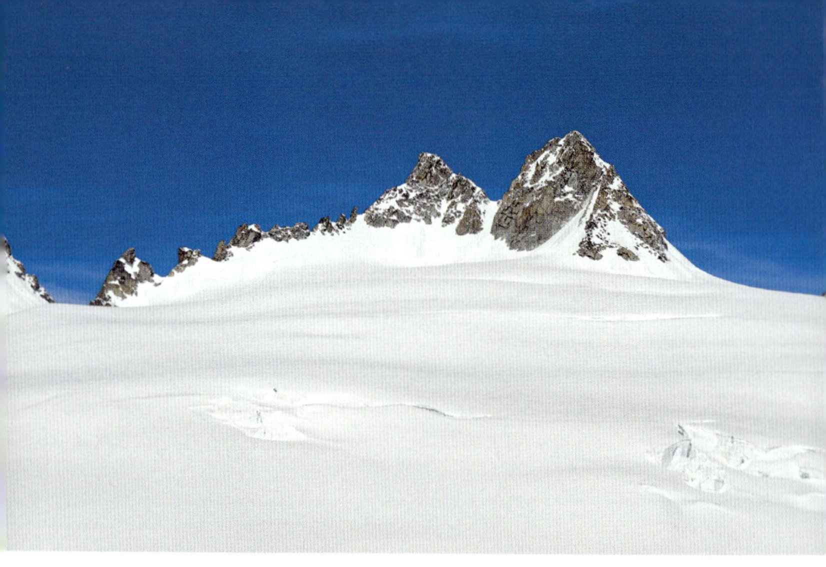

Die Aiguilles du Tour über dem Plateau du Trient.

Hüttenzustieg: In **Champex** folgt man von der Talstation der Breya-Seilbahn der Abfahrtspiste bis zum **P. 1592**, wo man nach Unterqueren eines Liftes auf einem Fahrweg die Piste verlässt und weiter taleinwärts zur Alpe Arpette (**Relais du Arpette**) geht. Nun im Talboden des Val d'Arpette weiter aufwärts. Etwa auf Höhe des von Süden herabkommenden Felsrückens mit dem Tête d'Arpette hält man sich mehr auf dem Moränenrücken im Süden des Talgrundes und überwindet auf dieser Seite die darauffolgende Engstelle bei **P. 2100**. In dem daraufhin erreichten breiten Kessel steigt man gerade auf den Ostsporn der vor uns liegenden Pointe des Ecandies zu. Kurz vor dem Sporn wird die an dessen Fuß befindliche Steilstufe über die Hänge südlich davon erstiegen. Damit erreicht man den obersten **Kessel** mit dem Col des Ecandies im Südwesten, zu dem nun direkt aufgestiegen wird (2793 m). Auf der Westseite erwartet uns nun die heikle und manchmal kritische Stelle nach einer Querung oberhalb der Spaltenzonen des Trientgletschers: Sehr steil zieht der Hang unter der Petite Pointe d'Orny hinauf, bevor man auf etwa 3000 m nach Süden auf die zunehmend weniger steilen Hänge hinausqueren kann. Um den Sockel der Pointe d'Orny herum steigen wir zur **Trienthütte** auf.

Gipfelanstieg: Von der **Trienthütte** fahren wir auf das **Plateau du Trient** hinab. Am Col d'Orny vorbei gehen wir in leichter Steigung auf die Mauer der

Vorherige Seite: Rast auf den weiten Gletscherfeldern des Plateau du Trient.

Aiguilles Dorées zu. Man hält sich nun in westlicher, dann zunehmend nordwestlicher Richtung unter dem Col du Tour vorbei auf die **Aiguille du Tour** zu. Skidepot am Bergschrund, dann zu Fuß über den steilen **Osthang** unter der Südspitze auf eine Schulter im **Nordgrat** der Südspitze und in leichter Kletterei über diesen zum **Gipfel** (I und kurze Stellen II).
Abfahrt: Entlang der Aufstiegsroute.
Alternative Abfahrt nach Norden nach Trient: Vom Skidepot fährt man knapp unter den Felsen des Nordgipfels vorbei in nördlicher Richtung an den Fuß des Aiguille-du-Pissoir-Nordnordostsporns (ca. 3300 m). Man erreicht damit den obersten **Glacier des Grands**; auf diesem in nordwestlicher Richtung abfahren knapp an den Nordfuß der Aiguille du Midi (ca. 3060 m) haltend, um dann wieder weniger steil auf die Scharte (ca. 2890 m) zwischen der Pointe des Grands im Süden und der unbedeutenden Croix des Berons zuzuhalten. Hier beginnt nun die große Abfahrt, oben etwas links ausholend über den kleinen Berons-Gletscher, dann in das Tal unter dem Les-Grands-Gletscher haltend und steil direkt zum Trientbach hinab. Wir passieren das **Chalet du Glacier** und fahren dann etwa dem Fahrweg folgend zum Ort **Trient** hinaus. Gesamt 2250 Hm Abfahrt auf 10,2 km Wegstrecke.

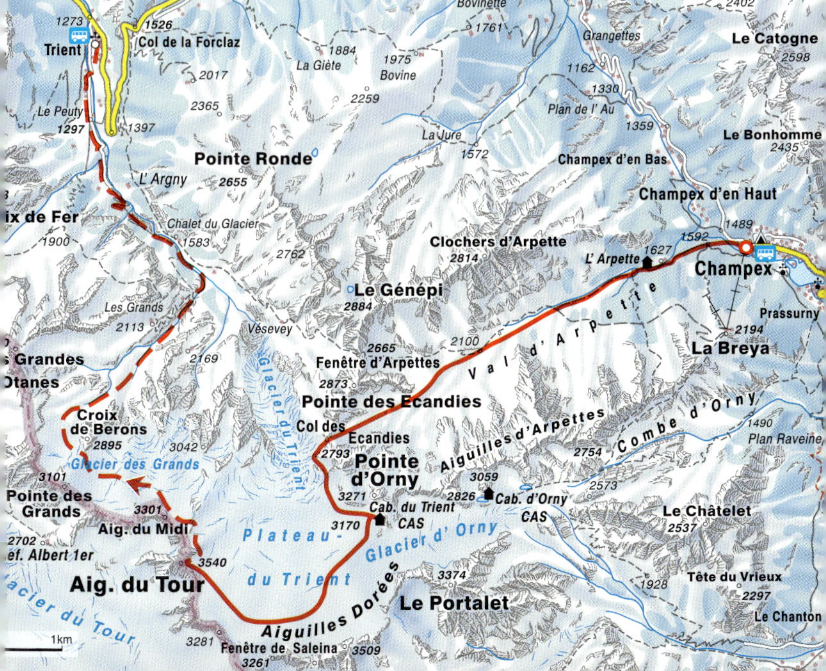

Stichwortverzeichnis

Umschlagbild:
Die eindrückliche Nordwand des Mont Collon auf der Abfahrt von der Bertolhütte (Tour 45).

Bild im Innentitel:
Die Capanna Margherita, 4554 m, auf dem Gipfel der Signalkuppe (Tour 26).

Alle Fotos stammen von den Autoren, außer den Fotos S. 21 (Wolfgang Reißer), S. 72 (Carsten Kroll), S. 91, 107 (Markus Wehler), S. 102 (Gerhard Eberle), S. 129, 133, 134 (Martin Waeber), S. 138/139 (Andreas Hille/Fabian Freund), S. 168 (Walter Hellberg), S. 187 (Christoph Bauer).

Kartografie:
37 Tourenkärtchen im Maßstab 1:50.000, 1:75.000 und 1:100.000

(gezeichnet von Gerhard Tourneau, München),
zwei Übersichtskarten im Maßstab 1:600.000 und 1:900.000

2. Auflage 2020

ISBN 978-3-7633-5930-1

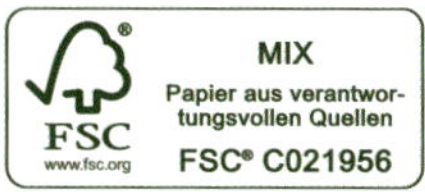

Wir freuen uns über jeden Korrekturhinweis zu diesem Skitourenführer!
Bitte per E-Mail an: leserzuschrift@rother.de

ROTHER BERGVERLAG · München
D-82041 Oberhaching · Keltenring 17 · Tel. +49 89 608669-0 · www.rother.de